HISTORIA
DE LA FILOSOFIA
CONTEMPORANEA

Queda prohibida, salvo excepción prevista en la ley, cualquier forma de reproducción, distribución, comunicación pública y transformación, total o parcial, de esta obra sin contar con autorización escrita de los titulares del *Copyright*. La infracción de los derechos mencionados puede ser constitutiva de delito contra la propiedad intelectual (Artículos 270 y ss. del Código Penal).

Ediciones Universidad de Navarra, S.A. (EUNSA)
Plaza de los Sauces, 1 y 2. 31010 Barañáin (Navarra) - España
Teléfono: +34 948 25 68 50 - Fax: +34 948 25 68 54
e-mail: info@eunsa.es

Primera edición: Mayo 1987
Segunda edición: Diciembre 2001
Primera reimpresión: Marzo 2005
Segunda reimpresión: Agosto 2007

© Copyright 1987: Alfredo Cruz Prados
Ediciones Universidad de Navarra, S.A. (EUNSA)

ISBN: 978-84-313-0987-9
Depósito legal: NA 2.017-2007

Imprime: Podiprint
Printed in Spain - Impreso en España

ALFREDO CRUZ PRADOS

HISTORIA DE LA FILOSOFIA CONTEMPORANEA

SEGUNDA EDICION

Segunda reimpresión

EDICIONES UNIVERSIDAD DE NAVARRA, S.A.
PAMPLONA

INDICE GENERAL

INTRODUCCION 9

I. ORIGEN DE LA FILOSOFIA CONTEMPORANEA.
   EL IDEALISMO ALEMAN 15
   1. Fichte 15
   2. Schelling 22
   3. Hegel 32

II. LA INVERSION DEL HEGELIANISMO 49
   1. La izquierda hegeliana. Feuerbach 49
   2. El materialismo histórico y dialéctico de Marx 55

III. LA REACCION ANTI-RACIONALISTA 67
   1. Schopenhauer 67
   2. Kierkegaard 76
   3. Nietzsche 88
   4. Freud 97

IV. EL EMPIRISMO SOCIOLOGICO DEL XIX 105
   1. El positivismo de Comte 105
   2. Liberalismo y pragmatismo 114

V. LA FILOSOFIA VITALISTA 123
   1. El evolucionismo de Bergson 123
   2. El historicismo de Dilthey 132

VI. LA FENOMENOLOGIA 141
   1. Husserl 141
   2. Scheler 149
   3. Hartmann 157

VII.	EL EXISTENCIALISMO	165
	1. Introducción	165
	2. Jaspers	167
	3. Heidegger	172
	4. Marcel	181
	5. Sartre	186
VIII.	ULTIMAS REFERENCIAS	195
	1. Evolución posterior del positivismo. El estructuralismo	195
	2. El realismo metafísico	203
	3. El pensamiento sociológico del XX	208
BIBLIOGRAFIA		213

INTRODUCCION

Como es notorio, la historia de la filosofía —como toda historia— es un proceso sucesivo sin solución de continuidad alguna. Todo corte, toda segmentación o delimitación de su curso es, en cierto sentido, arbitrario, y procede de exigencias heurísticas y pedagógicas. Para conocer y comprender, necesitamos demarcar y circunscribir nuestro objeto. La diferenciación de etapas se hace, ciertamente, en función de hechos, factores y características que nos hacen pensar en la modificación o sustitución de unas vigencias por otras, en el agotamiento de un período y comienzo de otro. Pero aun admitiendo el fundamento real de estas catalogaciones, hemos de reconocer que nunca el final de una etapa es sólo final de ésta, ni el principio de otra es sólo principio de ella. En la historia no hay cortes: nada empieza absolutamente, ni nada termina absolutamente. En los tiempos fronterizos, en los momentos de tránsito, final y principio se funden: lo que puede considerarse término, también puede considerarse punto de arranque.

Por esta razón, en el presente volumen, comienzo la descripción de la filosofía contemporánea a partir del estudio del idealismo alemán. Ciertamente, este movimiento puede ser considerado como cénit y colofón de lo que entendemos por filosofía moderna. Pero también representa el reactivo que pone en movimiento gran parte de la especulación más netamente contemporánea, y que no sería entendida adecuadamente sin el conocimiento de la doctrina que le sirve de acicate e inspiración, aunque sea por contradicción. Además, el claro espíritu romántico del idealismo alemán supone un importante distanciamiento repecto del espíritu ilustrado y del cristicismo kantiano —genuinamente modernos— y una mayor anexión a la inspiración del pensamiento posterior. Por eso he preferido contemplar la filosofía idealista, más que en su vinculación a sus orígenes kantianos, en su relación con las consecuencias que de ella se derivan en el pensamiento contemporáneo.

La denominada filosofía contemporánea es posiblemente la etapa más compleja de la Historia de la Filosofía. Los numerosos movimientos comprendidos en ella ponen en juego un repertorio tan variado y extenso de ideas, que resulta notablemente difícil llevar a cabo una caracterización global y completa de dicho momento. Repetidas veces, se han ensayado diferentes cuadros caracteriológicos de este período, pero el resultado ha sido con frecuencia incompleto y parcial: según el criterio adoptado para definir ese cuadro de caracteres, se hace hincapié en unos aspectos, olvidando otros. Parece como si la variedad de elementos y características de la filosofía contemporánea se resistiese a una reducción a rasgos generales; como si, respecto de ella, toda generalización supusiera simplificarla y cercenarla. Quizá la raíz de esta dificultad se encuentre en que todavía carecemos de suficiente perspectiva histórica para contemplarla panorámicamente; quizá su cercanía a nosotros no nos permita advertir claramente la articulación jerárquica de sus diversos componentes; o quizá esa misma vecindad impida toda consideración de la filosofía contemporánea como una etapa ya cerrada y concluida.

En consecuencia, podemos señalar la diversidad como la primera y más cierta característica del período que nos ocupa. La filosofía contemporánea comprende una acelerada y desbordante floración de corrientes y doctrinas, con frecuencia, en profunda y radical oposición. Así, mientras unas se afanan en definir el límite que ha de ceñir a la filosofía, otras intentan rebasarlo por doquier. Mientras unas adoptan una actitud prudente y desconfiada hacia todo absoluto, otras lo buscan como fundamento imprescindible, situándolo, a su vez, en instancias diferentes y contrarias.

Si la Historia de la Filosofía es —como se ha afirmado repetidas veces— la Historia del concepto de filosofía, de lo que los hombres han entendido por filosofía, la Historia de la Filosofía Contemporánea lo es máximamente. Cada teoría se presenta como un modo —el único— de hacer y concebir la filosofía, negando tal condición a las anteriores. La filosofía va convirtiéndose en actividades distintas, ya sea asimilándose a otros saberes racionales, o vinculándose a otros modos de experiencia no racional.

El desacuerdo y la discusión se sitúan en las cuestiones radicales de la filosofía. Se ponen en cuestión su límite —rigor o vibor—; su objeto —un modo de la realidad o los otros saberes—;

INTRODUCCION

su finalidad —profundizar en el conocimiento o en el vivir, esclarecer la objetividad o la subjetividad—; su método —lógico o vivencial—; su prioridad —teórica o práctica—... En un constante movimiento de acción y reacción, se proponen soluciones diversas a las escisiones abiertas por la etapa anterior: sujeto y objeto, conciencia y mundo, materia y espíritu, finito e infinito, esencia y existencia... Pero tales soluciones suelen llevarse a cabo mediante un doble reduccionismo, que no supone sino la disolución de un elemento en el otro: se parte de un reduccionismo metodológico para llegar a un reduccionismo ontológico.

Puede decirse que después de la filosofía moderna, que se caracterizaba por un afán de seguridad, por la búsqueda de una certeza apodíctica y originaria, la filosofía contemporánea, a partir de la reacción antihegeliana, renuncia en buena medida a esta ambición, y pone en duda su misma posibilidad y necesidad. No sólo cuestiona qué sea la verdad, sino la verdad misma: no sólo su consistencia sino también su existencia. Pone en tela de juicio la dimensión filosófica de la realidad y la misma filosofía. Así, la filosofía contemporánea da carta de naturaleza al absurdo, en el hombre y en el mundo.

Pero, considerada en sí misma, la filosofía contemporánea no es un sinsentido, un simple cúmulo de concepciones desconexas y gratuitas. Las distintas doctrinas que la componen se suceden siguiendo una cierta lógica, y sólo pueden ser entendidas acabadamente a la luz de aquellas otras doctrinas anteriores, a las que pretenden responder, criticar, corregir o prolongar. A lo largo de una cadena de afirmaciones, rechazos y recuperaciones parciales, se aportan concepciones diversas. Pero bajo esta diversidad innegable de los contenidos, podemos descubrir también cierta comunidad en la forma y modos de proceder; lo que nos permite perfilar algunas líneas maestras, en las que ubicar conjuntamente diferentes pensamientos, y reducir así aquella pluralidad. Esta intención ha presidido la composición del presente trabajo.

A medida que progresamos en el tiempo, van declinando en nuestro período los grandes sistemas totalizadores, y la reflexión filosófica va centrándose más en cuestiones antropológicas, relegando a segundo plano las cosmológicas. De este modo, el universo va perdiendo consistencia y estabilidad para el hombre, cuyos problemas son principalmente los de su propia subjetividad. Las posturas se suceden cada vez con mayor rapidez, su vigencia es progresivamente menor, y, paulatinamente, resulta más difícil la constitución de auténticas escuelas. Todo ello hace que esta etapa nos inspire la imagen de un remolino, como si se tratase de la fuga final de la premiosa pero ascendente sinfonía del pensamiento occidental, iniciada siglos antes.

La suprema ambición racionalista que representa el idealismo empieza a declinar a partir de la magna obra de Hegel. La identificación de realidad y racionalidad cae en descrédito, y entran en crisis los proyectos y pretensiones idealistas. Se renuncia a adquirir una explicación racional y unitaria de la experiencia total, a alcanzar la unificación completa del saber. Se recela de toda verdad apodíctica y axiomática, y nace una postura de cautela hacia todo absoluto. La atención se desplaza de lo teórico-conceptual a lo práctico-existencial. La razón es derribada de su pedestal, y vuelve a ponerse en tela de juicio su capacidad y su alcance. Deja de ser considerada como facultad infalible y omniabarcante, para pasar a ser una forma más de experiencia, que no es ni absoluta ni definitiva. En general, se critica toda función estrictamente especulativa.

Básicamente, se presentan dos caminos a seguir: a) trabajar con esta "modesta razón" en los campos particulares en los que pueda ser instrumento válido (neo-positivismo, crítica de las ciencias, análisis del lenguaje, etc.); b) buscar el acceso a la realidad a través de una vía no estrictamente teórica, mediante un tipo de experiencia afectivo-vital (irracionalismo, vitalismo, existencialismo, etc.). La fenomenología podría representar una opción intermedia, pero en última instancia —al menos, en el caso de Husserl— no consigue desembarazarse de los rasgos idealistas.

Pero, a pesar de las diferencias, dentro de estas diversas corrientes podemos descubrir una común vinculación a Kant. Kant había definido el conocimiento como correlación de sujeto y objeto. Al ser correlativos, no cabía ninguna consideración del objeto como realidad en sí: la cosa en sí quedaba más allá de lo cognoscible, y lo cognoscible, como necesariamente inmanente a la conciencia. El camino de la razón hacia la realidad quedaba clausurado. El idealismo intentó restablecer el acceso; pero lo hizo eliminando la cosa en sí, es decir, eliminando aquello a lo que había que acceder. Identificó realidad y racionalidad, hizo de la realidad absoluta razón absoluta. En consecuencia, la sola razón se bastaba a sí misma, era autosuficiente. No era necesario tender ningún puente, pues no había ninguna otra orilla a la que ir.

La reacción antihegeliana se llevó a cabo, sin embargo, sin sacudirse el yugo kantiano. El primer camino descrito recuperó y continuó, de modos diversos, el espíritu y los presupuestos del criticismo de Kant. El segundo camino, por diferente que parezca, también los supone tácitamente. Si se busca otra vía de acceso diferente a la teórico-racional, es porque se admite que ésta se encuentra incapacitada para aprehender lo auténticamente real, que la razón permanece encerrada en su propia inmanencia. Si la realidad queda más allá de la razón, será porque lo real, en su consistencia específica y última, no es susceptible de racionalización. Lo verdaderamente real no es lo racionalizable, sino lo concreto, efímero, dinámico y cambiante. Por lo tanto, la experiencia auténtica de lo real tendrá que ser una forma de experiencia no-racional. Porque se acepta de hecho la correlación sujeto-objeto para el conocimiento racional, se busca un modo de conocimiento que no sea objetivo como la razón: un contacto más inmediato, vital y pregnante. En muchos casos, lo que se llevará a cabo será la sustitución del inmanentismo de la conciencia (todo lo cognoscible es cognoscible en cuanto contenido de conciencia) por el inmanentismo de otra instancia (todo lo cognoscible es cognoscible en cuanto contenido de la vida, la historia, la existencia...).

Como podemos observar, en esta época, nos encontramos con numerosos y sinceros esfuerzos por superar las dificultades planteadas por la etapa anterior, pero que son realizados desde los mismos principios que generaron dichas dificultades. Sólo en una pequeña porción de ocasiones se hace presente el realismo de la filosofía clásica, con su afirmación de una realidad trascendente al sujeto y subsistente, que es al mismo tiempo, en virtud de su ser, objeto del conocimiento humano.

Como ha quedado indicado, en este volumen, he intentado señalar las principales vías por las que discurre la reflexión filosófica de los últimos tiempos; enmarcando, para ello, en cada una de esas vías, diferentes autores, en atención a sus puntos de comunión. En una obra como la presente, me ha parecido de mayor interés, y más apropiado, subrayar los aspectos comunes por encima de los particulares, y ofrecer así una imagen más ordenada y estructurada de la plural filosofía contemporánea. Por la necesaria brevedad de este estudio, el tratamiento ha tenido que limitarse a los temas y autores que considero de mayor importancia. El uso de estos criterios habrá llevado necesariamente a omitir numerosas cuestiones, pero espero que el resultado sirva para dar una imagen, ciertamente, sintética, pero no distorsionada.

Agradezco al Profesor Daniel Innerarity su colaboración en este trabajo, especialmente en la composición de los apartados II. 2 y IV. 2, que en buena medida a él se deben.

En un libro de iniciación filosófica no puede pretenderse alcanzar una exposición acabada y completa de la materia tratada. Su propósito es ofrecer una primera síntesis que pueda servir de apoyatura y orientación para ulteriores estudios, que ampliarán y mejorarán lo obtenido en un primer contacto. El conocimiento de la filosofía contemporánea no ha de darse pues por concluido en las páginas de esta obra. Su tarea no es concluir sino iniciar, dar curso a nuevas y más profundas prospecciones en el riquísimo bagaje conceptual de la filosofía contemporánea. Si así es, habrá cumplido su misión.

Capítulo I

ORIGEN DE LA FILOSOFIA CONTEMPORANEA. EL IDEALISMO ALEMAN

1. FICHTE

Vida y obras

Johann Gottlieb Fichte nació en 1762 en Rammenau, Sajonia. De familia pobre, pudo cursar estudios gracias a la protección de un aristócrata de su región natal. En el hogar paterno se vivía una profunda y severa religiosidad. Su madre deseó que fuera pastor y predicador. En 1780 comienza los estudios de teología en la Universidad de Jena, y los continúa en Witenberg y en Leipzig. Estudia los escritos de Spinoza, cuyo determinismo asume en un primer momento. Sin embargo, pronto rompe con esta doctrina. Su carácter orgulloso, activo y enérgico le inclina a optar por una radical libertad y una absoluta autonomía de la voluntad humana. Recibe con satisfacción la Revolución francesa, en la que ve encarnados estos ideales. Por razones económicas, se ve obligado a emplearse como preceptor particular. Estudia —al principio con desgana— las obras de Kant, que despiertan en su espíritu una profunda admiración, pues considera haber encontrado en su *Crítica de la Razón Práctica* la filosofía de la libertad absoluta y del puro deber. Le visita en Königsberg, y publica con el beneplácito del maestro su *Ensayo sobre la crítica de toda revelación*. Como en la publicación no figuraba el nombre del autor, fue atribuida al propio Kant. Este lo desmintió, y el nombre de su verdadero autor adquirió notable fama. En 1794 es nombrado profesor de filosofía en Jena. Ese mismo año publica su obra capital: *Fundamento de toda doctrina de la ciencia*. En 1796, aparece *Fundamento del Derecho Natural* y, en 1798, *El sistema de la ética*. Toda la doctrina de Fichte está transida de una profunda preocupación por las cuestiones morales. Su temperamento activo hizo que prendiera vivamente en él el ideal de una regeneración de la sociedad y de la humanidad toda alentado por el romanticismo. La investigación y el desarrollo del conocimiento adquieren, en su sistema, una clara dimensión moral e, incluso, salvífica. En 1799, tiene que abandonar Jena ya que es acusado de ateísmo después de publicar *Las causas de nuestra creencia en un orden divino del mundo*, en la que parecía identificar a Dios con el orden moral humano. Reaccionó violentamente contra tal acusación, pero sus razones no convencieron. Se traslada a Berlín, donde entra en contacto con literatos y filósofos románticos. En 1800 publica *La misión del hombre*, obra, entre otras, de divulgación de sus ideas. En 1805, toma posesión de una cátedra en Erlangen. A finales de ese mismo año y principios del siguiente, pronuncia una serie de conferencias en Berlín sobre "El camino hacia una vida santa o la doctrina de la religión", que supone un giro en su pensamiento, gravitando más en la consideración del Absoluto que en la del yo puro, posiblemente por influencia de su antiguo discípulo, Schelling. Ante la invasión napoleónica, se ofrece a participar en la contienda como predicador; pero su ofrecimiento es rechazado. Entre 1807 y 1808, pronuncia en Berlín sus "Discursos a la nación alemana", en los que vierte, en una brillante retórica, sus ideas acerca de la misión cultural del pueblo alemán en el mundo. Al fundarse la Universidad de Berlín, en 1809, es nombrado Decano de la Facultad de Filosofía y, posteriormente, Rector. Muere el 29 de enero de 1814.

Doctrina de la ciencia

La doctrina de la ciencia de Fichte constituye un nuevo intento de encontrar la justificación última de la posibilidad de todo conocimiento humano. Para que esta justificación fuera verdaderamente última, era necesario buscarla en el ámbito mismo del conocimiento, sin pretender nunca traspasarlo. Era obligado, por tanto, eliminar el papel de la cosa en sí, que Kant había reservado como principio incognoscible, y que representaba un límite impuesto a la Razón y a la libertad del sujeto. Con ello, Fichte pensaba estar desarrollando en su verdadero sentido el sistema kantiano.

Es necesario hacer una opción radical, sin concesiones, entre idealismo y dogmatismo. Para Fichte, la decisión no depende tanto de razones teóricas cuanto de la clase de hombre que se es; representa, más bien, una postura existencial. El idealismo constituye la expresión del espíritu dinámico y liberador, tan acorde con la exaltación romántica del yo. Fichte opta claramente por este camino. Y es fácil suponer que, a pesar de sus palabras, en esta decisión contaban también motivos racionales y no sólo temperamentales.

Para el idealismo, toda realidad de la que disponemos, que conocemos, es realidad para nosotros, es decir, contenidos de conciencia. Todo sujeto cognoscente se encuentra encerrado en la esfera de su conciencia, sin poder jamás franquearla. No existe objeto sin sujeto. Si todo lo que tenemos son determinaciones de la conciencia, deberemos buscar en ésta, en su capacidad de determinación, la justificación de toda experiencia. La doctrina de la ciencia pretende deducir *a priori* —trascendentalmente— toda determinación posible de la conciencia, a partir del establecimiento de la condición esencial de toda forma de conciencia, dando así certeza científica a toda representación. El objeto es visto únicamente como una forma de determinarse del sujeto. Por tanto, la forma esencial de toda determinación de éste, la ley necesaria que rige su actuar, su potencia de determinación, nos permitirá deducir el objeto sin otra premisa que el conocimiento del yo. "El yo puede desarrollar exclusivamente de sí mismo todo lo que en él puede presentarse, sin salir nunca de sí ni romper sus círculos". La referencia a la cosa en sí es innecesaria para la ciencia y perjudicial, pues condicionará los resultados de ésta a la contingencia de la causalidad de lo exterior.

La deducción del objeto a partir del solo entendimiento puede ser considerada como una producción de aquél. Pero esta producción no se refiere a la existencia del objeto en su materialidad. El idealismo de Fichte no niega el mundo exterior dado: lo que pretende es explicarlo. Podemos considerar al mundo desde el punto de vista de la conciencia empírica, hallando así una realidad que se nos impone y entre la que nos encontramos; pero de la que no podemos alcanzar más razón que su misma existencia, su imponérsenos. Pero ya que en sí mismo es mera sensación, si queremos dotarle de razón, hemos de constituirlo desde el interior del mismo ámbito de la razón, producirlo en cuanto objeto de ciencia. Pero a la postre, la necesidad del curso de este proceso y su certeza nos permiten adelantar e, incluso, prescindir de la misma experiencia. En definitiva, la ciencia del mundo consiste simplemente en conocimiento de mi propio yo.

La autoposición del yo: principio absoluto del conocimiento

Fichte aspiraba a concebir una filosofía que fuera un sistema unitario y completo del saber. Para ello, necesitaba partir de un principio absolutamente primero y evidente. Este principio no es otro que la autoposición del yo. Por ser absolutamente primero y condición de todo conocimiento, este principio no es demostrable: cada uno ha de encontrarlo en su propio interior. La autoposición del yo es la acción de la conciencia por la que el yo, volviendo sobre sí mismo, se pone como determinación de la conciencia. Es la "intuición intelectual" en la que el yo se aprehende como identidad de sujeto y objeto. Esta "intuición intelectual" subyace y acompaña a todo conocimiento conceptual como condición de su posibilidad, pero sin que en este conocimiento el yo se aprehenda conscientemente a sí mismo. El yo existe para sí cuando la conciencia revierte sobre sí misma, haciendo abstracción de todo contenido objetivo, y aprehendiéndose, por tanto, como pura actividad: actividad idéntica a su misma acción de aprehenderse. Por ello se dice que el yo se pone a sí mismo en la intuición intelectual, pues el yo conocido, objeto, es la misma acción de conocer del yo-sujeto: el yo se conoce como producto de sí mismo.

Nos encontramos ante un absoluto, pues el yo no implica referencia a ningún fundamento, se hace a sí mismo. El yo es acción, no substancia o entidad.

La unidad de sujeto y objeto dada en la intuición intelectual es el punto de partida de todo conocimiento. Este acto intelectual es el paradigma y fundamento de cualquier otro acto de conocer. De la consideración en puridad de este acto podemos extraer los presupuestos de toda determinación de la conciencia y deducir, así, todas las formas de determinación posibles, derivables de esa primera.

Se presenta una dificultad: para deducir las posibles formas de determinación de la conciencia sería necesario extraer del primer acto de ésta la ley que regulara con necesidad todo su actuar. Pero hemos visto que este primer acto es la autoposición de un yo que es pura acción, libertad absoluta o voluntad pura, como

Fichte también lo denomina. Por tanto, de este yo no puede extraerse ninguna ley, pues toda norma significa determinación, y la pura acción, sin fundamento previo, no dice determinación alguna.

No obstante, Fichte afirma que la conciencia actúa dialécticamente. El primer momento —tesis— de la conciencia es la posición del yo. Explica este paso recurriendo a una proposición evidente: $A = A$. La afirmación absoluta de esta proposición presupone necesariamente la posición del yo, pues éste no puede afirmar nada sin antes afirmarse a sí mismo como existente. En el segundo momento —antítesis—, al yo se opone el no-yo, pues al afirmarse el yo se niega como no-yo, de la misma manera que al decir que $A = A$ decimos que A no es no-A. Ahora bien, tanto el yo como el no-yo se encuentran en la misma conciencia y, sin embargo, siendo cada uno la negación del otro, la posición de uno debería suponer la supresión, la no posición, del otro. Es necesaria una síntesis o principio de conciliación. Lo constituye el carácter de limitados que poseen el yo y el no-yo opuestos. Cada uno representa el límite de la realidad del otro y, por tanto, su negación meramente parcial, no total: lo que se afirma de uno es lo que se niega del otro. Este yo limitado no es la pura posición del yo sino el yo finito o empírico. Y como toda posición supone la posición absoluta del yo, es este yo, originario e infinito, el que pone en sí mismo un yo limitado por oposición a un no-yo también limitado. Se trata, pues, de una autolimitación del yo, entendiendo por esto que el yo, mediante la oposición del no-yo, se constituye en yo finito.

Siguiendo este curso dialéctico puede ser deducida toda realidad. La síntesis nos proporciona nuevos opuestos que habrán de ser conciliados en una ulterior síntesis que, a su vez, abrirán un nuevo proceso.

Moral y religión

A pesar de su laboriosa deducción teórica, esta especie de degradación del yo en la que queda constituido como un yo finito por medio de la oposición del no-yo, posee primordialmente una significación moral, y a ésta atribuye Fichte su más importante justificación. El yo se aprehende a sí mismo como actividad y como actividad esencialmente moral. En la intuición del yo como espontaneidad y libertad, se nos presenta de modo inmediato este carácter moral de su existencia. Existimos para hacer, proclama Fichte. El yo es Voluntad pura, cuyo hacer es fundamentalmente un hacerse.

Ciertamente, la limitación del yo por el no-yo significa una limitación de su actividad, en cuanto, ahora, esta actividad no recae sobre el propio yo sino sobre la posición del objeto. En este sentido, el objeto representa un obstáculo, una resistencia a la acción del yo. Pero, al mismo tiempo, constituye la posibilidad de la acción moral, pues no hay superación sin obstáculo.

Todo esfuerzo exige una resistencia, y la vida moral consiste en un esfuerzo constante por superar toda limitación, ascendiendo así hacia la autorrealización del yo. Lo cual implica a la par que nunca podrá eliminarse por completo el obstáculo, pues sin éste desaparecería la posibilidad de la misma acción moral. Podemos decir, pues, que el yo absoluto desciende teóricamente hasta el yo empírico para que éste, superando su limitación, pueda ascender hacia aquél, es decir, reconducir su actividad dispersa en los objetos hacia la autoproducción del yo en su unidad. Siguiendo los pasos de Kant, Fichte postula claramente la supremacía de la Razón práctica sobre la Razón teórica.

La vida moral que es esfuerzo de autorrealización es aprehendida en una intuición originaria e inmediata. En el mismo acto en el que el yo se conoce como pura actividad, como acción de autodeterminarse, se descubre como obligado a llevar a cabo esta acción. El yo es autodeterminante; pero esta característica implica a la vez una absoluta libertad y una obligación inexcusable, la capacidad ilimitada de acción y la ley determinante de esa acción. El yo debe determinarse según la ley de la autodeterminación, conducir su libertad bajo el criterio de la absoluta independencia. Se trata, pues —dicho en forma negativa— de evitar toda heteronomía. La acción moral es aquella que se funda en mí mismo y sólo en mí mismo.

Por tanto, el criterio de mis actos debe ser sólo mi conciencia. Actuar de acuerdo con mi conciencia es la razón formal de toda moralidad. Esta conciencia no es un conocimiento reflejo sino un sentimiento inmediato: el sentimiento inmediato de mi deber. Ella manifiesta el acuerdo de nosotros con nosotros mismos o, dicho más estrictamente, el acuerdo del yo empírico con el yo absoluto, que es libertad absoluta, pura autoproducción.

Seguimos, por tanto, dentro del formalismo moral kantiano. El criterio de nuestra acción es que nuestra acción sea eso: nuestra y sólo nuestra. Debemos seguir a nuestra conciencia, pero como la conciencia es sólo sentimiento de absoluta autonomía, de total independencia —carácter del yo puro al que se amolda el yo empírico—; al seguir a la conciencia, lo único que sabemos es que estamos siguiéndola. Continuamos, pues, sin saber qué tenemos que hacer y por qué.

En su obra *Sobre los fundamentos de nuestra creencia en un orden divino del mundo*, Fichte identifica a Dios con el orden moral humano. Como ya se ha dicho, esta opinión le valió la acusación de ateo. Fichte se defendió alegando que tal identificación no significaba un reduccionismo materialista. Ese orden moral es un orden suprasensible al que el yo está llamado, y que se realiza en su interior mediante su esfuerzo por superar la limitación de lo objetivo. El mundo sensible adquiere sentido moralmente en cuanto ocasión y posibilidad de nuestra acción superadora. La superación de lo sensible implica la existencia de un orden suprasensible que el hombre puede y debe alcanzar. La fe en este orden es, pues, una fe práctica: fe en la eficacia y fecundidad de la acción moral. La acción funda el conocimiento: supremacía de la Razón práctica sobre la Razón teórica. Toda fe religiosa es sólo fe en el orden moral, fe práctica, pues el único camino para acceder a la divinidad es la vía de la moralidad ya que, a través de la acción teórica, la conciencia nunca puede trascender el yo.

Ultima etapa de su pensamiento

La doctrina de Fichte acerca de la religión sufre una clara evolución en sus últimos escritos, y es difícil juzgar si este desarrollo final supone una continuación o una ruptura con su primer pensamiento. Esta nueva formulación adolece de profundas ambigüedades, en las que quizá cayó Fichte en su afán por conciliar los postulados de las dos etapas de su pensamiento.

En esta segunda, adquiere presencia un Absoluto —en el que Fichte ve a Dios— distinto y no subsumible al yo. No se trata ya tampoco de un postulado de razón práctica, sino de un principio de contenido más metafísico que moral. Por una parte, representa un ideal moral, y el yo, ascendiendo hacia él, se realiza plenamente. Lo cual implica que el ejercicio del yo no es ahora absoluta autoproducción y, en cuanto se le propone una meta, la vida moral no es ya puro esfuerzo constante. Sin embargo, el Absoluto no es sólo un imperativo moral, es un ser, el único ser que lo es verdaderamente, es el ser infinito. Por esta razón, Fichte continúa negando el carácter personal del Absoluto, pues entiende que persona implica necesariamente un modo de ser finito. Su postura parece acercarse al panteísmo cuando afirma que, para ser infinito, Dios necesita ser el único ser. Sin embargo, sigue manteniendo la realidad de la conciencia, en la que —no lo olvidemos— el yo se pone a sí mismo como existente. Fichte expone que el Absoluto es el único ser que se despliega en multiplicidad en la conciencia, creando así lo finito. Cabría pensar, por tanto, la conciencia como el ámbito en el que aquél se hace consciente o para sí, a través del conocimiento que descubre lo Absoluto como fuente de ese mundo finito, que es sólo el reflejo del Absoluto en la conciencia. Ello supondría un claro acercamiento al planteamiento hegeliano.

Pero Fichte afirma, contrariamente, que toda conciencia es conciencia subjetiva, que el Absoluto no es propiamente consciente ni alcanzable por la conciencia finita, y que toda realidad es realidad en y para la conciencia.

El paso postrero de Fichte es, pues, vacilante. Su idealismo y su punto de partida subjetivista le impiden aceptar un principio verdaderamente trascendente al yo, que supondría la supremacía del ser sobre el pensamiento. Y la falta de una auténtica noción de analogía y participación cierran el camino hacia la concepción de un Absoluto que no niegue la existencia a lo finito.

2. SCHELLING

Vida y obras

Friedrich Wilhelm Joseph von Schelling nació en Leonenberg, Estado de Wurttemberg, en 1775. Su padre era un culto pastor protestante, que pronto inició a su hijo en los estudios humanísticos. Schelling dio muestras de un talento precoz, y a temprana edad ingresó en el seminario protestante de Tubinga. Allí coincidió con Hegel y Hölderlin, con los que, a pesar de ser algo mayores que él, trabó profunda amistad. Conoce la filosofía de Fichte, a la cual se adhiere totalmente en un primer momento. Durante esta época, escribe algunos trabajos acerca de cuestiones religiosas, tanto de mitología pagana cuanto de Revelación cristiana, en las que preside la intención de reducir a razón los contenidos religiosos. Esta intención perdurará en su interior y, en gran parte, su producción filosófica puede considerarse como un intento de explicar racionalmente los Misterios.

En 1794 escribe *Sobre la posibilidad de una forma de filosofía en general* bajo clara inspiración fichteana. Acabados sus estudios de teología, se traslada a Leipzig como preceptor de dos jóvenes nobles. Se dedica entonces al estudio de las ciencias naturales y comienza a tomar cuerpo en su especulación la propensión romántica hacia la exaltación de la naturaleza. Este punto supone el inicio de su paulatina separación de Fichte, que tiene su primera expresión en las *Cartas filosóficas sobre dogmatismo y criticismo* (1796). En este escrito se contraponen las dos posturas básicas de la filosofía —representadas por Spinoza y Fichte respectivamente— como igualmente insuficientes y parciales. Schelling se propone, en clara sintonía con el espíritu romántico, recuperar la naturaleza, que había sido absorbida en el yo por el subjetivismo de Fichte. Aparece, así, su obra *Ideas para una filosofía de la naturaleza* (1797); y, posteriormente, *Sobre el alma del mundo* (1798) y *Primer esbozo de un sistema de la filosofía de la naturaleza* (1799). Schelling —en el que la preocupación por las cuestiones morales no jugaba el papel que poseía en Fichte— criticó la concepción de la naturaleza como simple material para la acción moral del sujeto, y reivindicó el valor en sí de aquélla.

Sin embargo, estas objeciones no significan una ruptura total con la doctrina fichteana. Continúa colaborando con Fichte y, en 1799, le sustituye en la cátedra de Jena, al tener éste que abandonarla a causa de la acusación de ateísmo. En 1800, publica su *Sistema del idealismo trascendental*, que concibe como complemento de su filosofía de la naturaleza, y en el que la inspiración fichteana es notable. No obstante, el sistema finaliza en una filosofía del arte, que representa para Schelling el cénit del idealismo trascendental. Entre 1802 y 1803 colabora con Hegel en la publicación del "Diario crítico de filosofía". Entabla profunda amistad con el círculo romántico de Schlegel y Novalis. Llevado de este espíritu, y bajo la influencia de Spinoza, su pensamiento toma otra dirección, y publica en 1802 *Bruno, o sobre el principio divino y natural de las cosas*, obra en la que aparece su concepción de lo Absoluto como identidad.

En 1803, contrae matrimonio con Carolina Schlegel, divorciada de A.W. Schlegel. Se traslada a Würrburg donde profesa durante tres años. En 1806, se establece en Munich. En esta época, su pensamiento se inclina hacia cuestiones religiosas, y su filosofía toma tintes de teosofía bajo el influjo de la mística de J. Böhme. *Filosofía y religión* aparece en 1804, y, en 1809,

Investigaciones filosóficas sobre la naturaleza de la libertad humana.

La publicación, en 1807, de la *Fenomenología del espíritu* de Hegel supuso un profundo golpe en el ánimo de Schelling. En ella, Hegel criticaba la concepción del Absoluto de su amigo y antiguo colaborador, calificando tal idea como "abismo vacío" y "noche en la que todas las vacas son negras". Schelling tomó tales críticas como ofensas personales, y rompió su antigua amistad. Pero lo que más le llenó de amargura fue el clamoroso éxito de Hegel, que vino a apagar su fulgurante carrera.

En 1809 muere su esposa y, tres años después, contrae matrimonio por segunda vez. En 1811 expone los cursos recogidos en su escrito *Las edades del mundo* que sería publicado póstumamente. La última fase de su pensamiento viene representada por la contraposición entre "filosofía negativa" y "filosofía positiva". Esta última, atenta a la existencia, pretende ser la superación de aquella otra, abstracta y conceptual, cuyo máximo representante es Hegel. Los escritos en que se recogen estas ideas —*Filosofía de la Revelación, Filosofía de la mitología*— fueron publicados después de su muerte.

En 1831 moría Hegel. En 1841, Schelling era reclamado en Berlín por el rey para que en esta Universidad expusiese su doctrina y combatiera así el poso de panteísmo que el sistema hegeliano había sembrado. Entre sus oyentes, se contaban Kierkegaard, Burckhardt, Engels, Bakunin. Todo parecía propiciarle una clara victoria sobre su difunto rival. Sin embargo, el triunfo no se realizó y perdió paulatinamente gran parte de sus oyentes. Abrumado, abandonó la docencia y se retiró a Munich, dedicado a preparar la publicación de sus escritos. Muere en 1854 en Ragaz, Suiza.

Más allá del dogmatismo y del criticismo

Es habitual distinguir en el curso de la producción filosófica de Schelling hasta cinco fases diversas: filosofía de la naturaleza, filosofía trascendental y del arte, filosofía de la identidad, filosofía de la libertad o fase teosófico-gnóstica, y filosofía positiva. A este respecto, hay que hacer notar que dichas fases no constituyen sistemas o doctrinas diferentes, que el autor hubiera ido asumiendo tras el rechazo de las anteriores. Representan, más bien, las distintas formas que su pensamiento va adoptando a lo largo de su desarrollo unitario, a tenor de los problemas y puntos de atención suscitados por este mismo desarrollo, o por efecto de algún influjo que se hace predominante en un momento concreto y que empuja su pensamiento en una dirección determinada, aunque sin provocar realmente un corte. Ciertamente, esta unidad es más clara en las tres primeras fases mencionadas. Cabría, por tanto, entenderlas como una única etapa frente a la última, considerando, así, la filosofía de la libertad como de transición. Pero esta distinción no ha de ser interpretada en términos de contraposición. La filosofía positiva representa, más que el abandono de la especulación anterior, la configuración final de un pensamiento que, llevado por su impulso, acaba rebasando los límites de su decurso previo.

Al igual que Fichte, Schelling pretende una filosofía que sea ciencia absoluta, es decir, una filosofía sin presupuestos, que parta absolutamente del principio de todo saber. Este principio no es otro que la intuición intelectual, en la cual la conciencia, como pura actividad, se pone a sí misma como objeto para sí misma; ella es, pues, identidad de sujeto y objeto, de intuir e intuido. Sin embargo, tanto el dogmatismo como el criticismo conciben inadecuadamente este punto de partida. El primero, representado por la filosofía de Spinoza, considera esta identidad como un Absoluto objetivo; mientras que el criticismo, representado por Fichte, la interpreta como un Absoluto subjetivo. En un caso, se reduce el sujeto al objeto, que se constituye como Absoluto y, en el otro, se procede inversamente. Ambos planteamientos son, pues, insuficientes. Pero a pesar de esta común insuficiencia, el criticismo goza de cierta superioridad, si bien no en el orden teórico sino en el práctico, ya que mantiene la posibilidad de la libre actividad del sujeto. Esta consideración recuerda inevitablemente la solución fichteana de la alternativa entre idealismo y dogmatismo.

Si el objeto no puede reducirse al sujeto, la naturaleza no puede limitarse a ser un simple obstáculo para la acción del yo. El Absoluto es identidad de sujeto y objeto, de espíritu y naturaleza y, por tanto, ambos han de gozar del mismo grado de realidad. Teniendo en cuenta esta identidad, tendrá que ser posible alcanzar el espíritu partiendo de la naturaleza y, a la par, alcanzar la naturaleza desde el espíritu. El primer camino constituye la filosofía de la naturaleza y el segundo, la filosofía trascendental.

Filosofía de la naturaleza

La naturaleza es un organismo vivo y activo. Su estabilidad no es un equilibrio inerte sino dinámico, producto de la oposición de fuerzas contrarias. Mediante la dialéctica de opuestos y síntesis, la naturaleza se desarrolla desde sus formas inferiores —materia, procesos físicos y químicos— hasta sus modos superiores: vida orgánica. En la vida y, especialmente, en la vida humana —forma suprema de la naturaleza— encontramos un destello del espíritu. Pero si el espíritu se encuentra en la forma suprema, ha tenido que estar presente de alguna manera siempre, guiando el proceso evolutivo y manifestándose según diversos modos de realidad. La naturaleza es también espíritu, es el espíritu visible, mientras el espíritu es la naturaleza invisible. Espíritu y naturaleza tienen un mismo principio, un único Absoluto, ideal y real, que es identidad de sujeto y objeto, y que se manifiesta de diverso modo según predomina el polo subjetivo o el objetivo. El dinamismo de la naturaleza es la tensión del espíritu hacia sí mismo, el proceso por el que el espíritu, partiendo de su máxima exteriorización, camina en un constante aumento de su presencia hasta hacerse presente a sí mismo en la conciencia humana. El espíritu, inconsciente en la naturaleza, asciende en las diversas formas de ésta hasta hacerse consciente en la forma natural suprema. Conocemos la naturaleza como penetrada por el espíritu porque nuestro conocimiento de ella es el autoconocimiento de la naturaleza, la penetración de la naturaleza en el espíritu, el hacerse consciente del espíritu inconsciente.

¿Cómo es posible conciliar el acuerdo de nuestras representaciones con la realidad con la conciencia de que éstas son libremente producidas en nuestro interior? Sólo es posible merced a la armonía preestablecida entre pensamiento y realidad. Nuestras representaciones son reales porque la naturaleza es también ideal, con una idealidad que es inteligibilidad intrínseca y tendencial. Existe una sola actividad, que produce la naturaleza y el pensamiento. En la primera, es actividad inconsciente hacia la conciencia o subjetividad; y en el pensamiento, actividad consciente hacia la objetividad.

Filosofía trascendental y del arte

En la filosofía trascendental, Schelling lleva a cabo la búsqueda del objeto desde el sujeto, de la naturaleza en la actividad del espíritu, como camino complementario del recorrido en la filosofía de la naturaleza. En esta empresa, sigue bastante de cerca las reflexiones de Fichte, y toma gran parte de su contenido de la "Doctrina de la ciencia" de éste.

El objeto ha de ser determinado por el conocimiento, no el conocimiento por el objeto. El idealismo no puede traspasar el ámbito de la conciencia; por tanto, ha de buscar el principio determinante del objeto en el mismo principio del conocer, y no en el exterior de éste. Este principio no es otro que el acto de autoconciencia, en el cual sujeto y objeto se identifican. En este acto el yo se conoce a sí mismo como yo, lo que significa que se hace inmediatamente objeto para sí mismo. Pero para alcanzar la autoconciencia, para conocerse a sí mismo, el yo, que es originariamente actividad infinita, puro producir, ha de ponerse a sí mismo, es decir, actuar o producir. Este acto significa limitar su producir originariamente infinito; pero esta limitación sólo se explica si por este mismo acto se produce algo distinto de sí mismo: el objeto. Por tanto, el yo, al ponerse limitadamente, pone de forma necesaria, frente a sí, el objeto.

Pero este poner o producir el objeto, que Schelling llama "intuición productiva", es un acto inconsciente, pues si fuera consciente, lo puesto no sería el objeto, algo distinto del mismo producir, sino este mismo acto. El yo comienza a ser consciente en la reflexión, en la cual conoce como distintos el objeto producido y el acto de la "intuición productiva". Pero no alcanza la plena autoconciencia hasta que, volviendo totalmente sobre sí, se conoce como distinto por completo del objeto, es decir, se conoce como puro yo. Este acto es la "abstracción trascendental", por la cual el yo, abstrayendo todo objeto, eliminando toda limitación, queda como puro objeto para sí, y se aprehende como identidad de sujeto y objeto en la intuición intelectual.

Este proceso hacia la constitución plena de la conciencia, que Schelling desglosa en tres etapas sucesivas, muestra, al mismo tiempo, el despliegue de la naturaleza en sus diferentes formas.

En cada una de estas etapas de la conciencia aparecen las correspondientes formalidades que la naturaleza puede adoptar. En la medida en la que el yo va separándose del objeto y revertiendo sobre sí mismo, va produciendo las diversas determinaciones que pueden afectar al objeto. A lo largo de una laboriosa y complicada secuencia de momentos, Schelling procede a la deducción de los distintos modos de la naturaleza a partir de la acción del yo.

La filosofía trascendental culmina en la filosofía del arte. En los dos caminos precedentes, hemos alcanzado la naturaleza o el espíritu partiendo del polo respectivamente contrario. Schelling busca ahora un fenómeno en el que aparezca ante la conciencia la identidad de naturaleza y espíritu de manera inmediata, sin proceso alguno. Este fenómeno es la intuición estética. En ella, y en su producto, el arte, se encuentran fundidos lo subjetivo y lo objetivo, lo consciente y lo inconsciente, lo ideal y lo real, el espíritu y la naturaleza. El artista, al producir, actúa conscientemente, pero también, en cierta medida, de manera inconsciente. La obra de arte posee una sublimidad que no encuentra razón suficiente en el mero hacer del artista: es una grandeza más bien encontrada que producida. En ella, lo infinito se encarna en lo finito, y lo finito se hace imagen de lo infinito. La obra de arte, como imagen que es, manifiesta y esconde al mismo tiempo el espíritu. Así como la identidad de naturaleza y espíritu se muestra en la naturaleza en una tendencia hacia la subjetividad, en el espíritu del hombre se manifiesta en una tendencia hacia la objetividad. El yo deviene consciente para sí mismo a partir de un actuar inconsciente; lo que significa que, originariamente, más que inteligencia, es actividad infinita, voluntad pura de autodeterminación. Y, en cuanto voluntad, posee una intrínseca inclinación a objetivarse, ya que se autodetermina a través de su acción sobre el mundo objetivo. Así, la obra de arte constituye la plena objetivación de la condición misma del yo como identidad subjetiva-objetiva.

Filosofía de la identidad

La influencia de Spinoza, presente ya en las *Cartas filosóficas sobre el dogmatismo y el criticismo* adquiere ahora, en la "filosofía de la identidad", una clara intensificación. La crítica a la doctrina de Spinoza testimonia, al mismo tiempo, la acción de éste sobre el espíritu de Schelling, como también ocurría con respecto a Fichte. En esta etapa, la identidad de sujeto y objeto actúa en su dimensión metafísica, más que en sus consecuencias gnoseológicas. El Absoluto es pura identidad: identidad de sujeto y objeto, de idealidad y de realidad, de espíritu y naturaleza. Todo existe en el Absoluto y no hay nada fuera de él. Todo ser es identidad, y el Absoluto es esa identidad de todo que hay en todo. Espíritu y naturaleza, distintos en su carácter fenoménico, no son, sin embargo, dos modos diferentes de ser, sino dos manifestaciones distintas del Absoluto, según el predominio del aspecto subjetivo o del objetivo. Toda diferencia es, pues, aparente y se da sólo en la conciencia empírica, ya que en el Absoluto en sí no puede haber diferencia alguna. Este Absoluto en sí es idéntico, pero no es originariamente consciente, es decir, no es idéntico también para sí. Para ello, ha de conocerse; pero en esta acción se desdobla en sujeto y objeto, en espíritu y naturaleza. El Absoluto se hace consciente a través de la conciencia humana, al superar ésta las diferencias aparentes y ascender hasta la intuición del Absoluto como pura identidad. En esta intuición, la conciencia aprehende toda realidad como identidad y toda diferencia como mera apariencia. El mundo es la automanifestación del Absoluto, que se despliega para alcanzar la autoconciencia.

Como puede observarse, la postura de Schelling podía ser calificada con acierto de panteísta. Por otra parte, en el caso de intentar una distinción entre el Absoluto divino y el mundo, este último devenía necesario para aquél, como condición de su plena constitución en cuanto autoconciencia absoluta; concepción pareja a la teoría emanacionista del neoplatonismo. Contra estas dos concepciones reaccionará Schelling posteriormente, movido en gran medida por la influencia del pensamiento "místico" de Böhme; aunque difícilmente puede afirmarse que llegara a superar por completo dichas ideas.

Teosofía. El mundo como caída

Ciertamente, el mundo es automanifestación de Dios, conocimiento objetual de sí o Idea divina. El Espíritu divino es el único espíritu creador, que, pensando la naturaleza, la crea como reflejo suyo. Pero esta Idea divina no es el mismo mundo finito sino la naturaleza ideal, la naturaleza en su completa y perfecta realidad. La Idea divina, por ser producto inmediato del Absoluto, sólo puede ser infinita, no finita. No existe continuidad entre lo infinito y lo finito, se encuentran separados por un abismo. El mundo finito, por tanto, sólo puede ser producto de un desgajamiento de lo infinito; pero no entendido como la separación de una parte de lo infinito —lo cual es imposible de concebir—, sino como un desgajamiento que produce lo desgajado o alienado: lo finito. Schelling habla de una "caída cósmica", que sólo puede ser atribuible a un acto de ciega libertad producido en la Idea divina. Esta produce así el mundo como imagen suya, que la manifiesta no al modo de un reflejo luminoso sino, por el contrario, como una sombra que testimonia en su oscuridad el cuerpo proyectado. La creación, por tanto, no es deducible desde el Absoluto. Remite necesariamente a un acto de absoluta e incondicionada libertad, y, por consiguiente, es en definitiva inexplicable.

Esta alienación, que constituye el mundo finito, provoca en él inmediatamente un anhelo de unidad con el Absoluto. Esta ascensión se realiza por medio del espíritu humano, que por la razón descubre lo infinito en lo finito, y por su acción idealiza lo sensible, plasmando lo infinito en lo finito. La historia adquiere de este modo sentido teofánico y redentor. Ella es la sucesiva actualización de Dios en el mundo, y la paulatina reinserción del mundo en Dios.

Schelling atribuye a Dios carácter personal. Pero no por ello deja de haber en Dios proceso. El Absoluto sigue siendo un autoproducirse. Para Schelling, la personalidad no es algo dado de forma inmediata, sino que tiene que ser constituida. En la divinidad hay un fundamento de su ser, más allá de éste, que lo funda pero no lo es. Es cualidad sin determinación, esencia sin existencia, pura indiferencia. Schelling lo llama también "voluntad irracional", deseo ciego e inconsciente de existencia personal. Es un Dios aún sin posición. Para alcanzar existencia propia, Dios se pone como objeto primeramente; pero, para ello, es necesario que se ponga también como sujeto, es decir, como voluntad consciente y racional, constituyéndose así como persona. Este proceso no es, pues, temporal, sino eternamente simultáneo.

Con esto, Schelling no niega, sin embargo, la inmanencia del mundo en Dios. Pero esta inmanencia no significa un panteísmo, pues no se trata de la inmanencia de lo idéntico —Dios no es lo mismo que el mundo—, sino de lo relativo en lo absoluto. Es la inmanencia consiguiente a la causalidad absoluta de Dios respecto del mundo. Esta inmanencia deja a salvo la libertad e individualidad del ser humano. En éste —en cuanto manifestación externa del Absoluto— se dan también las dos voluntades opuestas, que en el ámbito humano sí son separables, y cuya dialéctica constituye el despliegue de la libertad y moralidad humanas, que se realiza en la historia.

Schelling se acerca al reconocimiento de la trascendencia divina y a la visión creacionista del universo propias del cristianismo. No obstante, postula que el acto creador es eterno; acto que encierra un valor más bien negativo, en cuanto significa caída en la finitud. En cierta medida, este acto parece inseparable de Dios, en la medida en que se deriva del mismo proceso necesario del autoconstituirse de lo divino. La duplicidad de voluntades en Dios abre la posibilidad de ese acto de ciega libertad que constituye la negatividad del mundo, de manera semejante a cómo la discordia de voluntades en el hombre encierra la razón de la presencia del mal en el mundo.

Filosofía positiva

En su última fase, el pensamiento de Schelling adquiere un cariz claramente religioso y místico. A la "filosofía negativa", abstracta y conceptual, opone la "filosofía positiva", contemplativa e intuitiva, que no pretende la construcción de un sistema rigurosamente lógico sino la captación inmediata de lo verdaderamente real. Todo sistema, en vez de proyectar el pensamiento, lo encierra en sus rígidas estructuras. La lógica abstracta no alcanza nunca en sus deducciones la existencia de las cosas. A lo sumo, puede llegar a deducir su esencia, pero la existencia no es deducible, sólo puede ser aprehendida en un contacto inmediato. Lo único real es lo existente, lo individual, no lo abstracto y universal. La puerta de esta filosofía positiva es el reconocimiento de la insuficiencia del pensamiento. Su misma dinámica intrínseca lleva al pensamiento a contemplarse como incapaz y, por tanto, a negarse a sí mismo; y en esta negación de sí mismo en cuanto limitado, afirma lo que le sobrepasa, en un acto de aceptación o reconocimiento, superando así sus propios límites.

Dios, que es lo máximamente real, es lo máximamente individual. No puede ser ni producido ni deducido por nuestra mente. Nuestra representación de Dios no es Dios mismo: el Dios real y personal al que aspira la voluntad humana. Para encontrarlo, no hemos de buscarlo en la dialéctica abstracta de las ideas, sino en la dialéctica concreta y empírica de la historia: la historia de la conciencia religiosa, que es también historia de la revelación de Dios en el seno de la humanidad. Su desarrollo se realiza a través de dos etapas fundamentales: la mitología y la Revelación cristiana.

Pero Schelling no se quedará en la simple contemplación de los hechos, ni repudiará por completo la razón. La "filosofía positiva" pretenderá en última instancia dar lugar a una religión filosófica, que sustituya la fe por el entendimiento. Pretensión que supone "iluminar" los contenidos de la Revelación mediante los esquemas racionales.

3. Hegel

Vida y obras

Georg Wilhelm Friedrich Hegel nació en Stuttgart el 27 de agosto de 1770. Su padre era funcionario público. Realizó sus primeros estudios en su ciudad natal, centrado fundamentalmente en las humanidades. Pronto se sintió atraído por el espíritu y las obras de la antigüedad clásica. Poseía a la par un carácter reflexivo y una fina capacidad de observación. En 1788 ingresa en el seminario protestante de Tubinga, y comienza sus estudios teológicos. Allí coincide y entabla amistad con Hölderlin y Schelling. En esta institución recibe una teología racionalista, al gusto de la Ilustración, en la que el carácter racional se erige en principal fundamento, y que se inclina hacia una clara secularización de la religión, haciendo del hombre su centro y reduciendo su contenido a una doctrina moral. Siguiendo este espíritu, Hegel se aparta de la visión teísta de un Dios trascendente, y se aproxima al panteísmo romántico. Recibió con aplauso la Revolución francesa —aunque, más tarde, censuró sus excesos— y exhaltó los ideales de libertad e igualdad. Terminados sus estudios, trabaja como preceptor privado de diversas familias. Además de las materias teológicas, se interesa por cuestiones históricas y políticas. Estudia en profundidad la filosofía de Kant, Fichte y Schelling. Durante esta época compone una serie de obras centradas en la religión cristiana, y que quedaron inéditas. En 1799, muere su padre. Gracias a la herencia, que le proporciona cierto desahogo económico, puede dedicarse de lleno a la filosofía. Se traslada a Jena, centro intelectual de Alemania. En 1801, publica *Diferencia de los sistemas de Fichte y de Schelling*, ensayo en el que se da a conocer en los círculos filosóficos. Se incorpora a la docencia universitaria, coincidiendo con Schelling en la Universidad de Jena. Mantiene con éste una intensa amistad y colaboración, adhiriéndose a su sistema que considera el verdadero y auténtico idealismo. Sin embargo, la publicación en 1807 de su primera gran obra, *Fenomenología del espíritu* supone la ruptura con Schelling, cuya doctrina censura crudamente en la introducción. Hegel presenta su propio sistema como definitivo y superador de los de Fichte y Schelling. Destituido de su cátedra a raíz de la invasión napoleónica, que suprimió la vida universitaria, se traslada a Bamberg, teniendo que trabajar como redactor del periódico de dicha localidad. En 1808, es nombrado director del Gymnasium

de Nüremberg. Su principal atención se centra en la elaboración de
su sistema, y en 1812 inicia la publicación de la *Ciencia de la
Lógica*, que concluye en 1816. Este mismo año recibe el
ofrecimiento de varias cátedras. Se decide por la de Heidelberg,
donde publica su principal obra: *Enciclopedia de las ciencias
filosóficas en compendio* (1817). Su fama se va acrecentando, y
reúne en torno a sí un creciente número de seguidores. En 1818 se
traslada a la Universidad de Berlín. Hegel se consagra definitivamente, sin que su prestigio encuentre rival alguno. Se convierte en
el filósofo oficial del Estado prusiano, prestándose entre ambos
—filósofo y Estado— una mutua reverencia y defensa. En 1821,
publica su última obra: *Fundamentos de la filosofía del
derecho*. A partir de entonces, se dedica primordialmente a
elaborar sus lecciones universitarias, cuyos manuscritos fueron
recopilados y editados después de su muerte. Afectado por el
cólera, murió el 14 de noviembre de 1831.

Escritos de juventud: el punto de partida teológico

Entre 1793 y 1800, Hegel compuso una serie de escritos
acerca de cuestiones religiosas: *Religión del pueblo y cristianismo* (1793), *Vida de Jesús* (1795), *La positividad de la religión
cristiana* (1795-1799), *El espíritu del cristianismo y su
destino* (1800). Hegel postula que el cristianismo ha de purificarse
de la positivación que ha sufrido a lo largo del tiempo (fórmulas
dogmáticas, legislación, ritual externo, etc.) y volver a engarzarse
con el espíritu del pueblo, constituyendo —como las religiones
paganas— un ingrediente de la cultura, de la conciencia de unidad
política e histórica de un pueblo. Se trata, pues, de una religión
secularizada, que camine por las sendas del progreso de la
humanidad. Una religión que no puede ser un simple ideal
supremo, inalcanzable plenamente, sino, por el contrario, un valor
encarnable en la vida de un pueblo, materializable en instituciones,
formas históricas, etc. Hegel ya concebía la necesaria unidad entre
lo ideal y lo real, que será uno de los pilares de su sistema. El
problema religioso fundamental lo plantea la necesidad de superar
la separación entre Dios y el hombre, entre lo infinito y lo finito.
Dios no puede ser un infinito separado o puesto al lado de lo finito,
pues ello equivaldría a concebir lo finito como límite de lo infinito.
La religión es la superación de esta separación, y la unidad entre lo
finito y lo infinito se realiza en el amor. En el amor, la vida se hace

infinita, se realiza, como en Cristo, la unidad de lo divino y de lo humano, pues el amor es la misma realización de lo divino en el hombre.

Aunque la especulación de Hegel pase posteriormente de la teología a la filosofía, puede decirse que nunca abandonó aquélla definitivamente. En todo su sistema late un fondo netamente teológico. Los contenidos de la teología sirven de inspiración y nutren sus concepciones filosóficas, y todo su sistema aparece como un fabuloso intento de racionalizar la Verdad Revelada. Con frecuencia, se ha visto la presencia del Evangelio de San Juan, el Evangelio del Logos, en el mismo punto de arranque del sistema hegeliano. La idea de Dios como Verbo, Espíritu y Vida será incorporada por su pensamiento, de forma secularizada.

Crítica a Fichte y a Schelling

En la mente de Hegel va abriéndose paso la idea romántica de la realidad como una unidad total, como un todo orgánico y unitario que participa de una misma vida. La única verdadera realidad es la totalidad. El problema fundamental de la filosofía —ya anunciado en sus escritos teológicos— lo constituye la relación y armonización de lo finito y lo infinito, la superación de su diferencia en una perfecta integración que no anule a ninguno. Se trata de encontrar un principio absoluto, sin presupuestos, que encuentre en sí mismo su propia justificación, y que sea a la vez el principio de todo saber y de toda realidad. Hegel pretende concebir un Absoluto en el que toda escisión (finito-infinito, sujeto-objeto, fenómeno-noumeno, razón-fe,...) quede superada, ya que el Absoluto ha de ser la expresión adecuada de la realidad toda. El Absoluto no puede ser concebido como un infinito separado y distinto de lo finito. Ello equivaldría a convertir el Absoluto en una pura abstracción, ya que sería ajeno a la realidad que es el Todo. Además, como ya hemos visto, según Hegel, un infinito así sería un falso infinito: al encontrarse al margen de lo finito, estaría siendo limitado por éste. El verdadero infinito ha de albergar y afirmar la realidad de lo finito.

Fichte, postulando la completa espontaneidad y autonomía de la razón, había buscado en ella misma la justificación de su propia actividad, anulando la "cosa en sí" kantiana. De este modo, había situado el Absoluto en el yo en cuanto autoconciencia o identidad de sujeto y objeto. Para Hegel, este Absoluto no es suficiente. Se trata de un principio a partir del cual toda la realidad surge deductivamente. Esto implica una diferenciación entre el principio y lo que es deducido; el mundo aparece como lo opuesto al yo, y la identidad de sujeto y objeto queda rota, surgiendo de nuevo el dualismo. En definitiva, el Absoluto de Fichte es puramente subjetivo, y no asume realmente el campo de lo objetivo, pues el objeto, en cuanto producto absoluto del yo, carece de toda realidad que no sea el mismo sujeto.

En un primer momento, Hegel se adhiere a la solución de Schelling por cuanto en éste el Absoluto comprendía también lo objetivo, era identidad de sujeto y objeto, de Espíritu y Naturaleza. Pero más tarde le critica que tal identidad es una pura indiferencia, una ausencia completa de determinación: "la noche en la que todos los gatos son pardos", como diría en la *Fenomenología del espíritu*. El Absoluto de Schelling niega toda distinción, queda más allá de las determinaciones reales, como un fondo indeterminado del que no cabe decir nada. Es identidad de Naturaleza y Espíritu, sin ser realmente ni Naturaleza ni Espíritu. Es un vacío de contenido y un vacío de conocimiento, pues en él nada podemos conocer.

En Schelling, Naturaleza y Espíritu eran el despliegue o manifestación del Absoluto, pero no el mismo Absoluto; propiamente, el ser de éste quedaba por debajo de su manifestación. Para Hegel, por el contrario, el Absoluto no puede ser distinto de su manifestación, el Absoluto ha de *ser* su misma manifestación, su ser ha de incorporar su despliegue y consistir en él. El Absoluto es la totalidad, y no una unidad o identidad por debajo de ésta, que negaría por tanto la realidad de lo finito, como una mera manifestación del Absoluto, pero distinta de él y no constitutiva de su ser. Lo infinito, para no quedar en un infinito puramente abstracto, ha de ser por y en lo finito.

El Absoluto hegeliano

Hegel recoge de los idealistas anteriores la idea de infinito como circularidad. El Absoluto había sido concebido como Absoluto de la razón, como actividad cognoscente que se conoce a sí misma, es decir, como subjetividad que revierte sobre sí haciéndose objeto para sí. Era, pues, esencialmente autoconocimiento o autoconciencia. En Hegel lo seguirá siendo, y para definir el Absoluto acudirá a la fórmula aristotélica de pensamiento que se piensa a sí mismo. El Absoluto no es sustancia o cosa, sino sujeto, autoposesión o autotrasparencia. Pero, ahora, esta autoconciencia no es un principio plenamente constituido, autosuficiente para deducir de sí toda la realidad o para fundarla como manifestación suya. En Hegel, este autoconocimiento no es un punto de partida, sino un resultado cuyo proceso alberga toda la realidad. Se trata de un resultado que, sin embargo, no es separable de su proceso, sino que *es* su mismo proceso, y la realidad toda —Naturaleza y Espíritu— constituyen los momentos esenciales de dicho proceso. La autoconciencia o autorreflexión implica un salir de sí o determinarse para después volver sobre sí y poseerse plenamente. Pero estos pasos no son separables del resultado, no son medios prescindibles una vez alcanzado éste: son momentos constitutivos del mismo resultado. El Absoluto es la Totalidad y es conocimiento de sí: es el autoconocimiento de la Totalidad que desde su extrañamiento en la Naturaleza, vuelve sobre sí a través del espíritu humano. La realidad toda es, pues, este proceso de autorreflexión que es el Absoluto. El Absoluto es conocimiento de sí, pero al ser proceso, se conoce como tal y, conociéndose, conoce sus diversas fases y conoce la diversidad de éstas. Como sus fases no son previas a su propia constitución sino constitutivas de él, el Absoluto al conocerse conoce sus fases, y se conoce en el conocimiento de ellas. Pero no en cualquier conocimiento de tales fases, sino sólo en el conocimiento de ellas en cuanto fases del Absoluto. Dicho en otros términos, el Absoluto se conoce plenamente —se constituye como tal— cuando el espíritu humano conoce la Naturaleza y se conoce a sí mismo como momentos del Absoluto. Entonces, el hombre sabe la Naturaleza, la objetividad, como condición de la constitución de la conciencia, de la subjetividad, y reconoce en este conocimiento el conocimiento de la Totalidad. El Absoluto existe en y a través del espíritu finito, y es autoconciencia, identidad de sujeto y objeto; pero identidad en la diferencia, identidad que asume y mantiene las diferencias.

El Absoluto, por tanto, no es trascendente, sino inmanente: lo infinito existe sólo en lo finito, el Absoluto es su misma manifestación. Pero lo finito no posee su plena realidad en su sola finitud. Lo finito es sólo un momento de lo infinito. Su realidad estriba en su relación con lo infinito, en su condición de momento para la constitución del Absoluto. Separado de éste, lo finito es sólo una abstracción. La verdad de lo finito se encuentra en su articulación en el Absoluto, pues esta integración, lejos de anular lo finito, es la condición de su afirmación. Por tanto, la verdad no es intuición sino sistema. La Verdad absoluta es el sistema del Absoluto, pues éste es proceso y no principio plenamente constituido y acabado ya en su principialidad.

En consecuencia, Hegel niega que el Absoluto sea y se dé en una autoevidencia inmediata. El Absoluto no es intuición sino conocimiento mediato, es decir, Concepto o Idea. En su inmediatez, el Absoluto es abstracto e indeterminado. Sólo a través de la mediación del extrañamiento, vuelve sobre sí como conocimiento concreto y determinado: se hace contenido. Hegel llama al Absoluto Espíritu. Espíritu significa aquello que existe ante sí mismo, que puede penetrar en sí mismo. Que el Absoluto sea Espíritu sólo significa que se autopenetra, que es presencia ante sí mismo, no que sea una sustancia espiritual. Y el Espíritu es Vida. El Absoluto no es estático, dado inmediatamente y de una vez por todas; es dinámico, es brotar de sí, desplegarse y volver definitivamente sobre sí. El Absoluto se conoce, se hace autoconciencia, es decir, se constituye plenamente, objetivándose fuera de sí e interiorizándose después a través del espíritu humano. La realidad es, pues, el mismo regresar del Absoluto hacia sí mismo, la realización del Concepto o autoconocimiento adecuado del Absoluto. La realidad es la misma acción de autoposeerse del Absoluto, la vida del Absoluto.

Hegel no anula lo finito en lo infinito. Al contrario, su voluntad es conservar toda determinación real, toda diferencia y particularidad. La Naturaleza y el espíritu humano son el camino hacia la constitución del Absoluto, siendo este camino —como ya hemos visto— constitutivo de aquél. La Idea, en un primer momento abstracta, se despliega en la Naturaleza para recobrarse concreta y plena a través del espíritu finito, y constituirse así como Espíritu absoluto. Este Absoluto procesual, cuya vida comprende la vida de la Naturaleza y del hombre, no es ya un autoconocimiento como intuición o conocimiento formal, sino una autoconciencia que es sistema, ciencia: saber de todo contenido. En el saber del Absoluto se encierra el conocimiento de toda realidad, el conocimiento de todo en su articulación en la Totalidad, que es la única realidad y, por tanto, la única verdad. Lo finito no es cognoscible, no es pensable en su radical realidad, si no es en su relación con lo infinito. La Totalidad es un infinito dinámico, no estático, por lo que su conocimiento se identifica con el conocimiento de su proceso, que incluye, claro está, el conocimiento de sus diversos momentos.

Realidad y racionalidad

La lógica consecuencia de esta definición del Absoluto es la identificación entre racionalidad y realidad. Efectivamente, Hegel afirma sin paliativos que todo lo racional es real y que todo lo real es racional. Si la realidad no es más que la autorreflexión del Absoluto, el proceso de realización del Concepto como conocimiento mediato y concreto de sí, el despliegue de la realidad tendrá que ser un despliegue esencialmente lógico. El avance del conocimiento del Absoluto, concretándose y determinándose, haciéndose máximamente comprensivo, hasta constituirse como Concepto adecuado de sí, es la misma realidad, por lo que la dinámica de ésta habrá de ser necesariamente racional. El producirse de la realidad es el curso del autoconocerse del Absoluto.

Absoluto es Razón. Que la Razón sea lo absoluto significa que no es relativa a nada, que tiene en sí su propia justificación, la razón de sí misma, que es por sí. Todo lo que es es absolutamente sólo Razón, y cualquier otra condición de su ser es sólo relativa a lo que es absolutamente. Cualquier realidad es cosa o sustancia sólo relativamente, por relación a su racionalidad. Pero esta Razón no es una Razón trascendente, como podría ser la Razón divina, sino una Razón inmanente. Todo lo que es es y es lo que es en cuanto racionalizarse de la Totalidad, paso o momento del autoconocerse del Absoluto. La verdadera realidad de lo finito es su racionalidad o idealidad: la Idea es lo que realmente se realiza en lo finito, y lo finito consiste esencialmente en este realizarse de la Idea. Lo infinito, que se realiza en lo finito, es la auténtica verdad y realidad de lo finito. La filosofía de Hegel es, pues, un idealismo absoluto.

Todo lo real es racional, y, por tanto, necesario. La realidad se despliega según una necesidad lógica. Por consiguiente, no cabe en ella ninguna contingencia y ninguna libertad. Y tampoco es susceptible de rectificación. Lo que es, por ser esencialmente racional, es como debe ser: ser y deber ser se identifican. La racionalidad no es un estatuto óptimo al que adecuar la realidad fáctica. Lo real no admite mejora, no exige ser conformado según la razón, porque ello mismo es Razón. Esto también afecta a las realidades humanas. El desarrollo de la vida y sus normas, de las instituciones y formas sociales, el curso de la historia, es tan necesario y racional como real. La Razón no es un ideal hacia el que progresar indefinidamente; la Razón es la Razón de lo que es:

el mismo ser de lo que es. Todo aparente conflicto o turbación es asumido y conciliado por la Razón, como momento necesario para su despliegue.

Y todo lo racional es real. Todo aquello que puede ser pensado lógicamente, que puede ser integrado en el curso lógico de la Razón, es por ende real: su realidad puede ser deducida *a priori* en función de su racionalidad. Las leyes del ser coinciden pues con las leyes del pensar. Por este motivo se ha llamado a la filosofía hegeliana panlogismo.

Concepto de filosofía

La ciencia lleva a cabo una unificación racional de la realidad. Pero esta unificación, esta racionalización, no es una formalidad de la que la realidad queda dotada en virtud de la acción de la razón, no es una estructura que la realidad adquiere en la razón; es, por el contrario, la misma condición de la realidad en sí misma. La misión de la ciencia, de la filosofía, es sólo hacer explícita la Razón que se encuentra realizada implícitamente en la realidad. La filosofía expresa racionalmente, en conceptos, la misma Razón que, en la realidad, se encuentra expresada fácticamente. La expresión racional de la Razón es el autoconocimiento de la Razón. La Razón, que en la realidad existe como Razón objetiva —objetivada—, se hace Razón consciente en la filosofía, a través de la razón humana. La filosofía es pues la autoconciencia de la Razón, de la Totalidad como Razón; es el explicitarse de la Razón que todo lo real es. Por tanto, el conocimiento de la realidad no es otra cosa que el conocerse de la Razón. De lo que se deduce nuevamente que el sistema de la Razón es el mismo sistema de la realidad, que el movimiento de la Razón es el movimiento de la realidad.

El curso del autoconocimiento de la Razón no es una deducción trascendental, eliminadora de lo objetivo; es un sistema total e integral, que comprende la misma génesis de lo real, su desarrollo y despliegue. La filosofía de Hegel es una cosmogonía y, al mismo tiempo, una teogonía. El saber filosófico no es sólo saber acerca de la Razón, del Absoluto, como si éste fuera un objeto ya constituido al margen del proceso de su conocimiento. El Absoluto es el autoconocimiento de la Totalidad que es Razón, la autoconciencia infinita o Espíritu absoluto; y esta autoconciencia se realiza en la filosofía. La filosofía no es, por tanto, un saber acerca del Absoluto, sino el saber absoluto de lo Absoluto, es decir, el mismo conocerse del Absoluto. En la filosofía, el Absoluto se hace plenamente presente ante sí, se hace Espíritu absoluto. En ella se explicita, y ella es por tanto el estado explícito del Absoluto. Y como Hegel llama al Absoluto Dios, el saber del hombre acerca de Dios se convierte en el saber divino de Sí, en la autoconciencia de Dios. Dios se hace consciente en el hombre, y este hacerse consciente es el mismo autoconstituirse de la divinidad. Dios se hace en el espíritu humano, en el saber humano de Dios. Para Hegel "saber acerca de Dios no es otra cosa que el espíritu de Dios mismo".

La filosofía, en Hegel, adquiere así valor ontológico: la filosofía es el conocimiento de sí del Absoluto, el Absoluto es autoconciencia infinita, y la realidad toda no es sino ese mismo proceso de autorreflexión del Absoluto. La filosofía es la vida del Absoluto porque ella conoce que conocer absolutamente cualquier cosa es conocerse de la Razón, que todo se conoce absolutamente cuando se conoce como momento del Absoluto, y que ese conocer todo como momento es el conocerse a sí mismo del Absoluto, ya que éste, por ser proceso, se conoce a sí mismo en el conocimiento de todos sus momentos en cuanto momentos.

La dialéctica

La obra de Hegel viene presidida por la ambición de un conocimiento enciclopédico y omniabarcante y por el afán de sistematicidad. Pero en su pensamiento —afectado por el espíritu historicista y vitalista romántico—, el sistema no es un orden estático y formal; se trata más bien de una sistematicidad evolutiva o genética, que podríamos denominar diacrónica. La filosofía es filosofía del Absoluto, pero éste no es un principio o punto de partida, sino un resultado que es, al mismo tiempo, su propio proceso. Por eso, la filosofía de Hegel se presenta como una universal historiografía. Es la historia del Absoluto, que encierra la historia de la Naturaleza y del espíritu humano. Esta historia, que es la vida del Absoluto, se desarrolla según una ley inmanente: la dialéctica. Hegel toma la dialéctica de Fichte (con su ritmo trifásico: tesis, antítesis, síntesis), pero proyectándola más allá del ámbito subjetivo del yo, y convirtiéndola así en ley inmanente de toda realidad, de la Naturaleza y del Espíritu. La dialéctica es ley lógica, ley de la razón. La razón avanza en su conocimiento mediante oposición y síntesis de contrarios. Pero, al mismo tiempo, es ley del ser, ya que racionalidad y realidad se identifican. Por ello, en Hegel, la Ciencia de la lógica será también ontología.

Introduciendo la dialéctica en la Naturaleza, Hegel dinamiza toda la realidad, recogiendo en este punto el movilismo de Heráclito, que concebía el universo como un puro fluir. La Naturaleza es devenir dialéctico, despliegue objetivo de la Idea. No sólo es un momento —el momento objetivo, de enajenación o exteriorización— del proceso constitutivo del Absoluto, sino que ella misma es, en sí, en su desarrollo interno, proceso dialéctico. Este modo de ser supone necesariamente introducir la negatividad, la contradicción, en el interior de la misma realidad. La contradicción es el motor de la dialéctica y, por tanto, el motor de la realidad. El movimiento del concepto se identifica con el movimiento de la realidad, las leyes del pensar con las leyes del ser. De este modo, el ser real deja de ser, en cuanto real, puramente positivo, e incluye en sí mismo la negatividad. Hegel recoge el principio spinoziano que afirma que toda determinación es negación. El ser finito, determinado finitamente, supone e incluye su negación; de tal forma que, para ponerse y desarrollarse, necesita negarse, y pasar a su contrario. El ser finito lleva dentro de sí la fuerza de su contradicción, que le empuja a hacerse lo otro. Desde un planteamiento no hegeliano, resulta difícil entender cómo un ser, una cosa, pueda tener contrario, pues esto sólo parece propio de las cualidades, pero no de la sustancia. Sin embargo, Hegel, que identifica realidad y racionalidad, aplica las características del concepto al ser real, las de la definición lógica a la determinación o especificación ontológica.

La tesis, o posición inmediata, implica necesariamente la antítesis, o negación u oposición relativa, y ambas son asumidas y conciliadas en la síntesis, o momento mediato de identidad en la diferencia. La síntesis no niega los momentos anteriores, los conserva superándolos en una unidad superior y armónica que asume la diversidad. Y, al mismo tiempo, los justifica: la tesis y la antítesis tienen en última instancia su justificación y su verdad definitiva en la síntesis, y plena y absolutamente, en la síntesis definitiva. Pero esto no significa que la oposición sea meramente aparente. Las oposiciones son reales, pero se concilian en cuanto momentos necesarios del despliegue de la Razón hacia su interiorización, es decir, hacia su constitución como Espíritu absoluto. La verdad de los opuestos está en la síntesis porque la verdad de todo finito, de todo momento, está en su articulación en el Todo.

Cada síntesis es tesis para una nueva antítesis, que se concilian en una síntesis ulterior, y así sucesivamente, hasta la síntesis final y definitiva, superadora e integradora de todas las diferencias, y que es autoconciencia infinita.

Hegel diferencia entre entendimiento y razón. La razón es pensamiento dialéctico pero no así el entendimiento. Este no entiende la realidad dialécticamente, pues opera con conceptos fijos y limitados, como unidades rígidas, cuyas oposiciones aparecen pues irreconciliables. Esto es así porque el entendimiento no capta la vida del Absoluto, no aprehende la realidad como Totalidad, sino que mira el universo en su particularidad, en sus determinaciones finitas y no en su integración total. La razón, en cambio, capta toda realidad en la Totalidad, entiende lo real en su dinamicidad dialéctica, y comprende toda oposición como tensión hacia el Todo armónico.

En consecuencia, y como Hegel afirma, el principio de no contradicción es válido para el entendimiento pero no para la razón. Lo cual —según los mismos postulados de Hegel— viene a significar que dicho principio no afecta a la realidad en su auténtica verdad. Por sorprendente que parezca, la contradicción, aquí, no se refiere a la oposición de dos contrarios, sino a la insita condición del mismo ser. La contradicción está en el interior del ser y es lo que lo define: el ser es en sí mismo contradictorio.

El sistema hegeliano

Por la necesaria brevedad de estas páginas, consideraremos ahora muy sucintamente la articulación de la obra hegeliana. En su sistema, Hegel pretende llevar a cabo una unificación completa de todo el saber, justificando las diversas ciencias humanas como pasos del camino de la Razón hacia su autoconocimiento o interiorización. A lo largo de este curso, siempre dialéctico, va haciendo aparecer en cascada los diferentes saberes, las distintas determinaciones de sus objetos y las especificaciones de sus contenidos, constituyendo así un intrincado edificio cuya imponente fábrica no logra esconder la artificiosidad e, incluso, arbitrariedad con que son colocados los diversos materiales para que respondan al esquema preconcebido.

El sistema hegeliano viene precedido por la *Fenomenología del espíritu*, que cumple la función de introducción a su filosofía.

Esta obra describe el camino de la conciencia humana hasta hacerse autoconciencia universal, conciencia del Absoluto o conciencia de la identidad de racionalidad y realidad, de finito e infinito, etc. Es la ascensión del espíritu finito hasta el Espíritu absoluto o, dicho de otro modo, la vida del mismo Espíritu absoluto —el proceso de su autoconocimiento— en y a través del espíritu finito. En definitiva, no es otra cosa que el itinerario del pensamiento humano —interpretado así por Hegel— hasta el descubrimiento de la propia filosofía de Hegel, como saber absoluto del Absoluto.

A través de las fases progresivas del conocimiento de lo otro (certeza sensible, percepción, entendimiento), la conciencia se capta a sí misma en lo otro conocido, se percibe en el contenido del objeto, y descubre que conocer es en definitiva reconocerse. Mediante este proceso de interiorización, la conciencia se hace autoconciencia. Pero aún se mueve en su individualidad. La autoconciencia tiende a autoafirmarse; y esta autoafirmación se entiende en las primeras fases de la historia como afirmación de sí frente a lo otro (señor-esclavo, estoicismo, escepticismo, cristianismo medieval). En el cristianismo medieval, la conciencia se encuentra afirmada frente al Otro infinito, Dios. Finalmente, la conciencia supera esta escisión, se descubre como identidad de finito e infinito, de idealidad y realidad, y adquiere así certeza de ser ella toda la realidad. Se hace entonces autoconciencia de la Totalidad o Totalidad consciente, es decir, Razón.

La filosofía es el saber del Absoluto. Como hemos visto, el Absoluto es la Idea que se despliega exteriorizándose en la Naturaleza y volviendo sobre sí en el espíritu humano. La filosofía se divide por tanto según los tres momentos o modos de consideración que surgen de este proceso: la Idea en sí misma o formalmente considerada; la Idea en su extrañamiento u objetivación en la Naturaleza; y la Idea en su autopenetrarse, en su existencia en sí y para sí, es decir, en su vida propia como Espíritu. Tenemos así la *Ciencia de la Lógica,* la *Filosofía de la Naturaleza* y la *Filosofía del Espíritu.*

La *Lógica* es el pensamiento puro de la Idea, que la considera en sí misma, formal y abstractamente. Es el análisis formal del despliegue de la Idea, su expresión a nivel conceptual o lógico. Comprende pues el estudio de las determinaciones o formalidades lógicas que la Idea adopta en su despliegue. Pero en virtud de la identidad de lo racional y lo real, estas determinaciones no sólo son determinaciones del pensamiento, sino también de la realidad. La Lógica de Hegel es al mismo tiempo su Metafísica, y las categorías del conocimiento son las categorías universales del ser.

Esta ciencia y las otras dos partes del sistema hegeliano se dividen y subdividen sucesivamente, siempre según el modelo tripartito de los distintos momentos o modos de consideración: en sí, para sí u objetivo, y en sí y para sí o autopenetrativo. Es, como podemos observar, el ritmo dialéctico de tesis, antítesis y síntesis. Siguiendo este criterio, la Lógica se divide en: doctrina del ser (posición inmediata de la Idea, primera noción y máximamente indeterminada de ella), doctrina de la esencia (momento manifestativo o para sí) y doctrina del concepto (constitución del conocimiento pleno y determinado de la Idea, completa interiorización de sí misma). A su vez, la primera comprende el estudio de la cualidad, de la cantidad y de la medida; la segunda se subdivide en tres partes: esencia, apariencia o fenómeno y realidad; y la tercera comprende el concepto subjetivo o formal, el concepto objetivo y la Idea o síntesis suprema y omnicomprensiva.

La *Filosofía de la Naturaleza* estudia la vida de la Idea en su condición objetiva. No es el análisis formal y abstracto de su despliegue, sino la expresión de este despliegue en el ser real y natural. Es el momento de inadecuación de la Idea a sí misma, la expresión no conceptual del Concepto. Se divide en mecánica, física y física orgánica. Esta última comprende el organismo geológico (la Tierra como un todo vital), el organismo vegetal y el organismo animal.

La *Filosofía del Espíritu* contempla la Idea en su volver y reflexionar sobre sí. La Idea se hace conciencia de sí, vive como Espíritu y, captándose en toda su riqueza y contenido, se autopenetra plenamente y se realiza como Espíritu absoluto. La Filosofía del Espíritu es la vida del Absoluto que vive propiamente como Espíritu. Pero, como ya hemos visto, el Absoluto vuelve sobre sí en la conciencia humana, al hacerse ésta conciencia de la Totalidad. El Absoluto, como Espíritu, sólo existe y se manifiesta en y a través del hombre. Por esto, la Filosofía del Espíritu será un tratado del hombre en cuanto espíritu y de las realizaciones humanas manifestativas de tal condición. Se divide en tres partes que corresponden a los tres momentos del desarrollo del Espíritu: Espíritu subjetivo, Espíritu objetivo y Espíritu absoluto.

El primero corresponde al espíritu humano individual, es el hombre en cuanto sujeto y ámbito de actividad espiritual. Esta parte incluye un resumen de la Fenomenología del Espíritu. A través de diversas fases (correspondientes a la antropología, a la fenomenología y la psicología), el espíritu humano va actualizándose en la realización de actividades de carácter cada vez más universal. Según estas actividades, primero se realiza como alma, después como conciencia y finalmente como espíritu propiamente dicho.

El Espíritu objetivo son las creaciones y producciones exteriores de la libertad, un precipitado de la voluntad libre de los hombres. Constituyen una racionalidad objetiva y externa, a la que el individuo se vincula, quedando así integrado en una universalidad. En esta integración, el hombre se realiza plenamente y supera su individualidad. Se trata del Derecho, la Moralidad y la Ética o moralidad social.

Toda doctrina de Hegel conduce a la subordinación del individuo a lo colectivo, de la conciencia personal a la conciencia social. El espíritu del pueblo, el todo social, es el único y verdadero sujeto moral. El individuo —que en sí mismo es sólo una abstracción— se realiza como persona moral integrándose y subsumiéndose en el orden objetivo y real. Entonces, superando la moralidad subjetiva, que es pura idealidad, abraza la verdadera moral, que es moralidad realizada, objetiva y real, descubre la identidad de deber ser y ser, de idealidad y realidad. La consecuencia de esta concepción es la magnificación del Estado, que para Hegel representa un absoluto, un fin en sí mismo. El Estado es la objetivación del Espíritu en su infinitud, el Espíritu objetivo en cuanto Totalidad: "Dios presente en la tierra". Y el hombre alcanza su máximo destino en su condición de componente del Estado.

Finalmente, el Espíritu se hace en sí y para sí, subjetivo y objetivo, es decir, Espíritu absoluto. Esta última parte comprende aquellas dimensiones y producciones humanas expresivas de la máxima espiritualidad, aquéllas en las que el Espíritu se hace plenamente manifiesto en su infinitud. Son el Arte, la Religión y la Filosofía.

Hegel afirma categóricamente la no oposición entre religión y filosofía, y acepta una pacífica convivencia entre ambas. Sin embargo, su doctrina arroja claramente una concepción de la religión como conocimiento imperfecto de lo que la filosofía conoce en perfección. Hegel reconoce que las dos versan sobre el mismo objeto: el Absoluto o Dios, pero mientras la religión lo piensa bajo formas imaginativas o representativas, la filosofía lo hace conceptualmente, y el pensamiento conceptual es la expresión adecuada del Absoluto que es Idea o Concepto.

Hegel, que se afana por mostrar su filosofía como una doctrina acorde con el cristianismo —interpretado a su manera— rechaza para aquélla la calificación de panteísmo. Hace observar que el panteísmo concibe un Dios que es todas las cosas, en un sentido aditivo: Dios es el sumatorio universal de las cosas en su existencia empírica e individual. Pero en su sistema, Dios no es la realidad considerada simplemente como el conjunto de las cosas en su propia finitud. Dios es el Absoluto, la Totalidad como proceso de autoconciencia: Razón. Pero, no obstante esta característica particular de la concepción hegeliana de la divinidad, en su filosofía, Dios es claramente inmanente al mundo. No existe propiamente Creación, pues la producción del universo es el mismo proceso de actualización del Absoluto: Dios se hace Dios en su misma actividad de fundar la realidad. Para ser Dios, Dios necesita del mundo.

Toda la doctrina de Hegel está impregnada —como ya hemos observado— de un profundo sentido historicista. Toda realidad es proceso, y por tanto, su conocimiento es conocimiento de su historia. La filosofía es historiografía y, consiguientemente, la historia es filosofía. La historia de la humanidad es el curso de la automanifestación del Espíritu, la "explicitación del Espíritu en el tiempo". Toda ella está transida y responde a una racionalidad intrínseca, posee un sentido, una finalidad inmanente y necesaria. La aparente libertad de los hombres es utilizada y reconducida en este sentido por la "astucia de la Razón". Como todo intento de establecer un sentido inmanente e intraterreno del curso de la humanidad, la Filosofía de la Historia de Hegel lleva a cabo una interpretación de la historia desde sus esquemas preconcebidos, y situando —claro está— su propia filosofía como meta y norte de la historia.

Pero, como es evidente, la historia no ha finalizado en Hegel, y éste no pudo tener conocimiento del curso completo de la historia. Después de él, el espíritu humano ha pensado la realidad de modo muy diverso, y la historia de la filosofía no ha respondido a los principios que Hegel había establecido para ella. Si, posteriormente, el Absoluto ha sido concebido de modo diverso e, incluso, opuesto, la filosofía hegeliana se encuentra con el difícil dilema de admitir o que el Absoluto no es Autoconciencia de la Totalidad, o que el Absoluto, después de hacerse consciente de sí, puede caer en el olvido de sí.

Toda la filosofía de Hegel cae presa de la misma circularidad de su dialéctica. Los postulados de su pensamiento constituyen a la par la premisa y la conclusión de su sistema. Hegel pretende demostrar que toda la realidad, Naturaleza e historia, es Razón en despliegue; y, para ello, hace entrar al universo en el interior de sus esquemas, haciendo decir a la realidad lo que esos esquemas suponen: que la realidad es racionalidad. Para racionalizar todo, es necesario que todo sea reducible a razón, pero esa racionalización se lleva a cabo según el principio que afirma que la razón es el constitutivo absoluto de todo.

Capítulo II

LA INVERSION DEL HEGELIANISMO

1. La izquierda hegeliana. Feuerbach

Escisión de la escuela hegeliana

La obra de Hegel ha ejercido un profundo y dilatado influjo en la filosofía posterior. Su doctrina y su método han servido de punto de partida para muchas y muy variadas corrientes de pensamiento, y aun gran número de las que pretendían ser contradictorias del idealismo absoluto, tuvieron en éste su fuente de inspiración. Pero esta profunda penetración del espíritu hegeliano en el pensamiento que le sucedió, no significa que su doctrina, en cuanto sistema acabado, goce de una prolongada vigencia. Más bien ocurrió lo contrario. Casi se podría decir que su tiempo de vida se redujo a la misma vida de su autor. La filosofía hegeliana no actuó sobre la posteridad como cuerpo unitario, es decir, en la configuración unitaria que le dio su creador, sino proyectando selectivamente —ora unas, ora otras— las diversas virtualidades que ella contenía, y que Hegel había querido unificar en un sistema cerrado.

Dos causas propiciaron este fenómeno de simultánea muerte y supervivencia del pensamiento hegeliano. Por una parte, en los años que siguieron a la desaparición del gran filósofo alemán, surgía poderoso un nuevo espíritu contrario al de éste: el espíritu positivista y cientifista, impulsado por el empirismo inglés y el auge de las ciencias naturales. La filosofía caminaba ahora hacia lo particular, lo inmediato y lo material. Ya no interesa un ser absoluto y omnicomprensivo, respecto del cual toda particularidad no sea más que manifestación parcial del único y verdadero ser. La realidad de todo objeto se busca ahora en lo particular y manifestativo. Si bien este espíritu contrario irrumpió en escena con independencia de la filosofía hegeliana, otro oponente se alzó, esta vez, como reacción directa y en contacto con el idealismo absoluto. Fue el levantamiento de las filosofías voluntaristas y vitalistas contra el absolutismo de la razón abstracta, las cuales prepararán el camino del existencialismo del siglo XX.

Por otra parte, poco después de la muerte de Hegel, surgió la polémica en el seno de sus seguidores. La filosofía del maestro encerraba, en pretendida armonía, características muy diversas. Su constitución se llevaba a cabo en una constante oposición de contrarios y síntesis superadoras de dicha oposición. El apriorismo de la razón absoluta se veía acompañado por el interés y la consideración de lo empírico e histórico. Y el carácter definitivo y final de las nociones concluidas se presentaba como fruto de un método dialéctico, que entendía todo ser como puro proceso, y que, por tanto, parecía, más bien, condenar *a priori* toda determinación estable de la realidad, so pena de negarse a sí mismo como método.

Muchos de sus discípulos no juzgaron tan fácil la conciliación de elementos tan dispares. La armonía que Hegel presentaba como síntesis iluminadora fue apreciada, por el contrario, como oscura mixtificación. Si se quería encontrar algo claro y definido —y ello era necesario— había que optar unilateralmente por uno de aquellos aspectos.

El desacuerdo surgió fundamentalmente respecto de las cuestiones religiosas y, posteriormente, se extendería a la doctrina social y del Estado. El punto discutido era la compatibilidad entre la filosofía hegeliana y la religión cristiana, que Hegel había defendido. La polémica, que ya había comenzado a raíz de un escrito primerizo de Feuerbach, alcanzó su máxima violencia con la aparición de la obra de D.F. Strauss, *La vida de Jesús, críticamente elaborada*, en 1835. En ella, se negaba toda realidad sobrenatural, y se asignaba a la Revelación cristiana un carácter meramente mítico. Las numerosísimas críticas que por parte de otros discípulos hegelianos recibió su autor, fueron contestadas por éste con otro escrito, en el que designaba irónicamente las diferentes posturas con la división que ha quedado ya tradicional: derecha, centro e izquierda.

Por derecha hegeliana se entiende el grupo de más fieles seguidores y defensores del maestro. Mantienen en su globalidad el sistema, y se esfuerzan por manifestar la armonía, afirmada por

Hegel, entre su pensamiento y la religión cristiana. El centro aparece compuesto por una serie de autores cuya postura no es siempre bien definida, y que, en muchas ocasiones, se acerca más a la izquierda que a la derecha. Esta cercanía se hace patente en el momento en que distinguen dos religiones, una filosófica o absoluta y otra histórica, que no sería más que la objetivación temporal de la primera; distinción que compromete, entre otras cuestiones, la noción de un Dios personal y trascendente del cristianismo. Algunos se apartan del centro de la discusión ya que se dedicaron fundamentalmente a la aplicación de las ideas hegelianas a diferentes campos del saber.

En la izquierda hegeliana se sitúan los pensadores más radicales y críticos del sistema conciliador de Hegel. Pero en sus críticas, no vieron éstos una ruptura con el sistema sino, por el contrario, la más estricta fidelidad al mismo, llevando los principios esenciales de éste hasta sus propias conclusiones últimas. Una de estas obligadas conclusiones era el panteísmo, que después se transformaría en un neto ateísmo materialista. Los hechos de la Revelación no podían ser tomados como definitivos. Debían ser subsumidos en las nociones universales a las que aquellos hechos remitían necesariamente. El Dios de la historia, dotado de particularidad y personalidad, tenía que ser transformado en la divinidad universal de la filosofía panteísta. No es un Dios-Persona quien se revela en los hechos. Es la Idea divina e infinita la que se exterioriza —alienada de su universalidad— en los hechos reveladores de un Dios personal. Negada la personalidad en Dios, no había ya lugar para una inmortalidad individual del alma. La muerte significaba la disolución del yo y su reincorporación al Absoluto.

La crítica de la izquierda hegeliana alcanzó también el planteamiento de los temas sociales y políticos. Frente a la doctrina política de Hegel, profundamente conservadora y adicta al modelo de Estado prusiano, los componentes de esta corriente propugnaron concepciones de signo revolucionario. Para éstos, el devenir histórico de la dialéctica de la Idea no podía quedar paralizado en el orden social vigente, y exigía, muy al contrario, el advenimiento de formas sociales que lo superasen. En el tratamiento de estas cuestiones, sus escritos adquirieron un estilo aún más violento, programático y combativo que en las críticas a la doctrina religiosa.

Las tesis de la izquierda acabaron imponiéndose, y fueron las más fecundas y las que más perduraron. A la postre supusieron la inversión de la doctrina de Hegel: la dialéctica del Espíritu se transformó en dialéctica de la naturaleza y, finalmente, en materialismo dialéctico. No es fácil juzgar si esta involución se provocó por fidelidad al mismo sistema o por una utilización restrictiva y extrema de sus postulados. Quizá tal utilización era la única vía de salida del difícil equilibrio totalizante que la filosofía de Hegel había pretendido. En cierto modo cabe decir que mientras la derecha fue fiel al espíritu del autor, la izquierda lo fue al espíritu de la doctrina.

Feuerbach

Ludwig Andreas Feuerbach, máximo representante de la izquierda hegeliana, nació en Lanshut, Baviera, el 29 de julio de 1804. La dedicación brillante a los temas intelectuales fue rasgo característico de su familia. En 1823, comenzó a estudiar teología en Heidelberg. Al año siguiente se trasladó a Berlín, donde fue alumno de Hegel. En un primer momento, su enseñanza le admiró y se convirtió en un seguidor incondicional. Sin embargo, su primera obra *Pensamientos sobre la muerte e inmortalidad*, aparecida en 1830 de forma anónima, provocó la discusión entre los discípulos hegelianos, situándose Feuerbach en la porción más radical. Sus polémicas ideas no le permitieron progresar en su carrera como docente, así que pronto abandonó la enseñanza y se retiró a Bruckberg, donde se dedicó a la especulación y a la composición de sus obras. En 1839, publica *Filosofía y cristianismo*, cuyas claras críticas a Hegel y a la religión vuelven a ser expuestas de forma más acabada en su obra principal: *La esencia del cristianismo*, aparecida en 1841. Sus escritos posteriores se mantienen alrededor de las cuestiones religiosas. Muere en Rechenberg, en 1872.

La inversión de Hegel y la crítica de la religión

Feuerbach presentaba su pensamiento, no como una ruptura con Hegel, sino como la más estricta fidelidad a éste. La doctrina de Hegel era en sí válida, pero hasta ahora había andado "de cabeza" y era preciso ponerla sobre sus pies. Es decir: debía ser apoyada sobre la auténtica realidad y no sobre el fantasma de la Idea absoluta. Hegel había sido extremadamente idealista, otorgando a lo ideal la primacía absoluta. (En Feuerbach, el término "idealista" comienza a tener el valor peyorativo —en el sentido de espiritualista— con el que será utilizado, como arma arrojadiza, por los partidarios del materialismo dialéctico.) Considerando la Idea como lo Absoluto, Hegel pretendió extraer lo real de lo abstracto, pero ello es imposible. La verdadera realidad no está en lo ideal sino en lo existente, concreto y sensible. Lo finito no es una simple manifestación del único Ser, infinito; por el contrario, el ser verdaderamente real es en sí mismo finito, y es lo infinito lo que carece de realidad propia. Unicamente alcanzamos el ser en la intuición sensible, que nunca puede ser superada por la abstracta deducción dialéctica desde la Idea, ya que lo real no es subsumible en la Idea, como simple momento suyo. El fundamento de lo real y punto de partida del conocimiento es la Naturaleza. El espíritu y el pensamiento son derivados de ésta, no al revés.

Desde estos presupuestos, Feuerbach elabora su crítica a la religión, que acaparará la mayor parte de su especulación. La Naturaleza es el fundamento de toda realidad y, por tanto, también del hombre. Este experimenta en su interior el sentimiento de dependencia respecto de aquélla, y este sentimiento constituye el principio originario de toda religión. La Naturaleza impone al hombre una serie de necesidades y, al mismo tiempo, representa un obstáculo y un límite para la satisfacción plena de ellas. Nuestra satisfacción no alcanza nunca el grado de nuestra necesidad, pues se ve siempre limitada y condicionada por la Naturaleza. El desequilibrio entre el querer y el poder produce en el hombre el ansia de una fuente extrínseca de satisfacción plena: Dios. El hombre, por amor de sí mismo —casi cabría decir, por compasión de sí mismo— crea a Dios.

En razón de este sentimiento de dependencia, la primera fase de la evolución de la conciencia religiosa se caracteriza por la deificación de la Naturaleza, de sus fenómenos y de sus potencias. Pero, posteriormente, comienza a despertar la conciencia humana. El hombre se separa de la Naturaleza —su fundamento— y se conoce a sí mismo. La esencia del hombre es razón, voluntad y amor. Estas facultades son en sí mismas infinitas, en el sentido de que sus objetos posibles son infinitos. Pero aún la conciencia del hombre no es conciencia plena de sí, conciencia de la propia esencia, sino conciencia de su actuar sobre el objeto, que es siempre finito. El hombre no descubre como propia la infinitud de sus facultades, y proyecta su esencia en un ser externo a él. Dios no es más que la esencia humana objetivada sin los límites de lo individual. En realidad, todo lo afirmado de Dios pertenece al hombre, pero éste, al concedérselo a Dios, se lo arrebata a sí mismo. En la religión, el hombre se aliena de sí mismo, escindiendo su esencia infinita y su existencia real. Y al contemplar en Dios su propia infinitud, se ve a sí mismo, en su existencia, miserable y pecador.

La conciencia religiosa, por tanto, no es más que falsa conciencia de sí, pues en ella se conoce como objeto externo lo que es en verdad objeto interno, es decir, el propio sujeto tomado como objeto. Por esto, la evolución de la conciencia religiosa no es otra cosa que el desarrollo de la autoconciencia del hombre. La conciencia humana da sus primeros pasos como conciencia religiosa, hasta alcanzar, en una paulatina interiorización del objeto, su plena actualización. Como afirma Feuerbach, la teología, en su verdadero sentido, es sólo antropología.

El cristianismo es la forma más perfecta y el último paso de la conciencia religiosa, que prepara el despertar de la autoconciencia humana. Dios va adquiriendo, cada vez, más determinaciones humanas, y, así, el conocimiento de lo divino va incluyendo mayor conocimiento de lo humano. En el Dios Creador encontramos proyectado el poder del hombre de actuar sobre la Naturaleza. En el Dios Trino, la dimensión social de la vida humana. En el Dios que es Amor, el amor mismo del hombre por el hombre. Finalmente, en el Dios Encarnado, la atribución de la misma humanidad corporal, hasta en sus extremos sensibles, como el padecimiento.

Sólo queda ya invertir los términos: del Dios-Hombre al Hombre-Dios; y reconocer que es a sí mismo a quien conoce el hombre en su conocimiento de Dios. La filosofía de Feuerbach se presenta como la plena iluminación, como la completa verdad del cristianismo. El cristianismo —toda religión— es una fase necesaria de la formación de la conciencia humana, pero que necesariamente hay que superar. Como vemos, no es la Idea, lo infinito, lo que se aliena en lo finito, para después recuperarse. Es el hombre, finito, quien se aliena en una Idea de lo infinito, y se descubre a sí mismo, después, en ese infinito. Feuerbach invierte a Hegel pero mantiene su dialéctica.

La religión como humanismo

Tomando el sentimiento de dependencia como fundamento de la conciencia religiosa, Feuerbach descubre que el verdadero fin de la religión es la satisfacción del mismo hombre. Toda religión tiene por centro al hombre, es, pues, egoísmo. La teología y la filosofía tienen un solo e idéntico objeto: el hombre. De tal forma que la misma crítica de la religión, hecha por la filosofía, alcanza plenamente el objetivo de aquélla, pues termina divinizando al hombre mismo.

Hay que reconocer que Feuerbach, en este punto, diagnosticaba certeramente una de las debilidades de la teología protestante, que era la que él conocía. Para el espíritu de la Reforma, lo único verdaderamente relevante era que Cristo me salva, que Él es mi Salvador. La verdad fundamental era, por consiguiente, la verdad de "Cristo - para mí"; la de "Cristo en sí", era sólo secundaria. La religión adquiría un sentido antropocéntrico.

Pese a su reducción de la divinidad al hombre —o, más exactamente, en razón a ella— Feuerbach rechazaba para sí el calificativo de ateo. En su opinión, él no había eliminado a Dios de la realidad, sino que había descubierto que el único Dios es el hombre, había divinizado a éste. *Homo homini deus.* De igual modo, negó que su doctrina fuera un puro materialismo. Aunque llegó a afirmar que "el hombre es lo que come", su concepción del hombre era la de un compuesto de pensamiento y materia. Pero, en su filosofía, el pensamiento constituía un derivado de la Naturaleza, que era esencialmente sensible. Su postura, claramente naturalista, si no es ya un materialismo total, se encuentra muy próxima y prepara el camino de los posteriores materialismos radicales.

Si el hombre es el único y verdadero Dios, la meta suprema del actuar humano sería la realización total de su esencia y su completa satisfacción. Esta tarea sólo puede ser llevada a cabo en la vida en común, a la que el hombre está llamado, para complementarse con los demás. El Estado es el organismo vivo supremo, la realización total de la esencia humana, el Hombre completo y absoluto. Por ello, la política es la nueva religión de la humanidad.

2. El materialismo histórico y dialéctico de Marx

El 5 de mayo de 1818 nació, en Treveris, Karl Marx. Comenzó los estudios de derecho en Bonn el año 1835, ciudad en la que recibió el influjo de las ideas e inquietudes políticas de la izquierda hegeliana. Prosiguió sus estudios en Berlín, donde frecuentó el "Doktorklub", presidido por Bruno Bauer, en el que se desarrollaban discusiones cuyo común denominador era la crítica de la religión y las aspiraciones revolucionarias en consonancia con los socialismos utópicos. En 1841 defendió su tesis doctoral sobre Epicuro y Demócrito, donde es bien patente la pretensión de recuperar la tradición del materialismo griego. Tras la deposición de Bauer de su cátedra por las autoridades prusianas, Marx pierde la esperanza de conseguir un puesto docente, y comienza a colaborar en el diario "Rheinische Zeitung" del que llegaría a ser director poco antes de ser prohibido por el gobierno.

En la época de exilio en París, conoce al que habría de ser su más estrecho colaborador, Friedrich Engels (1820-1895), y escribe la *Crítica de la filosofía del derecho de Hegel*, *La Sagrada familia* (contra Bauer y los hegelianos) y los *Manuscritos económico-filosóficos*. En 1845 es expulsado de Francia y se traslada a Bruselas donde escribe las *Tesis contra Feuerbach* y *La ideología alemana*. Sus críticas al socialismo de Proudhon serían publicadas en 1847 bajo el título *La miseria de la filosofía*. Unos meses antes de la revolución del 48, redacta, junto con Engels, los estatutos de la "Liga de los comunistas" y el *Manifiesto del Partido Comunista*. Son años en los que Marx interviene directamente en la difusión de sus ideas, viajando por diversos países de Europa. El año 1849, fija su residencia definitiva en Londres, donde muere el 14 de marzo de 1883. El primer volumen de su obra culminante, *El Capital*, publicado en 1865, será completado por Engels con otros dos volúmenes, elaborados a partir de una serie de manuscritos originales.

Este breve recorrido a través de la vida y obras de Marx nos muestra la diversidad de influencias en torno a las cuales se configura su pensamiento: la dialéctica hegeliana, el materialismo antiguo y moderno, los socialismos de principios del XIX y la nueva ciencia económica. Los problemas derivados de la revolución industrial, el descubrimiento de leyes económicas y biológicas interpretadas de modo determinista, y la complejidad social y política de la época, constituyen el contexto de una doctrina filosófica de grandes repercusiones hasta nuestros días.

La teoría de las alienaciones

La crítica de Marx puede ser interpretada como una continuación, en clave materialista, del enfoque característico de la filosofía kantiana y del idealismo; el análisis de las condiciones de posibilidad de los objetos de la conciencia es sustituido por el desenmascaramiento de las condiciones materiales de la razón. Marx concluye la inversión de la dialéctica hegeliana emprendida por Feuerbach. Lo natural y material no es ya la enajenación u objetivación externa de la Idea, sino la única y auténtica realidad, que no responde a nada distinto de sí misma. La clave para entender el significado "real" de los objetos de la conciencia (la religión, la filosofía, la moral...) viene determinada ahora por un contexto material de necesidades y no como una relación ideal.

La alienación consiste, precisamente, en aquella situación en la que se encuentra el hombre que no ha descubierto esta dependencia: que cree que la religión en sí misma tiene un sentido objetivo (una relación personal con Dios) y no advierte su significado radical (ser una compensación ilusoria de la miseria económica), o que confía ingenuamente en la justicia de las leyes sin darse cuenta de que sólo son el instrumento para el dominio de una clase sobre otra. La libertad es así el conocimiento de la necesidad. El hombre puede superar esta "proyección ilusoria", esta "desrealización" o enajenación cuando deje de entender la religión, la filosofía, el derecho o la moral como algo intrínsecamente significativo y comience a entenderlos en su conexión material objetiva. Adviértase que Marx de ninguna manera pretende purificar la religión de su posible utilización política, ni trata de adecuar el derecho al principio de imparcialidad. La primacía concedida por Marx a lo material sobre la conciencia quiere decir que en la sociedad capitalista la religión y el derecho no significan nada más que la explotación económica ejercida a través de estas configuraciones teóricas. Una situación alienada no se supera reformando tales representaciones (haciendo la religión más auténtica, la filosofía más verdadera o el derecho más equitativo), sino destruyéndolas para que salga a la luz el verdadero trasfondo que con ellas se pretende ocultar: las necesidades económicas insatisfechas.

La *alienación religiosa* es la más importante; su crítica es "la premisa de toda crítica". La lucha contra la religión es, indirectamente, la lucha contra una sociedad que ha creado la religión como instrumento de dominio. Como ya había dicho Feuerbach, la religión es una proyección: el fundamento de su crítica estriba en el postulado de que es el hombre quien hace la religión, es un producto humano. Pero Marx añade a esto una causa que vendría a explicar el surgimiento del fenómeno religioso desde una clave social: no es una divagación teórica, una proyección a Dios de atributos que sólo al hombre pertenecen, sino la manifestación de una falsa existencia, pues solamente en un mundo invertido puede aparecer la conciencia religiosa. La religión es, para Marx, una resignada compensación, una conciliación abstracta de los conflictos, una evasión que contribuye a perpetuar el estado de cosas existente, ya que la promesa de una compensación en el más allá adormece la capacidad de rebeldía. En este sentido, puede decir Marx que la religión es expresión de la miseria real. En el horizonte de esta crítica se puede percibir la presencia de la relación entre el poder político y la religión, característica del Estado confesional que Marx tenía a la vista: la estatalización de la religión llevada a cabo por Hegel había preparado el camino para una crítica de la religión que pretende ser también una crítica del Estado. Puede ser que ciertas formas de pseudo-religiosidad burguesa le llevaran a formular una acusación que no admite excepciones. Lo que está claro es que esta actitud sólo es mantenible si tenemos en cuenta que Marx formuló estos juicios acerca de una realidad que le era totalmente desconocida.

En la *alienación filosófica* se produce una enajenación similar a la que Marx creía detectar en la religión. Como dice en la undécima tesis sobre Feuerbach, "los filósofos no han hecho más que interpretar el mundo de diversas maneras, pero de lo que se trata es de transformarlo". En Hegel, la historia respondía al mismo desarrollo dialéctico de la Idea, era, por tanto, un curso necesario y máximamente racional: ser y deber ser coincidían. La historia era racionalidad y, como tal, objeto únicamente de comprensión, no de rectificación. Para Marx, en cambio, lo real histórico no es un fenómeno o manifestación objetiva del despliegue de la Idea; por el contrario, el despliegue de lo ideal, el desarrollo del pensamiento, de los contenidos de conciencia, es un fenómeno del movimiento de lo real histórico, que está constituido por relaciones y modos de producción material, y es objeto, por tanto, no de comprensión sino de transformación. Un pensamiento puramente contemplativo, abstracto, no comprometido en la acción, es una mera evasión de lo real, una alienación. La filosofía, como reflexión teórica, pretende para sí misma un nivel de abstracción e incondicionalidad en el que la realidad puede ser alcanzada teóricamente, desvinculada de la praxis humana, de las relaciones sociales. En dicha abstracción se pone de manifiesto la irrealidad de una proyección semirreligiosa, incapaz de habérselas con la verdadera realidad, es decir, con las condiciones materiales de la conciencia. La realidad no es un objeto estático que haya de ser contemplado, sino el correlato de una *actividad sensorial humana*; la filosofía ha de ser superada en la *praxis*, pues sólo en ella se alcanza aquella síntesis sujeto-objeto que el idealismo pretendía por medio de una actividad abstracta. "El problema de si al pensamiento humano se le puede atribuir una verdad objetiva no es un problema teórico, sino *práctico*". Con esto Marx no quiere decir que la filosofía haya de ser ratificada por los hechos, sino que ha de ser suprimida mediante su propia realización práctica.

La *alienación social* pone de manifiesto la escisión en el sistema de clases sociales del capitalismo. En el punto más alto del sistema político, Hegel había situado al Estado, como elemento integrador de las oposiciones que surgen en la sociedad civil. Para Marx, el Estado solamente logra una conciliación ilusoria y, en esa misma medida, consolida la divergencia de los intereses de las clases. Los intereses antagónicos que el Estado no puede conciliar, tampoco pueden ser resueltos por medio de instrumentos jurídicos o apelando a valores morales. El antagonismo entre las clases no es accidental sino constitutivo: cualquier empeño de encontrar algo común entre ellas —la religión, la nacionalidad, el derecho— es una ilusión o una estrategia de la clase dominante para aplacar la capacidad revolucionaria de los sometidos. Toda idea de universalidad o de comunidad es una mera táctica, ya que si el hombre viene definido por su pertenencia a una clase social, la oposición entre las clases es irreductible. La relación dialéctica entre éstas conduce a un proceso de simplificación en el que se acentúan las contradicciones. La burguesía representa una universalidad positiva pero abstracta que engendra su réplica exacta en la universalidad negativa y concreta del proletariado. El resultado necesario de ello es la lucha de clases en que consiste la historia de la sociedad.

El materialismo histórico y dialéctico

Hemos visto cómo, para Marx, la alienación y su superación no acontecen en el ámbito del pensamiento, sino en la existencia humana material. La inversión de la dialéctica hegeliana lleva a entender la contradicción como algo que se produce en el mundo material, ya que lo verdaderamente autosuficiente no es el espíritu sino la materia. *Materialismo dialéctico* significa establecer una prioridad determinante de la realidad socio-material sobre los contenidos de la conciencia: lo ideal no es más que lo material traspuesto y traducido en la cabeza del hombre. El plano real y absoluto de la vida humana es el plano de lo económico, el de las necesidades materiales y modos de producción: el plano de la estructura. Las dimensiones espirituales representan las superestructuras, que no son sino epifenómenos de lo anterior: productos enmascaradores producidos por las contradicciones que encierra la dialéctica de lo material y económico.

El principio materialista de que todo pensamiento es la sublimación de una experiencia sensible tiene también una apropiada trasposición histórica y social. La primacía del mundo material sobre la conciencia lleva a concebir lo cultural —la filosofía, el derecho, la religión...— como un simple reflejo de lo económico. Como ya había señalado Rousseau lo específicamente humano no es la cultura, sino la producción. El hombre es esencialmente una realidad material, un cuerpo. La conciencia es también un fenómeno material. El hombre es un ser de necesidades materiales y una unidad de fuerzas productoras, de dominio y transformación de la Naturaleza.

El *materialismo histórico* es una forma de determinismo económico que se apoya en el supuesto de que la producción es la fuerza determinante de la historia. Marx lo formula tomando como punto de partida la distinción entre base económica y superestructura: el modo de producción (fuerzas productivas que relacionan al hombre con la Naturaleza y relaciones de producción que se establecen en torno al trabajo) condiciona toda la vida social, determinando sus organizaciones políticas y jurídicas, sus formulaciones filosóficas y sus creencias religiosas. Solamente la aplicación de este principio hace posible la comprensión real de las diversas etapas de la historia. "El conjunto de esas relaciones de producción forma la *estructura económica* de la sociedad, la base real sobre la que se levanta la *superestructura* jurídica y política y a la que corresponden determinadas formas de conciencia social. El modo de producción de la vida material condiciona el proceso de la vida social, política y espiritual en general. No es la conciencia del hombre la que determina su ser, sino, por el contrario, el ser social es lo que determina su conciencia".

De acuerdo con esta visión materialista del hombre, Marx configura una filosofía de la historia cuya clave es la prioridad determinante de la vida material sobre la conciencia, el espíritu y el pensamiento. No son las ideas las que mueven el mundo, como creía la izquierda hegeliana, porque todos los elementos ideológicos dependen de hechos registrados en el ámbito económico. Al igual que en Hegel, la historia se desarrolla siguiendo un sentido y una finalidad inmanentes. Pero ahora, este sentido viene dictado por la dialéctica del curso transformativo de las estructuras económicas. El espíritu de cada momento histórico, su conciencia, su pensamiento, se ecuentra determinado por los modos y relaciones de producción vigentes. Cada época encierra en sí misma el motor de su propia negación, dando así paso a la siguiente, que sustituye y anula la anterior: la sociedad esclavista produjo la sociedad feudal, y ésta la burguesa, que, a su vez, ha dado lugar al proletariado, el cual —como caballo de Troya del capitalismo— está llamado a destruir la sociedad burguesa y alcanzar la sociedad sin clases.

Marx postula de este modo un historicismo radical, que recibe cierta inspiración del evolucionismo darwinista. El hombre no posee una esencia inmutable: su ser es relativo a la situación y estructuras económico-sociales, que lo determinan.

El sistema económico

La importancia de las consideraciones sobre la economía capitalista es evidente si tenemos en cuenta el postulado básico del materialismo histórico y dialéctico: la economía política constituye la verdadera anatomía de la sociedad.

El pensamiento económico de Marx suele analizarse desde una doble perspectiva: estática y dinámica. Desde un punto de vista *estático*, la economía capitalista se le presenta como un sistema intrínsecamente injusto, con independencia de sus consecuencias históricas. En este contexto elabora Marx sus teorías del valor-trabajo y de la plusvalía, con el fin de mostrar que en el capitalismo el trabajo es convertido en mercancía y el trabajador en objeto del capital. La *teoría del valor-trabajo* establece como principio que el valor de un objeto no procede del cambio, sino del trabajo incorporado a dicho objeto. Marx no admite que el valor sea decidido por la demanda, a la que considera como una pura futilidad pasajera, ni por la presunta necesidad de las leyes del mercado que la economía clásica creía haber descubierto como un comportamiento invariante y necesario. Para rescatar al trabajo de esta anónima determinación de su valor, se impone sustituir la economía de la competencia por una economía de la planificación.

La *plusvalía* es el trabajo apropiado por el capital y equivale al beneficio que resulta de la diferencia entre el trabajo añadido a un objeto por el obrero y el valor mercantil con que el capitalista lo coloca en el mercado. Según Marx, la plusvalía tiende a crecer incesantemente ya que con el aumento de la produccion —impuesto por el régimen de libre competencia y hecho posible por el desarrollo tecnológico— el capitalista se ve obligado a pagar la mano de obra a menor precio. Hay, pues, en el sistema capitalista una dinámica necesaria en virtud de la cual el propietario de los medios de producción trata de ampliar la mencionada diferencia para obtener un mayor beneficio. Adviértase cómo Marx no dirige un reproche ético al empresario, ni recurre a una filantropía similar a la de Saint Simon y los socialistas utópicos para suavizar las injusticias de un sistema, ni elabora una ética para las actividades económicas. Por el contrario, en su análisis y en su propuesta de solución, se sitúa en el plano de la estricta necesidad. La explotación es necesaria puesto que la fijación de los precios es independiente de las intenciones del propietario de los medios de producción. La deseada justicia en las actividades económicas se alcanzará única y necesariamente con la modificación (técnica) del sistema de producción. No podía ser de otra manera si recordamos el postulado del materialismo histórico que establecía el primado de la estructura económica sobre los valores morales, reducidos éstos a una falsa ilusión sin capacidad transformadora.

El sentido de las previsiones económicas que Marx establece desde un análisis *dinámico* revela la intención profético-científica, antiutópica del marxismo. La destrucción del sistema capitalista no es un deseo, ni el resultado posible de una determinada revolución; se trata de un *fatum* necesario inserto en la entraña del sistema, cuyo alumbramiento está más próximo conforme el capitalismo se desarrolla. "La burguesía —dicen Marx y Engels en el *Manifiesto Comunista*— produce sus propios sepultureros"; el régimen de la propiedad privada es como un brujo que se ve incapaz de dominar las fuerzas infernales que él mismo invocó. Esta tendencia autodestructiva se orienta en un doble sentido:

1) Concentración creciente del capital: una necesidad ciega, debida a causas diversas (psicológicas, técnicas, mercantiles...), impone un crecimiento ilimitado del capital, de acuerdo con el cual disminuye el número de los propietarios y aumenta la cantidad de lo que éstos poseen.

2) Proletarización creciente: en el otro polo de la sociedad, tendrá lugar paralelamente la depauperación de un proletariado cuya extensión será cada vez mayor. Con ello aumenta también el potencial revolucionario de esta clase social.

La presentación del marxismo como una teoría científica avalada por una dinámica necesaria del desarrollo histórico plantea diversos problemas teóricos y prácticos. Entre ellos, cabe destacar el del papel que juega la acción revolucionaria, desde el momento en que la crisis del capitalismo es vista como un hecho espontáneo y no como un resultado que haya de ser deliberadamente provocado. Pero es que, además, si se afirma hasta sus últimas consecuencias que la conciencia del hombre está determinada por la base económica —también la conciencia que se siente alienada y persigue la libertad—, entonces el hombre no puede hacerse cargo de su situación desde una perspectiva superior. El férreo determinismo materialista de la filosofía de Marx convierte en problemática la misma formulación de dicha filosofía, la toma de conciencia de aquel determinismo. Afirmar la posibilidad de que la conciencia influya sobre el proceso histórico, sólo puede hacerlo una filosofía que admita la superioridad del espíritu sobre la materia, principio que contradice el determinismo materialista postulado por el materialismo histórico. La teoría económica de Marx ha omitido la influencia que las decisiones morales de los hombres pueden ejercer sobre las estructuras económicas. Esta desconsideración de la trascendencia y eficacia de los valores éticos, venía avalada, para Marx, por el análisis "científico" de supuestas leyes económicas, en torno a las cuales se circunscribe la verosimilitud de su pensamiento, pero que la historia económica posterior no ha hecho sino desmentir.

La revolución y la sociedad comunista

Según el materialismo histórico, el sentido de la historia viene determinado por el progreso técnico y la industrialización. Este movimiento histórico es el que establece las condiciones para la revolución, cuyo origen se encuentra en las contradicciones que surgen con el desarrollo de las fuerzas de producción. La lucha de clases no constituye para el marxismo un mal inevitable o un conflicto que deba ser humanizado, sino el verdadero motor de la historia, cuya radicalización es necesaria para transformar la sociedad. La revolución en la que Marx está pensando es distinta de las revoluciones políticas del socialismo utópico; no se trata de introducir reformas políticas o jurídicas —por muy profundas que parezcan— sino de alterar la base económica, verdadero soporte de la superestructura, dado que "no puede abatirse ningún tipo de servidumbre sin abatir todo tipo de servidumbre". De manera que el objetivo fundamental de la revolución habrá de ser la supresión del régimen de propiedad privada por medio de su colectivización.

El proletariado, como agente de la revolución, ha de derrocar por medio de la violencia a la burguesía e implantar su propia dominación. Las relaciones burguesas de producción sólo pueden ser eliminadas en una dictadura del proletariado. Tanto en la sociedad capitalista como en la dictadura del proletariado Marx define el poder político como "la violencia organizada de una clase para la opresión de la otra". Lo que ocurre es que la dominación del proletariado se instaura con el objetivo final de conseguir la supresión definitiva del Estado y del poder en general, no en un sentido anarquista —como decisión consciente e inmediata— sino por un debilitamiento necesario, tras la pérdida de funciones. Marx lo explica del siguiente modo: "si en la lucha contra la burguesía el proletariado se constituye en clase dominante y, en cuanto clase dominante, suprime por la fuerza las viejas relaciones de producción, suprime al mismo tiempo las condiciones para la existencia del antagonismo de clase y de las clases en general y, por tanto, su propia dominación como clase". Es decir, que la dictadura del proletariado a la que conduce la lucha de clases es, a su vez, una etapa transitoria que conduce a la sociedad sin clases y sin dominación de unos sobre otros.

En la sociedad comunista quedan conciliados todos los antagonismos —el hombre con la Naturaleza, los hombres entre sí—, al desaparecer la propiedad privada —y la consiguiente división del trabajo—, origen de toda enajenación. Ya no habrá escisión entre el individuo y la especie, ni entre la necesidad y su satisfacción, sino una situación de abundancia en la que el hombre cultivará su personalidad por medio de una realización placentera del trabajo y se desenvolverá con una disciplina libremente consentida. Superada toda alienación, alcanzados los medios para la plena satisfacción de las necesidades materiales, desaparece pues toda superestructura, sublimación enmascaradora de la ausencia de satisfacción material.

Pero el carácter definitivo, de meta absoluta, de la sociedad comunista, representa una importante dificultad en el seno de la propia doctrina marxista. Si la historia es dialéctica, paso constante —por negación— de una etapa a otra, la sociedad sin clases se sitúa fuera de la historia. La dialéctica cesa con el advenimiento de tal sociedad. La historia es dialéctica pero, al mismo tiempo, la dialéctica es algo temporal, es decir, histórico. Su movimiento finaliza con la posición de una tesis —colectivismo productivo y ausencia de clases— que carece de antítesis; es decir, con una tesis que se queda en su posición abstracta, ya que era a través del

LA INVERSION DEL HEGELIANISMO

antagonismo con la antítesis, cómo la tesis adquiría su realización concreta y real. El hombre, que carecía de constitutivo ontológico inmutable y se hacía históricamente, deja de ser un ser histórico, y adquiere un modo de ser definitivo.

En última instancia, la doctrina de Marx supone la negación de la filosofía y la conversión de ésta en mera ideología. La legitimidad del pensamiento estriba en su carácter de instrumento para la praxis, para la acción política, para la transformación de las estructuras socio-económicas. No existe auténtica actividad especulativa, el conocimiento no tiene razón de fin sino sólo de medio para la satisfacción de ese ser de necesidades materiales que es el hombre.

Capítulo III

LA REACCION ANTI-RACIONALISTA

1. SCHOPENHAUER

Vida y obras

Arthur Schopenhauer nació en Dantzig el 22 de febrero de 1788. Su padre era un acaudalado burgués que supo alcanzar fortuna con sus negocios. Hombre de formación liberal y gran cultura, quiso dar a su hijo la exigente y cosmopolita educación que le hiciera capaz de continuar las empresas paternas. Con este fin, Schopenhauer realizó, en su juventud, diversos viajes por toda Europa, especialmente por Francia e Inglaterra. Comenzó a trabajar en los negocios de su padre, pero sin ningún interés, ya que su verdadera afición eran los estudios. En 1804, muere su padre —se piensa que por suicidio—, y abandona el trabajo, con el consentimiento de su madre, para dedicarse a su formación intelectual. De su padre, heredó un temperamento colérico, orgulloso e inestable, y de su madre —escritora y amante de las letras— el ingenio y los talentos literarios. Pronto surgen desavenencias entre madre e hijo, volcado cada uno sobre sus gustos e intereses. Schopenhauer pierde, en estos años, toda fe religiosa, llevando una vida mundana y licenciosa. Entra en contacto con F. Mayer que le introduce en la filosofía y religión hindú. En 1809, ingresa en la Universidad de Götinga; y en 1811, continúa sus estudios en la de Berlín. Asiste en ésta a las clases de Fichte y Schleiermacher, que pronto le defraudarán. Se desentiende de la insurrección contra Napoleón, y se retira para escribir su tesis doctoral: *La cuádruple raíz del principio de razón suficiente*, publicada en 1813. Sus conocimientos van siendo cada vez más cuantiosos y su vasta cultura se extiende a variadísimos campos del saber. En 1814, se traslada a Bresden, donde compone su principal obra: *El mundo como voluntad y representación,* aparecida en 1819. Viaja a Italia en busca de nuevos goces y conocimientos. Pero su vida exteriormente alegre contrasta con su fracaso personal como filósofo. Sus dos primeras obras pasarán casi inadvertidas, ocultadas por la fuerza del idealismo racionalista imperante. En 1820, accede al grado de docente en Berlín; y, en claro desafío al pensamiento oficial, anuncia sus clases a la misma hora que las de Hegel. Su arrogancia acaba en un completo fracaso, y tiene que suspenderlas. Dada su cuantiosa fortuna y el desafortunado inicio, decide abandonar la docencia.

Pero la amargura de esta derrota se albergará siempre en su interior. El rencor y el convencimiento de la verdad de su doctrina propiciarán en sus escritos la más acerba crítica hacia los representantes de las ideas vigentes; pero será a Hegel a quien dedique los más crudos apelativos y los más hirientes sarcasmos.

Se instala definitivamente en Frankfurt, rodeado de las muchas comodidades que le permite su fortuna, y dedicado a la redacción de sus obras. En 1841, publica *Los dos problemas fundamentales de la ética,* y en 1844, la segunda edición de su obra fundamental, ampliada. Pero, ambas publicaciones tuvieron tan poco eco como las anteriores. El éxito vino, por fin, con la aparición de su última obra: *Parergo y Paralipomena* (1851); obra, más bien, de divulgación, en la que se recogían una serie de breves escritos acerca de temas muy variados. El brillante estilo literario y el modo crítico y pesimista de sus enfoques le valieron la aceptación del público. La nueva mentalidad que surgía entonces parecía sintonizar y dar acogida a las ideas de Schopenhauer. El fracaso de la revolución de 1848 ahogó las esperanzas de la gran burguesía de conseguir la unidad alemana, y volvió a conceder la hegemonía a Austria. El espíritu dominante era ahora más proclive a los negros tintes de Schopenhauer que al optimismo racionalista del idealismo. Durante sus últimos años, disfrutó aquél de su ansiada fama, y procuró mantenerla y degustarla con fruición. En 1859, dio a la estampa la tercera edición de su obra principal. La piedad, el ascetismo y la negación de sí mismo que tanto predicó en su obra, siguieron sin tener ningún reflejo en su vida, volcada en la atención de sí mismo y —por chocante que parezca— en el cuidado de su perro, al que otorgó una pensión en su testamento. Falleció el 23 de septiembre de 1860.

El mundo como representación

Schopenhauer confiesa que sus verdaderos maestros han sido Kant, Platón y la antigua sabiduría de los Vedas. Tan diferentes filosofías coincidían, sin embargo, en la distinción de un mundo inmediato, aparente e ilusorio, tras el cual se esconde la verdadera y única realidad. Ciertamente, esta distinción no se establece de forma idéntica en tales doctrinas, pero las tres colaboraron en la formación de lo que sería la inspiración originaria del pensamiento de Schopenhauer.

El mundo cognoscible es para él el mundo fenoménico. Los objetos de nuestra mente son únicamente fenómenos —nada sabemos de la "cosa en sí" kantiana— y sobre éstos versa toda ciencia. La ciencia constituye el estudio de las relaciones que ligan en nuestro entendimiento los diversos fenómenos y que vienen determinadas por el principio de razón suficiente, que Shopenhauer toma de Wolff. En su tesis doctoral, que él considera como la introducción a todo su sistema, estudia los cuatro modos que puede adoptar este principio. Cada modo corresponde a una de las cuatro clases de objetos de la ciencia, que se relacionan de una manera peculiar. Los objetos de las representaciones intuitivas o empíricas se relacionan mediante conexiones causales, que son reguladas por el principio de razón suficiente del devenir. Los conceptos abstractos se ligan formando juicios y razonamientos, y estas conexiones —su verdad— son regidas por el principio de razón suficiente del conocer. La tercera clase de objetos comprende las intuiciones *a priori* de la sensibilidad: las formas puras de espacio y tiempo. Las relaciones entre unidades de espacio y de tiempo constituyen el fundamento determinante de los cálculos y objetos matemáticos, que están regulados por el principio de razón suficiente del ser. Por último, el principio de razón suficiente del actuar, o ley de la motivación, rige la relación de las voliciones con el sujeto de éstas. Es, en cierto modo, una forma peculiar de la causalidad.

En todo el mundo conocido rige, por tanto, una completa necesidad. Todo surge por razón suficiente, y las acciones voluntarias del hombre no escapan de este determinismo. Pero hay que hacer notar que esta necesidad pertenece a las relaciones de los fenómenos entre sí, al interior del mundo fenoménico, no a dicho mundo tomado en conjunto. El principio de razón suficiente sólo es aplicable a las relaciones entre fenómenos, no al mundo en cuanto todo, pues supondría considerar a éste como polo de una relación en la que el otro polo tendría que ser algo distinto de él, es decir, algo no fenoménico.

En esta introducción ya está presente el primer postulado de su sistema: "el mundo es mi representación". Todo el mundo cognoscible, todo contenido de experiencia, es sólo objeto para un sujeto, percepción o representación de un sujeto. Toda existencia es existencia para mí, es aparecérseme. Al igual que en Berkeley, el "esse" de todo objeto es el "percipi".

Schopenhauer distingue dos tipos de representaciones: representaciones inmediatas, intuitivas o empíricas, y las representaciones mediatas o abstractas. Las primeras son las que componen el mundo: en ellas se da el mundo, y como el ser de éste es su darse en tal representación, en ellas consiste. Las segundas son aquellas representaciones o conceptos que, por reflexión, la razón elabora a partir de las inmediatas. Representan, pues, una formalización de las primeras, pero no significan un incremento de conocimiento. La razón tiene sólo una finalidad práctica. Los conceptos que ella elabora —y, a partir de éstos, los juicios y demostraciones— nos sirven para fijar, conservar y transmitir los conocimientos. En el plano de la vida, esta virtualidad práctica de la razón se manifiesta, por una parte, en la capacidad de formular leyes para nuestro obrar moral y, por otra, en la posibilidad de descubrir modos más eficaces de satisfacer nuestras necesidades materiales.

A diferencia de Kant, Schopenhauer concibe el entendimiento como la facultad cognoscitiva en la que se da la intuición del objeto sensible. Además, sólo conserva una de las categorías kantianas del entendimiento: la causalidad. La representación inmediata no se da en el nivel de la sensibilidad, sino en el del entendimiento. Es éste el que constituye el objeto al aplicar la categoría de causalidad a los datos del sentido, a las inmutaciones corporales, que no son todavía propiamente objeto. Las otras condiciones de la intuición del objeto, las formas *a priori* de espacio y tiempo, actúan en el mismo plano cognoscitivo que la categoría de causalidad, pues el objeto, sólo en cuanto actividad causal, se hace contenido para tales formas, es decir, se despliega en el espacio durante un tiempo. El objeto es esencialmente el resultado de la convergencia de sus condiciones de posibilidad: causalidad en un espacio y en un tiempo. Todo esto hace concluir a Schopenhauer que los animales también tienen entendimiento, pues su conocimiento incluye los nexos causales que ligan los fenómenos.

El fenomenismo de Schopenhauer alcanza, incluso, al mismo sujeto cognoscente. Todo objeto presupone un sujeto y, por tanto, objeto y sujeto se exigen mutuamente, son inseparables. Ambos pertenecen a la representación que implica la distinción de sujeto y objeto. La existencia de estos dos términos es, entonces, correlativa y pertenece al mundo fenoménico.

El mundo como voluntad

Pero a pesar de este punto de partida kantiano, Schopenhauer no se conforma con el reconocimiento de la incognoscibilidad de la cosa en sí. Su pretensión es acceder al conocimiento del noúmeno después de haber tomado conciencia del carácter meramente fenoménico del mundo de la representación. ¿Cómo nos sería posible superar el mundo ilusorio y aprehender la verdadera realidad? Como ya se ha visto, la razón tiene sólo una finalidad práctica, y su actuación no nos proporciona nuevos conocimientos; por lo tanto, no pertenece a ella la capacidad de traspasar la máscara de lo aparente y penetrar en el ser real. Este nuevo y radical conocimiento tiene que darse también en una intuición inmediata. Esta intuición es una intuición introspectiva, en la que sujeto y objeto se confunden, y en la cual capto el sentimiento inmediato de mi mismo. Yo me experimento como sujeto de deseos, de aspiraciones y anhelos, es decir, como voluntad: voluntad que se manifiesta y exterioriza en mis actos corporales. Mi cuerpo es también representación, es mi propio fenómeno, soporte de todas mis representaciones. En esta intuición es captado como manifestación fenoménica de la voluntad; en otras palabras, como voluntad hecha representación. No sólo mis acciones y movimientos corporales, sino todo mi cuerpo, sus partes y órganos, son en realidad voluntad objetivada y hecha visible.

Este nuevo conocimiento, que no es una representación de un objeto para un sujeto, sino la percepción inmediata e interna de mi propia realidad, constituye la clave del desenmascaramiento de todo el mundo fenoménico. Las fuerzas y energías que observamos en la Naturaleza no son sino otros tantos casos de objetivación de la voluntad. Schopenhauer expone numerosos ejemplos del dinamismo del mundo orgánico e inorgánico, en los que pretende hacernos reconocer una voluntad actuando y manifestándose. La verdadera realidad de todo lo corporal es sólo voluntad. Bajo las diferencias fenoménicas, se da una igualdad esencial.

Esta voluntad es única, pues la individualidad y multiplicidad pertenecen al ámbito del fenómeno. La individuación procede de las formas de espacio y tiempo, que son sólo formas de lo fenoménico y, por tanto, no afectan a la realidad metafenoménica. Existe, pues, una sola voluntad que se manifiesta en una diversidad de apariencias.

El carácter fundamental de la voluntad consiste en ser, ante todo, voluntad de vivir. La voluntad es vida, afán de vivir, y, asi, todo lo vivo aspira sólo a seguir viviendo. La misma Naturaleza nos manifiesta esta tendencia intrínseca de la voluntad. Todo en ella es vida y lucha por la vida: los ciclos de la Naturaleza, el nacimiento y muerte de los individuos en la constante perpetuación de las especies... La voluntad de vivir se objetiva en el mundo sensible, desde las formas más primarias —que incluyen los fenómenos de lo inorgánico— hasta la forma suprema, que es el hombre. Todo ser es esencialmente voluntad de vivir, objetivación de esta voluntad. Por ello, en el hombre, la razón se ordena al servicio de la vida.

La voluntad de vivir es sólo voluntad, entendiendo por ello un querer irracional, ciego y perpetuo. Es un anhelo constante, que implica una insatisfactibilidad esencial. Nada puede colmar su deseo porque ella es puro desear. Pero esta permanente insatisfacción supone dolor. Toda voluntad, todo deseo, implica una carencia, la ausencia de algo y, por tanto, una negatividad, sufrimiento. Esta característica se refleja en toda objetivación fenoménica de la voluntad y, especialmente, en el hombre. El ser humano es la forma suprema de manifestación de la voluntad de vivir y, por ende, el ser que experimenta más privaciones y necesidades, el dolor de todo desear. La vida del hombre oscila entre el deseo y el hastío. Nunca encuentra satisfacción plena para sus anhelos, y cuando consigue apagarlos, es para caer en el aburrimiento.

A este drama de la vida humana hay que sumarle el egoísmo de toda voluntad individual. Toda objetivación particular de la voluntad de vivir es vida en un espacio y por un tiempo. Lo que manifiesta el perpetuo afán de vida es la Naturaleza en su conjunto: vida permanente a través de un constante fluir de individuos. Sin embargo, cada individuo se siente a sí mismo como la única voluntad de vivir, y se afana por mantener su vida por encima de todas las demás. Schopenhauer vuelve a afirmar la frase que Hobbes recogió de Plauto: "homo homini lupus". La vida es perpetuo dolor y perpetua lucha de egoísmos. El pesimismo de su doctrina es radical. En contra de la optimista visión de Leibniz, declara abiertamente que este mundo es el peor de los posibles. La irracionalidad esencial de la voluntad se refleja en lo contradictorio de su manifestación: ésta se realiza en multiplicidad de individuos, pero, sin embargo, cada individuo tiende a aniquilar a los demás. Cada uno quiere ser él toda la vida, aunque la vida es siempre dolor.

Vías de liberación: arte y negación de la voluntad

Para escapar a la amargura de esta tragedia, sólo nos cabe rechazar la voluntad de vivir, ya que ella es la fuente de todo mal. El primer camino de salvación que se le presenta al hombre es el arte. Como ya hemos visto, la razón y la ciencia actúan al servicio de la voluntad de vivir, y responden a su deseo. Sin embargo, en la contemplación estética, el sujeto se convierte en puro espectador, que se relaciona con el objeto en un acto de conocimiento que excluye todo interés. El objeto no es aprehendido como deseable sino como puro valor estético. En este acto, el sujeto escapa de las exigencias de la voluntad de vivir y no actúa a su servicio. Ahora, contempla el objeto fuera de sus relaciones fenoménicas de causalidad, espacio y tiempo. Lo ve en su soledad, aisladamente, y, en tal visión, se olvida de sí mismo como voluntad. Schopenhauer no explica satisfactoriamente cómo puede darse este acto, pero parece concebirlo como fruto de un excepcional desarrollo de la razón, que la capacita para actuar por encima de su uso instrumental.

En la contemplación estética no alcanzamos los fenómenos en su multiplicidad y temporalidad, como lo hace la ciencia, sino que captamos lo que hay en ellos de común y permanente. Este objeto de la contemplación es lo que Schopenhauer llama Idea eterna, recogiendo la doctrina platónica de las Ideas. Las Ideas constituyen los modelos o arquetipos de los diversos grados de objetivación de la voluntad, los cuales se despliegan empíricamente en una pluralidad de individuos. Las Ideas representan una primera objetivación formal de la voluntad, y los individuos, la objetivación final empírica: la manifestación fenoménica de la voluntad según los diversos grados formales de objetivación. Son eternas e inmutables, pues no están sujetas al tiempo y al espacio, ya que no pertenecen al ámbito de la individualidad.

El arte tiene como misión la expresión de estas Ideas. Schopenhauer clasifica las artes según la Idea o grado de objetivación de la voluntad que expresen. El arte suprema es la música. Esta no manifiesta sólo una Idea sino, más bien, la voluntad misma. Bajo el flujo de variaciones, nos muestra algo estable y unificador, y que es acción permanente: voluntad.

De todas formas, este primer camino es insuficiente, pues sólo nos permite un rechazo momentáneo de la voluntad. Igualmente insuficiente es la religión. Esta es sólo una evasión ilusoria basada en alegorías y fantasmas. Ciertamente, la religión cristiana, con su ascetismo y su renunciamiento, se acerca bastante a la auténtica negación de la voluntad de vivir. Pero no realiza en verdad tal negación, pues conserva la esperanza gratificante de una inmortalidad personal, además de que atribuye a Dios nuestra propia salvación. Tampoco el suicidio es verdadera negación de esa voluntad, pues el suicida rechaza los males de la vida, no la vida misma y, por tanto, en ese acto, secunda la voluntad de vivir.

En este punto, la filosofía de Schopenhauer se acerca estrechamente a la doctrina de la mística hindú, en su disolución del sujeto dentro del nirvana final. Una vez que hemos conocido la verdadera y única realidad de todo lo fenoménico, que es una sola voluntad de vivir, podemos reconocernos como idénticos con todo lo que nos rodea, como una sola cosa, y sentir como propio el dolor de toda vida, en cuanto que es un solo dolor. Surge así la compasión, que supone la negación de mi voluntad de vivir como voluntad individual y, por tanto, egoísta. Reconozco mi individualidad como meramente fenoménica, y renuncio a ella renunciando a todo interés, a todo deseo propio. La negación de la voluntad de vivir es la negación de mí mismo, pues yo sólo soy voluntad de vivir manifestada. Es el camino hacia la aniquilación de mi propio yo, que se niega a sí mismo como ficticio, para afirmar la única realidad. Esta aniquilación se realiza plenamente con la muerte, detrás de la cual no hay individuo ni conciencia, ya que el fenómeno ha desaparecido y la única voluntad real en la que mi yo desaparece es irracional. La única esperanza, por tanto, es la nada.

Es fácil observar que la filosofía de Schopenhauer adolece de fallos lógicos e, incluso, de contradicciones. Más que un sistema cerrado de nociones encadenadas, su filosofía parece la expresión violenta de una verdad vital, no encontrada a lo largo de una inferencia, sino postulada existencialmente; sin que ello implique, no obstante, que tal verdad se haga norma de los hechos externos de la vida.

No llega a explicar completamente cómo se compaginan el determinismo del obrar humano y el paso de la actitud egoísta a la compasión. Es difícil entender de qué modo el hombre, que es sólo una objetivación fenoménica de la voluntad de vivir, puede negar esta voluntad, que constituye el fundamento de su ser y, por tanto, el principio determinante de su obrar. Parece como si aquello que resulta imposible para la voluntad en sí misma —dejar de querer— fuera posible para la fatuidad del fenómeno.

Por otra parte, la realidad de las Ideas queda en el aire, pues, por una parte, no son la misma cosa en sí y, por otra, tampoco pertenecen al mundo sensible, ya que no son individuales ni están sujetas a espacio y tiempo. El principio de individuación plantea también una importante dificultad. La voluntad se manifiesta en el mundo fenoménico de las individualidades. Pero el principio de individuación son las formas de espacio y tiempo que actúan en el sujeto cognoscente. Por lo tanto, es éste el que constituye los individuos en su entendimiento, ya que, además, no existe relación de razón suficiente entre la cosa en sí —voluntad— y el conocimiento o representación, puesto que tal principio sólo es aplicable a las relaciones entre fenómenos. El conocimiento pertenece sólo al hombre, no a la voluntad en sí, que es ciega. Por consiguiente, es un fenómeno, el hombre, quien constituye la objetivación de la voluntad.

En definitiva, aunque Schopenhauer pretende encontrar el mundo como voluntad a partir del mundo como representación, la unión entre ambas concepciones es más que cuestionable. Tomado, como punto de partida, el fenomenismo radical, ya no nos es posible traspasar el ámbito cerrado de la conciencia. La misma cosa en sí, en cuanto conocida, es objeto para nosotros, es un contenido de nuestra conciencia y, por ello mismo, fenómeno.

Schopenhauer presentó su doctrina como reacción frente al optimismo racionalista de Hegel, e inspiró gran parte del pensamiento posterior que centró su mirada en la voluntad y en la vida. Pero, como hemos podido observar, aún conserva muchos rasgos de la filosofía idealista. Su visión de la naturaleza se asemeja a la de Schelling; y lo mismo puede decirse respecto de su concepción del arte. Mantiene la pretensión de un conocimiento total de la realidad, que tiene como fundamento una verdad absoluta e inmediata. Este conocimiento originario nos da la única realidad, respecto de la cual lo demás es sólo despliegue y manifestación finita. Su pensamiento representa, en cierto modo, un momento de transición.

A pesar de las deficiencias lógicas de su doctrina, su filosofía, en cuanto postura intelectual, ejerció un fuerte influjo entre sus sucesores. Nietzsche lo llegó a considerar como el auténtico educador de la generación posterior.

2. Kierkegaard

La figura de Kierkegaard representa uno de los casos más sobresalientes de interdependencia entre el pensamiento y la vida. Su filosofía aparece como imperativo vital, como verdad que sólo se constituye plenamente como tal al convertirse en vida; y la vida, como experiencia reveladora de la misma verdad teórica. Con frecuencia se ha calificado su doctrina como biográfica, como confesión personal; pero ello no ha de significar una estrecha limitación del valor de sus ideas, como si éstas sólo alcanzasen validez para la propia vivencia personal del autor. La obra de Kierkegaard es verdadera filosofía, y su contenido, por tanto, de valor universal. Si la doctrina de Schopenhauer podía ser considerada como el grito de una amarga experiencia del sinsentido de una vida sin esperanza, la que nos ocupa ahora representa el anuncio apasionado de la verdad que da sentido y esperanza a la existencia humana. Por esta razón, mientras en el primero, por el mismo pesimismo e irracionalismo doctrinal, cabía un divorcio entre el pensamiento y la vida externa, en el segundo, se impone la asunción vital de la teoría. Al paso de su vida, Kierkegaard descubre la verdad que ha de configurar el posterior decurso de su existencia y la de todo hombre que quiera alcanzar una existencia verdaderamente humana.

Vida y obras

Sören Aabye Kierkegaard nació en Copenhague, el 5 de mayo de 1813. Su padre era un comerciante que, tras una juventud de pobreza y penuria, había almacenado con los negocios una considerable fortuna. Sören era el último de los siete hijos que le dio su segunda mujer —antes, su criada— con la que se casó después de haber concebido en ella. Heredó éste el carácter melancólico y taciturno de su padre, el cual le educó en una profunda y severa religiosidad, abrumado por la conciencia del pecado y el temor de la justicia divina. Pero también le legó, y ayudó a desarrollar, una despierta inteligencia, dotada de gran capacidad para las sutilezas lógicas y dialécticas. Durante sus primeros estudios se distinguió por estos dotes. En 1830, comenzó en la Universidad de Copenhague los estudios de teología, pues su padre deseaba que fuera pastor. Sin embargo, los intereses del hijo se dirigían hacia la literatura y la filosofía. Se dedicó con entusiasmo al estudio de Platón, de las obras de los románticos y de la filosofía idealista. Pero juzgó erróneo el intento hegeliano de compatibilizar la filosofía y la religión cristiana. Durante esta época —que corresponde al estado estético de su teoría— abandona las prácticas religiosas —aunque sin llegar a perder por completo la fe— y se vuelca en una vida de diversiones y alegría mundana. La débil constitución y cierta deformación congénita que sufría —que posiblemente se acentuó con los años— no le impidieron, en su juventud, una vida social desenvuelta. Su carácter excéntrico y su ingenio crítico e irónico se acentúan en este tiempo. En 1836, está al borde del suicidio, por el desprecio que le inspira su propia vida. Supera esta crisis, asumiendo ciertos principios y exigencias morales, que, sin embargo, no llenan por completo de sentido su vida.

En pocos años, murieron su madre y todos sus hermanos, a excepción del mayor. Lo consideró como un castigo divino en pago de alguna culpa pasada de su atormentado padre. Este le confesó que en su juventud, desesperado por su pobreza, maldijo a Dios, así como el origen del matrimonio con su madre. Lleno de compasión y afecto hacia su padre, se reconcilió con él. Estos hechos y la muerte del anciano, en 1838, provocaron el "gran terremoto" interior, que le llevó a la conversión, a la experiencia vivísima de la alegría de lo sobrenatural. Por devoción a su padre, termina los estudios de teología; y, en 1841, presenta su tesis de filosofía "Sobre el concepto de la ironía".

En 1840, se había prometido con Regina Olsen. Pero el convencimiento de su incapacidad para crear un hogar feliz, y la conciencia de poseer una misión divina, marcada por el sufrimiento y la expiación, le llevan a romper su compromiso al año siguiente. Esta ruptura constituirá un profundo drama en su vida. A Regina dedicará sus primeras obras, e intentará conservar su amor, elevado en un plano religioso.

Escucha en Berlín la última enseñanza de Schelling, de cuya "filosofía positiva" extraerá algunos elementos, pero sin que le satisfaga en su conjunto. Se instala definitivamente en Copenhague, dedicado a sus escritos, gracias a la fortuna heredada de su padre. En 1843, publica *O lo uno o lo otro,* como ataque radical al espíritu conciliador de la dialéctica de Hegel. Ese mismo año, aparecen también *Temor y temblor* y *La repetición;* y, al año siguiente, *El concepto de la angustia.* También en 1884, publica *Migajas filosóficas,* que junto con el *Postcriptum no científico* (1846), constituyen los escritos estrictamente filosóficos más importantes.

Durante este año, sostiene una dura batalla contra un periódico satírico, por su inmoralidad anticristiana, que, como réplica, hizo de Kierkegaard el blanco de sus sátiras. Las burlas que tuvo que comportar resignadamente y la experiencia religiosa de 1848, confirmaron su conciencia de ser un luchador solitario de la verdad cristiana. A partir de este momento, sus escritos cambiarán de estilo. En sus obras anteriores, ya criticaba el carácter paganizante de la cultura de su tiempo y había comenzado a acusar el aburguesamiento de la Iglesia danesa; pero lo había hecho como un observador ajeno y no comprometido. Ahora —aunque continúa publicando bajo seudónimos— escribe desde su postura de "cristiano excepcional", critica abiertamente la mundanización de la cristiandad oficial y predica directamente la verdadera fe cristiana. En 1848, aparece *La enfermedad mortal o tratado de la desesperación* y, en 1850 *Ejercitación del cristianismo.* Durante estos años, va publicando sus *Discursos edificantes,* máxima expresión de su elevada religiosidad.

El ataque violento y la ruptura total con la Iglesia danesa se produjo con la muerte del obispo Mynster, amigo de su difunto padre. Acusó a aquélla de haber rebajado la exigencia del auténtico cristianismo, haciendo de éste una religión cómoda y conciliadora con el mundo. Kierkegaard murió el 11 de noviembre de 1855, después de un súbito desvanecimiento de su débil naturaleza, en profunda paz y alegría interior. Los últimos años de su vida fueron de gran austeridad, consumiendo los escasos restos del capital que heredó.

Reacción antihegeliana: la existencia frente a la Idea

La filosofía de Kierkegaard no constituye un sistema. El autor aborreció siempre el afán de sistematización, por cuanto —según él— suponía la asfixia de la vida en el estrecho círculo de los engranajes lógicos. Una doctrina tan íntima a su propia existencia sólo podía ser expuesta de forma apasionada, no fría y deductivamente. Aunque en sus obras vaya tratando un aspecto u otro, en cada paso está presente todo su pensamiento, y en cada idea se encuentra implicada toda su doctrina. Por esto, puede reconocerse una clara unidad en su obra: la unidad de un pensamiento que no hace otra cosa que presentarse entero, una y otra vez, aunque nos hable de elementos distintos, ya que, en definitiva, es el mismo autor el que se vuelca integramente en cada uno de sus diagnósticos y llamadas de atención.

El fondo de toda la filosofía de Kierkegaard es claramente espiritual, y él no tuvo reparo en reconocerse como un autor fundamentalmente religioso. De aquí el carácter vital de su doctrina. La fe no es sólo objeto de conocimiento, sino esencialmente materia para la vida. La verdad es máximamente verdad cuando es verdad de y para la vida. Su condición más plena, su estatuto más perfecto es la vida. Kierkegaard no niega la verdad de las ciencias naturales y matemáticas; pero ésta es meramente secundaria, casi irrelevante, pues no compromete la existencia personal. El auténtico problema, el único realmente acuciante, con el que debe enfrentarse la filosofía es el problema interior del propio yo, el esclarecimiento del significado personal. El punto de partida kierkegaardiano podríamos expresarlo parafraseando la máxima evangélica: de qué le sirve al hombre conocer todo el mundo si desconoce su alma.

La filosofía idealista había pretendido poseer eficacia salvífica para el hombre. Pero esta salvación devenía por añadidura tras la consecución del conocimiento de lo Absoluto. Ahora, el planteamiento es inverso. Lo verdaderamente primordial es el conocimiento de mi propia condición y destino. Una vez llena de sentido mi existencia, todo lo demás lo adquiere por añadidura.

Desde un principio, la doctrina de Kierkegaard se sitúa en abierta oposición al hegelianismo, y su distanciamiento respecto de éste es mayor que el de Schopenhauer. Siguiendo la inspiración de la "filosofía positiva" del último Schelling, proclama la infecundidad del gran edificio construido por Hegel. La razón abstracta no puede aprehender mediante sus conceptos la existencia, que es lo único verdaderamente real. Toda realidad es particular, individual, finita. Lo general y universal carece de existencia. La razón puede evolucionar bajo el imperio de la necesidad en el mundo de las esencias, pero la esencia es pura posibilidad, no realidad. La existencia es el reino de la libertad y de la contingencia. Por eso, el ser no puede ser dominado ni identificado con el pensamiento. La dialéctica hegeliana de oposición y síntesis nada tiene que ver con la realidad; puede ser un movimiento de explanación de ideas, pero se mantiene encerrado en el ámbito de lo abstracto y lógico, sin afectar, en modo alguno, al mundo real. Por eso, tampoco la historia es reducible a razón, porque en ella no actúa ninguna necesidad lógica, sino sólo la libre decisión.

A la síntesis superadora de toda oposición, Kierkegaard contrapone la alternativa insalvable de lo uno o lo otro: o pensamiento o ser, o finito o infinito, o idealismo o cristianismo... El ser pensado, abstracto y conceptual, no es lo mismo que el ser real. Lo finito no es un mero momento de lo infinito, sino lo único real, e irreductible a lo infinito. La Idea divina que la dialéctica racional alcanza no es el mismo Dios, que es personal y no abstracto. Sólo manteniendo la distinción entre lo Absoluto y lo contingente, entre Dios y el hombre, puede salvaguardarse el carácter personal de ambos. No basta sólo el pensamiento, porque el auténtico problema no es abstracto ni ideal, sino real y concreto: mi existencia. De nada me sirve el conocimiento de lo infinito, porque ello no me revela cosa alguna de mi existencia real.

La verdad como subjetividad o interiorización

Lo que necesito conocer no son conceptos e ideas, ligados por una férrea lógica. La verdad no puede albergarse en un sistema, porque ella es por esencia existencial, y la existencia no admite sistematización. Es una verdad que no se agota en el conocimiento, sino que sólo se da plenamente en la asunción interior. Lo que el hombre necesita es encontrar la verdad de su existencia, en otras palabras, hacer su existencia verdadera.

En este sentido hay que interpretar a Kierkegaard cuando afirma que "la verdad es la subjetividad". Nada tiene que ver con una postura inmanentista o un subjetivismo relativista. Ambas posturas son rechazadas por él. Esta subjetividad de la verdad no afecta al contenido objetivo de ésta. Expresa —como venimos señalando— el carácter esencialmente vital de ella. La verdad se da plenamente en la apropiación, en la interiorización, en el momento en que ella constituye nuestro propio interior. La verdad se actualiza por completo, colma sus potencialidades, es más que nunca ella misma, cuando el sujeto, no sólo la conoce, sino que la abraza y se compromete con ella. Más que para ser conocida, la verdad es para estar en ella.

Es patente que Kierkegaard concibe la verdad desde la verdad religiosa, en cuanto arquetipo de toda forma de verdad. Sin embargo, esta concepción no ha de entenderse como impuesta solamente por sus preocupaciones religiosas. La consideración de la verdad como subjetividad entronca directamente con su doctrina de la existencia. La verdad es definida por su carácter subjetivo y no por su carácter objetivo, por cuanto ella ha de ser, ante todo, la verdad de mi mismo; pero mi existencia no es objeto de contemplación sino de realización: algo que no es dado, sino que ha de conquistarse. La existencia es también subjetividad o camino hacia la subjetividad, interiorización progresiva del sujeto, que se hace consciente de su singularidad y de la responsabilidad incompartible de su destino como individuo. Para Kierkegaard, la existencia no tiene carácter fáctico sino, propiamente, cualitativo. Salta a la vista que, para la doctrina del filósofo danés, la existencia es primordialmente existencia humana, de la misma manera que la verdad comprometedora, ético-religiosa, era la verdad por antonomasia.

El hombre es plenamente existente cuando trasciende el anonimato de lo general, de la masa, y toma sobre sí, decididamente, el peso y la dirección de su vida. Mientras el hombre se encuentra inmerso en la muchedumbre, perdido en ella como simple parte suya, actuando bajo el imperio de sus impulsos, carece de verdadera existencia. Esta muchedumbre no sólo se refiere a lo social sino, también, a lo cognoscitivo. El hombre se convierte en un ser anónimo, ignorante de sí mismo, no sólo cuando vive en la masa; también cuando se vuelca en el conocimiento de una infinidad de objetos, convirtiéndose en puro contemplador objetivo. Unicamente, al vertirse sobre sí mismo, al hacerse contemplador de la subjetividad y transformar su conocimiento en comprensión del propio yo, el hombre camina hacia su verdadera existencia. La auténtica existencia es, pues, existencia auténtica: ser yo mismo en todos mis actos. Kierkegaard había afirmado que lo único real es el individuo, no lo abstracto y general. Ahora comprendemos que esta individualidad no tiene sólo un significado ontológico sino, fundamentalmente, moral. Ser real, ser individuo, es vivir y actuar como tal, es decir, con plena conciencia y por decisión personal.

Para Hegel, la plena realización de la esencia humana se daba en la Idea de humanidad, no en el individuo o momento finito. El hombre alcanzaba su plenitud elevándose sobre el ámbito de lo particular y accediendo al conocimiento de la Idea infinita de sí. En este punto, Marx no representa ninguna diferencia sustancial. Unicamente, cambia la Idea por la sociedad sin clases, que sigue siendo un universal concreto, perteneciente, ahora, a la materia en vez de al espíritu. Kierkegaard se opone radicalmente. El camino de la plenitud humana es el inverso. La verdadera humanidad consiste —digámoslo así— en ser cada vez más individuo. El hombre es más verdadero cuanto más se despega de lo general y más se particulariza. Sólo por la autodeterminación, por la decisión personal, no por el conocimiento, el hombre alcanza su verdadera realidad o existencia. Por ello, lo esencial de la verdad es su apropiación, pues sólo en su asunción vital se transforma en fuente de autodeterminación, es decir, en existencia verdadera, en verdad de lo que el hombre es.

Pero donde la existencia deviene más auténtica y la realidad del hombre más acabada es en la relación de éste con Dios. Es en ella donde el hombre se encuentra máximamente individualizado. El hombre alcanza su plena subjetividad en su relación con la infinita subjetividad de Dios. El hombre es esencialmente ser ante Dios. Existir es existir ante Dios. Bajo la mirada divina el hombre se encuentra en soledad, en soledad con Dios, como puro individuo. El hombre alcanza su verdad, no al contemplar, sino al saberse contemplado. Ante Dios, el hombre adquiere su máxima determinación porque se encuentra delante de lo máximamente determinante; es decir, delante de aquello —Aquél— que realiza en plenitud el carácter comprometedor de la verdad, y que exige con fuerza incomparable un compromiso que sólo puede ser pleno y total.

Los tres estadios de la existencia

Quizá lo más conocido de la obra de Kierkegaard sea la doctrina de los tres estadios de la existencia humana. Bajo esta doctrina late la propia experiencia del autor, pero —en su filosofía— estos tres estadios representan los tres escalones o modos de vida del hombre en su ascensión hacia la existencia verdadera. Constituyen los tres tipos de vida que se le ofrecen al hombre, o —quizá, mejor dicho— los tres modelos de hombre que pueden darse en la vida, pues son antagónicos entre sí, no pueden darse simultáneamente en un mismo individuo, y, por otra parte, cada uno de ellos puede ser definitivo. Esto último ha de entenderse en el sentido de que cabe instalarse en uno cualquiera, aunque, de no tratarse del último, tal establecimiento supone no realizar plenamente la verdad del hombre.

El primer estadio es el estadio estético. En él, el hombre se encuentra vertido hacia fuera, en despliegue constante de su sensibilidad. Es el estado de autodispersión. El sujeto, atento sólo a lo superficial y externo, se pierde en una existencia constantemente caprichosa. Sólo busca el goce y el placer, que por naturaleza implican la ausencia de fijeza y de norma. La existencia estética es un modo de vida estrictamente informal, es decir, carencia de toda forma determinada de vida. Constante variación y ausencia de toda constancia. Lo que define este estadio no es tanto la inmoralidad de lo lascivo y carnal, sino la inmoralidad de lo superficial e indefinido. Es la vida en la que la imaginación se hace rectora de la existencia. Es el mundo del esteta, pendiente siempre de una nueva experiencia emotiva, pero incapaz de abrigar un compromiso.

Sin embargo, esta vida de libertad ilimitada nunca consigue saciar plenamente. Todo goce es momentáneo y parcial, y el hombre lleva en su interior una aspiración hacia lo infinito. El hombre es incapaz de encontrar sentido para sí, disperso en la multiplicidad de placeres. Este sinsentido interior produce la angustia y la desesperación; tanto más intensas cuanto más consciente es de su modo de vida. Sólo puede salvarse de esa desesperación mediante una decisión: la decisión de adoptar un compromiso, y transformar, así, su existencia en una existencia ética. Se trata, pues, de una opción radical, que no admite matizaciones: se asume el compromiso y se abandona la vida estética.

El estadio ético viene caracterizado por el modo de vida del hombre que asume unos principios morales generales. Esto supone la configuración de la propia existencia de acuerdo con una norma de valor universal. Esta formalización o fijación de la vida, la ve ejemplificada Kierkegaard en la figura del matrimonio. Representa la estabilidad y constancia del compromiso, frente a la variabilidad del flujo del placer. El hombre ético sacrifica el propio placer para afirmar la vigencia de lo universal. Busca la felicidad en la realización personal del imperativo ético. Sin embargo, está condenado a la perpetua insatisfacción, pues es incapaz de realizar en perfección dicho imperativo.

El hombre descubre su falta de autosuficiencia moral, la incapacidad de todo esfuerzo de voluntad para hacerse eficaz, y toma conciencia de su condición de pecador. La conciencia del pecado imposibilita toda felicidad, y manifiesta la insuficiencia del estadio.

Para salvarse de la angustia del pecado, el hombre necesita arrojarse a la fe, dando, de esta forma, el salto al estadio religioso de la existencia. Rechazar el pecado sólo conduce a la desesperación, pues, una y otra vez, experimentamos la amargura de nuestro fracaso moral. Sólo podemos salvarnos mediante el acto de fe, en el cual afirmamos al mismo tiempo nuestro pecado y la causa eficaz de nuestra redención. En la fe, reconocemos nuestra impotencia ante la omnipotencia divina, y en ella alcanzamos la paz de la esperanza. El anhelo de infinitud que el hombre encierra no se satisface mediante la afirmación de un universal moral, sino en la relación con una Personalidad infinita. En esta relación, el hombre alcanza su auténtica existencia individual, su ser verdadero, que es ser ante Dios.

La dinámica de los tres estadios de la existencia aparece en radical oposición a la dialéctica hegeliana de la constitución de la autoconciencia absoluta. Como ya hemos señalado, no existe conciliación superadora de los diversos momentos, sino disyuntiva exclusiva: o lo uno o lo otro. El principio motor de este proceso no es la Idea, que se despliega de modo necesario, pasando de un momento a otro sin solución de continuidad. Este principio es, ahora, la decisión libre del individuo: una opción personal que salva el abismo que separa los diversos estadios. El paso de un estadio a otro es un salto; por lo que es imposible reducir a razón el curso del proceso. Además, la meta de este proceso no es la posición absoluta del Infinito superador de toda oposición, sino, bien al contrario, la realización plena de un individuo, que sólo alcanza su verdadero ser en la relación —diferenciación— con el Ser trascendente. El idealismo hegeliano no puede hacer que el hombre se entienda a sí mismo, porque tal filosofía, con su visión necesitaria del devenir, escamotea la decisión, y la vida es decisión.

Angustia y desesperación

En la descripción del recorrido a lo largo de los tres estadios existenciales, ha aparecido varias veces el término "angustia". Este es uno de los conceptos más profusamente sembrados por la doctrina kierkegaardiana en las filosofías posteriores que se inspiraron en ella. La angustia —como ya hemos visto— es la condición interior del sujeto, que precede al paso de un estadio a otro. Hay que hacer notar que esta precedencia no significa causalidad. La angustia no es la causa de la decisión; ésta es un acto libre del individuo, que empeña todo su ser en dicho acto. La transición de una etapa a otra no la realiza el individuo impulsado por el empuje de la angustia. Es un salto que el hombre lleva a cabo al comprometer su libertad. La angustia no es razón suficiente del salto.

Con mayor claridad podemos entender este punto al considerar la definición que Kierkegaard da de la angustia: el deseo de aquello de lo que se tiene miedo. No se trata, pues, ni de un impulso ni de un retraimiento, sino de la simultaneidad de ambos. Es atracción y repulsión, al mismo tiempo; y, por tanto, un estado interior que, por sí mismo, no explica ningún movimiento del hombre, ya sea en un sentido o en otro. Puede entenderse la angustia como un vértigo, que nos retrae del abismo, pero que, a la vez, es atracción del vacío. La angustia es el vértigo de la libertad. El hombre siente atracción por su libertad, por el uso de ella, por la experiencia de "ser capaz de"; pero, al mismo tiempo, descubre en la libertad la posibilidad del pecado y de la culpa: la libertad es la posibilidad del fracaso moral. El hombre angustiado desea eliminar el pecado, que le lleva a la amargura del remordimiento. Pero se ve incapaz, pues su misma libertad es la puerta del pecado. La perpetua conciencia del pecado le sume en la tristeza y desesperación.

La única vía de salida es el salto de la fe. Pero la posibilidad de este salto suscita la máxima angustia. La fe es el salto al vacío, al abismo de lo ignoto e incomprensible. Atrae y repele. Es la renuncia a la propia libertad, y el abandono en la absoluta libertad divina. Es la aceptación de la impotencia moral, y el recurso desesperado a la omnipotencia salvadora de Dios. Este salto no elimina la conciencia del pecado, pero hace que podamos vivirla con un sereno pesar, y no con un amargo resentimiento.

Quien no da este salto, cae inevitablemente en la desesperación. Esta es la verdadera "enfermedad mortal" que Kierkegaard diagnostica en sus contemporáneos. Desesperar es siempre, en definitiva, desesperar de sí mismo. Al rechazar la fe, el hombre se niega a sí mismo al querer autoafirmarse. La desesperación, en su modo más estricto, es la rebeldía del hombre contra lo eterno, la pretensión de ser él sin referencia a Dios. Pero el modo de ser del hombre es "ser ante Dios": su yo es un "yo teológico". Por esto, en su autoafirmación absoluta, niega su ser absolutamente. La desesperación no es sólo un estado emotivo, es fundamentalmente una contradicción existencial.

Nuevamente observamos el fondo claramente religioso de la doctrina de Kierkegaard. Los conceptos de angustia y desesperación aparecen en estrecha conexión con la idea de pecado, y, en cierta manera —especialmente, el segundo— se identifican con él. En concreto, la idea de pecado luterana, que grava sobre la conciencia, en la vivencia abrumadora de una culpa imposible de reparar.

Fe y absurdo

La fe es un salto, un riesgo: la completa inseguridad humana que se trueca en absoluta seguridad en lo divino. El hombre pierde todo apoyo en lo temporal, y se abandona en las manos de lo eterno. El salto de la fe no puede ser paliado ni aminorado por la razón. La fe kierkegaardiana se acerca a la fe del "credo quia absurdum". Es la paradoja, la aceptación sumisa en la completa perplejidad. Kierkegaard pone como prototipo de hombre de fe a Abraham, que —según él— sacrifica toda razón en el acto de confianza en lo divino. La razón no es el camino hacia Dios. Es la conciencia del pecado lo que nos sitúa frente a El, pues en ella experimentamos la contradicción de nuestra incapacidad de salvación y nuestra ansia de ella, de nuestra finitud y de nuestra ambición de infinito, de nuestra separación de Dios y de nuestra necesidad de El. Sólo la fe nos permite alcanzar a Dios, sin negar su infinita diferencia y trascendencia respecto de nosotros. No así la razón, que hace de Dios nuestro objeto, es decir, que encuentra un Dios hecho a imagen y semejanza nuestra.

La fe no es el término de un proceso intelectual. Es, al mismo tiempo, el abandono absoluto y la posición total del hombre entero: su culminación existencial, el compromiso de todo su ser, la determinación suprema de su existencia. Si la verdad es subjetividad, la verdad de la fe no puede ser sino pura subjetividad. En el acto de fe, el conocimiento objetivo no juega ningún papel. La fe es el riesgo de la aceptación apasionada de una "incertidumbre objetiva". La aceptación de aquello que es incomprensible, pero que necesito desesperadamente, pues en ello radica la completa determinación e interiorización de mi ser. El hombre que cree asume la contradicción interior que supone la incapacidad de conocer el objeto de su deseo y la imposibilidad de desear otra cosa. La verdad de la fe es la incertidumbre que se presenta como necesariamente asumible.

Kierkegaard no niega el contenido objetivo de los dogmas, pero minimiza su valor en favor del carácter existencial de la fe. Subraya el carácter mistérico de la verdad revelada para potenciar el valor moral, de humildad y compromiso, del acto de fe. Parece establecer una relación inversa entre el grado de objetividad de una verdad y su grado de subjetividad, o capacidad de interiorización-determinación del sujeto. Las verdades más objetivas o susceptibles de conocimiento objetivo —las verdades matemáticas, por ejemplo— no son comprometedoras de la existencia humana. Por el contrario, la verdad de la fe, que es plenamente determinante, es plena subjetividad: compromiso incondicional, entrega total del sujeto. El acto de fe parece corresponder exclusivamente a la voluntad, sin intervención alguna de la inteligencia. Por ello insiste Kierkegaard en que no es un acto definitivo, como sí lo es el conocimiento de una cosa, sino que ha de ser constantemente repetido.

Su enfrentamiento radical al racionalismo hegeliano, le ha llevado a eliminar toda racionalidad en el ámbito de la fe. Frente a la razón, que hacía la fe innecesaria, afirma la fe como escándalo de la razón. En Hegel, Dios era alcanzado en el continuo y necesario curso de la dialéctica. En Kierkegaard, Dios es el fruto del esfuerzo desgarrador del hombre que niega toda mediación entre él y Dios. El filósofo danés sospechaba la presencia de Hegel en todo intento de penetración especulativa de la Revelación. Tales proyectos le parecían vanas pretensiones de encontrar una vía fácil y cómoda de acceso a la fe; la búsqueda de un consuelo racional que endulzase su aceptación. Acusaba a la Iglesia luterana oficial de haber rebajado las exigencias del verdadero cristianismo. Y quizá por su celo ardiente de autenticidad, definió la fe desde la consideración unilateral de su aspecto psicológico, olvidando así su dimensión objetiva. De esta manera, parece que el valor de la fe radica más en el esfuerzo del hombre que en su propio contenido. Puede decirse que una fe así definida mira más al hombre que a Dios.

Kierkegaard representa un esfuerzo sincero de ruptura con el inmanentismo moderno, y en favor de un realismo que posibilite la trascendencia del ser respecto de la conciencia. Por otra parte, su crítica a la Iglesia luterana hizo que su postura se acercase, en muchos puntos, al catolicismo. Subrayó el valor del sacrificio, del sufrimiento y abnegación, criticando la concepción protestante de la salvación por la sola fe. Sin embargo, no llegó a realizar plenamente ninguna de las dos empresas. Su filosofía continúa centrada en el sujeto, y la espiritualidad luterana late en toda su obra. Tanto en su definición de la verdad cuanto en su visión de la fe, la subjetividad aparece como el auténtico centro de gravedad.

Fuera de su país, la filosofía de Kierkegaard apenas fue conocida. Permaneció en la oscuridad hasta que, ya entrado el siglo XX, fue recuperada por teólogos alemanes; y alcanzó su máxima celebridad con el movimiento existencialista, que de ella se alimentó en gran parte.

3. NIETZSCHE

Vida y obras

Friedrich Wilhelm Nietzsche nació el 15 de octubre de 1844, en Röcken, en la Sajonia prusiana. Su padre, pastor luterano, murió en 1849, en dramáticas circunstancias. Nietzsche creció en un ambiente femenino, e impregnado de una severa y pietista religiosidad. Realizó sus primeros estudios en el Gymnasium de Naumburgo, donde residía, y los continuó en el internado de Pforta, conocido por la rigidez de su instrucción luterana. Pronto sintió admiración e interés por el espíritu y la cultura de la Grecia clásica. En 1864, ingresa en la Universidad de Bonn para iniciar sus estudios de filología clásica. También asiste en ella a cursos de teología. Un año después, se traslada a la Universidad de Leipzig. Parece que por esta época se produce su abandono de la fe. Allí, descubre las obras de Schopenhauer, que le impresionan positivamente, e inicia su prolongada amistad con Richard Wagner, que también admiraba el espíritu vitalista de Schopenhauer.

Apenas finalizados sus estudios, la Universidad de Basilea —siguiendo recomendación de Ritschl, maestro del joven Nietzsche— le nombra profesor de filología. Desde esta localidad, realiza frecuentes visitas a Wagner, que también residía en Suiza. Durante la guerra franco-prusiana, se alista como voluntario en el ejército alemán, pero tiene que conformarse con un destino en el cuerpo de sanidad. Pronto cae gravemente enfermo y tiene que ser retirado. Una vez recuperado, regresa a sus funciones docentes. En 1872, publica *El origen de la tragedia sacado del espíritu de la*

LA REACCION ANTI-RACIONALISTA

música, en la que exalta la energía y el vitalismo wagnerianos frente a las pautas racionalistas y burguesas de la cultura oficial. Entre 1873 y 1876, aparecen los cuatro ensayos que componen *Consideraciones extemporáneas*. Nietzsche presenta a Schopenhauer y a Wagner como adalides de una nueva vitalidad cultural, portadora del auténtico genio griego. Pero, poco a poco, la admiración por Wagner se va trocando en recelo hasta llegar a una ruptura y animadversión total. Nietzsche comienza a sentirse utilizado por Wagner como medio de propaganda, y descubre que, bajo el aparente vitalismo de su arte, late cierta nostalgia de cristianismo, una inclinación a recuperar, en maridaje con la vida, los valores cristianos. Entre 1878 y 1879, compone *Humano, demasiado humano*, y seguidamente *Aurora* (1881) y *La Gaya Ciencia* (1882). Estas obras corresponden al llamado segundo período, en el que por breve tiempo, su pensamiento se muestra más cercano al racionalismo ilustrado, positivista y cientifista que antes había rechazado como corruptor de lo vital; aunque también están presentes algunas de las ideas más claramente nietzscheanas, como la repulsa de toda moralidad ascética y la afirmación de un materialismo radical. Por motivos de salud, tiene que abandonar su cátedra de Basilea en 1879, manteniéndose gracias a la pensión que se le adjudica. Los siguientes diez años de su vida transcurren en constantes cambios de residencia, entre diversas localidades de Suiza y norte de Italia, buscando mejoría para su salud y tranquilidad para su espíritu. La idea del eterno retorno le viene a la mente en 1881, como si de una "revelación" se tratase. A partir de este momento, comienza a escribir las obras más representativas de su pensamiento, en las que retoma y radicaliza sus primeras ideas: *Así habló Zaratustra* (1883-1885), *Más allá del bien y del mal* (1886), *La genealogía de la moral* (1887). En 1888, compone una serie de ensayos: *El ocaso de los ídolos*, *El Anticristo, Ecce homo* —escrito autobiográfico—, *El caso Wagner;* en los cuales, la violencia de los ataques y el extremo patetismo de su estilo, anuncian el desequilibrio espiritual de Nietzsche. A excepción del último, estos escritos —junto con el *Zaratustra*— sólo fueron publicados años después. El 3 de enero de 1889, cae enajenado en las calles de Turín, presa de un colapso mental, del que ya no se recuperará plenamente. Es internado por un tiempo en una clínica de Basilea. Con algunos momentos de lucidez, vivió el resto de sus días bajo los cuidados de su madre y, después, de su hermana. Muere en Weimar, el 25 de agosto de 1900. Sus obras le dieron fama y, por fin, despertaron el interés y la resonancia tan ansiados, cuando ya Nietzsche había perdido la lucidez mental. Después de su muerte, apareció *La voluntad de poder*, en la que se recogen anotaciones que Nietzsche había preparado años antes.

La vida contra la razón

La obra de Nietzsche no constituye un sistema. Una mente tan enemiga del logicismo hegeliano y de toda razón esquematizante no podía —ni pretendía— expresarse sistemáticamente. Sus obras son un desbordante delirio literario, repletas de expresiones vigorosas que, en ocasiones no poco frecuentes, adquieren tonos brutales y desmedidos. En ellas, parece hablar, más que la razón, la misma vida en su ardiente fogosidad, el espíritu de Dionisos que tanto vindicó. Pero bajo esta forma, de brillante y espectacular energía, cabe descubrir un contenido de nociones e ideas, que puede ser estructurado temáticamente.

Nietzsche encarna máximamente la reacción de lo vital contra aquella razón absoluta que pretendía, en sí misma, absorber y dominar toda realidad. Nietzsche es —y se sabe— fundamentalmente un contradictor, una mente subversiva y demoledora, como él mismo confiesa: "Un día mi nombre irá unido a algo formidable: el recuerdo de una crisis como jamás ha habido en la tierra". Y exclama orgulloso: "Yo no soy un hombre, soy dinamita". Pero este afán revolucionario y destructor, tan radicalmente asumido, carga a su obra de un sentido fundamentalmente negativo.

Nietzsche recoge de Schopenhauer la contraposición entre vida y razón: la razón no puede hacerse cargo de la vida porque ésta es precisamente lo opuesto a aquélla. La vida es irracionalidad, curso ciego y sin sentido. Y, por tanto, horror y dolor. Hasta ahora, la ciencia, la moral, la religión, han intentado *entender* la vida y, para ello, le han asignado una verdad, un valor y un sentido objetivos. Pero con ello no han hecho sino enmascararla, ceñirla con una engañosa apariencia, privándola así de su auténtica energía y vitalidad.

El espíritu de la tragedia: lo apolíneo y lo dionisíaco

En el primer momento —"estético"— de su pensamiento, Nietzsche descubre en el arte griego, y especialmente en el espíritu de la tragedia, la única forma adecuada de enfrentarse con la vida en su auténtica condición. La clave de tal espíritu se encuentra en la conciliación de lo apolíneo y lo dionisíaco, elementos que Nietzsche cree ver plasmados en la versificación y diálogo —el primero— y en la música y danza coral —el segundo—. Lo dionisíaco constituye lo impulsivo y pasional, la emersión desenfrenada y desnuda de la vida, el libre brotar de lo vital con toda su entraña sórdida y tenebrosa. Lo apolíneo comprende la forma y la medida, el revestimiento bello que, como velo de Maya, proporciona ornato y presencia estética a lo crudamente vital. De este modo, la vida era afirmada en su irracionalidad, al hacer de ella un fenómeno estético. Mediante la conexión de lo apolíneo y lo dionisíaco, la vida era afirmada estéticamente, transformada en arte; la sombría sinrazón de la vida no era negada sino que, por el contrario, todo lo terrible que hay en ella quedaba afirmado al ser transformado en algo estéticamente sublime. El verdadero arte es necesariamente afirmador de la vida, expresión de plenitud, libertad y vigor, y enemigo, por tanto, de todo lo universalizante y abstracto, de toda normatividad homogeneizante y encorsetadora. El arte es expresión de la individualidad excelsa. Este es el ideal humano que Nietzsche extrae de la tragedia griega: el héroe trágico, cuya fuerza se manifiesta en el cumplimiento de su destino fatal.

  Pero este ideal ha sido rechazado a partir del surgimiento de la falsa cultura racionalista, inaugurada por Sócrates y continuada por toda especulación posterior. La cultura racionalista ha pretendido encorsetar, sujetar y deprimir la vida. El actuar de la razón es siempre uniformante y mediocrizante, sofoca y narcotiza el ímpetu de lo vital, obstaculizando siempre la pujanza de la excelencia individual. Nietzsche reclama una vuelta al espíritu de la Grecia presocrática, a aquella cultura telúrica, en la que la Naturaleza aparecía como un universo germinando constantemente por obra de un principio vital, de una fuerza interior y animadora, a cuyo seno regresaba con la muerte, para volver a nacer de nuevo. Naturalismo, fatalismo y sentido cíclico de la vida: nociones que vertebran la doctrina de Nietzsche y que serán desarrolladas posteriormente.

Transmutación de todos los valores

  La afirmación de la vida exige reaccionar no sólo contra la razón sino también contra la moral. Todo lo que hasta ahora se ha llamado moral debe ser destruido, pues ha sido levantado sobre una base que no es otra que el rechazo y la negación de la vida. La moral contra la que Nietzsche se revuelve es la moral del ascetismo y la renuncia, la moral que postula la sujeción y el sometimiento de lo vital: la "moral de esclavos". La fuente de esta moral es sólo el resentimiento frente a la vida en su expresión pletórica, frente a la fuerza y energía de los poderosos. Ante la imposibilidad de alcanzar dicha plenitud vital, los hombres de ánimo servil se rebelaron y establecieron como valores lo que no era sino expresión de su debilidad. Canonizaron así las formas de su vivir pusilánime, y, para poner freno a la fuerza de los poderosos, elevaron a la categoría de valor moral todo aquello que fuera expresión de debilidad y que contribuyese a retener la vida en sus grados menos viriles: caridad, humildad, resignación, misericordia, etc. En vez de asumir la vida en su auténtica y cruda faz, la negaron e intentaron dulcificarla estableciendo dichos valores, y creando la ficción de un más allá, plenamente gratificante y prometido a los sumisos a aquellos ideales. Esta moral es una moral gregaria, que postula los valores del grupo y condena los individuales, pues es en el grupo cómo el débil se defiende del fuerte.

Frente a la moral de esclavos, Nietzsche propone la moral de señores, la moral aristocrática, de los fuertes y poderosos. Una moral que exalta la individualidad, la personalidad prominente y excelsa. Sus valores recogen todo aquello que expresa nobleza, arrogancia y altivez, todo aquello que conviene al ánimo señorial, magnífico y enérgico. La erección de esta moral exige la trasmutación de todos los valores, la negación de la negación de la vida.

Pero, a pesar de su evidente naturalismo, Nietzsche no pretende la anulación de toda moral, de todo valor, permitiendo así el imperio de la pura y desnuda fuerza física, del mero dominio fáctico. Su ataque se dirige contra la moral de renuncia y ascetismo, en defensa de la moral de la vida; y esta moral no se reduce a la aceptación de la simple fuerza fáctica y biológica. Si así fuera, se daría la paradoja de que la moral de los esclavos sería la verdadera moral de la vida, ya que, *de hecho*, logró imponerse a la moral de los señores. La concepción nietzscheana de la vida quiere distanciarse del puro biologicismo de corte positivista. La vida, su expresión, su fuerza y presencia, no es simple hecho sino cualidad: "la concepción mecanicista no quiere más que cantidades, pero la fuerza se halla en la cualidad": la fuerza no es sólo cuestión física. Nietzsche diferencia clases de fuerza y no acepta todo lo espontáneamente biológico por el hecho de serlo. La debilidad puede encontrarse tanto en lo moralizante como en lo inmoral; y, por ello, detesta también las acciones viles, plebeyas e indignas, así como los gustos y apetitos pura y zafiamente carnales. El carácter afirmador de la vida de la auténtica moral no estriba en la desnuda fuerza física, en la capacidad de dominio fáctico, sino en lo que sus valores expresan: la vida en su pletórica y más alta condición. La moral de señores no es tal porque sus valores tengan fuerza, sino porque éstos son expresivos de fuerza, de energía: de vida ascendente y no de vida decadente. A ellos responde todo aquello que conviene al gesto heroico y magnífico, a la postura y al vivir hierático y enérgico.

Creación de valores y "muerte" de Dios

Esta nueva moral es la propia de los hombres superiores, cuya superioridad no consiste en el mero hecho de haberse liberado del yugo de aquella moral que deprime la vida, sino que, por el contrario, tal liberación es fruto de aquella superioridad. Por eso Nietzsche no se contenta con preguntar: "¿libre de qué?", sino que pide respuesta a otra pregunta más definitiva: "¿libre para qué?". La personalidad que define la moral de señores no es pura espontaneidad biológica libre de todo freno, sino tarea y empeño: creación de valores. El hombre superior es aquel que alberga la vida en la plenitud de su energía; que por tanto, no necesita el abrigo de la grey; y que, desde su soledad excelsa, puede crear valores, puede dictaminar el sentido y la finalidad del mundo y de sí mismo. Es una voluntad creadora, de grandiosos deseos y libertades.

"Esta voluntad —confiesa Nietzsche— es la que me alejó de Dios y de los dioses, porque ¿qué podría yo crear si hubiera Dios?" La negación de Dios es condición necesaria para afirmar la vida creadora, así como la afirmación de Dios es negación de la vida en plenitud, traba y sujeción. Por ello, declara tajantemente: "Dios ha muerto", sin detenerse en análisis teóricos, pues la falsedad de Dios viene dada de suyo en su enemistad respecto de la vida. El cristianismo es odio a la vida, es la máxima expresión de esa moral de esclavos instauradora de la debilidad. Nietzsche condena "todo lo que es cristiano o está inficionado de cristiano". Su lema es: "Dionisos contra el Crucificado". Aunque —consecuentemente con su postura— conserva cierta admiración hacia todo aquello que el catolicismo posee de esplendor, magnificencia y dignidad, a diferencia del luteranismo.

Frente a la vida ultraterrena, predicada por el cristianismo, Nietzsche proclama la unicidad de este mundo y la "inocencia del ser". Afirma radicalmente: "yo soy por entero cuerpo, y nada más". La vida es lo único real y es como es: no hay bondad o maldad en ella, no es un fenómeno moral, es sólo vida. La moral, la promesa de un mundo futuro, es sólo un disfrazar la vida con una máscara de muerte. Hay que derrumbar todos los valores construidos sobre el cristianismo pero sin caer en el puro nihilismo. La moral de la vida ha de ser creadora de nuevos valores, de valores que expresen la pujanza vital del hombre superior. Este ideal humano, Nietzsche cree encontrarlo en la original alma germánica, desnuda de todo cristianismo y de toda romanidad, de toda cultura racionalizante y socrática, en combinación con el espíritu de la Grecia mítica y heroica.

La voluntad de poder

Siguiendo a Schopenhauer, Nietzsche concibe esencialmente la vida como voluntad; pero esta voluntad no es ya —como en el caso del primero— voluntad de vivir, sino voluntad de poder. La voluntad supone ya la vida, por lo que aquélla no puede ser sólo voluntad de vivir, voluntad de lo que ya es, sino voluntad de algo más, de más vida, de poder. El bien y el mal, el placer y el dolor, se determinan en función del poder, potenciándolo u obstaculizándolo: es bueno "todo lo que aumenta el sentimiento de poder". Toda vida, toda manifestación o actividad vital, es sólo voluntad de dominio. Esta voluntad es el principio de inteligibilidad de la vida: sólo puede entenderse la vida si se la concibe como voluntad de poder. En consecuencia, el obrar de la razón, el conocimiento, sólo es, en definitiva, afán de dominio. Saber es siempre saber para la vida, una acción vital. Todo conocimiento no es más que un instrumento de poder, un amoldar la realidad a las exigencias y expectativas de nuestra vida.

Nietzsche rechaza el pesimismo que el dolor y sinsentido de la vida despertaban en Schopenhauer. En éste, la voluntad se encontraba con la paradoja de tener que negarse como voluntad de vivir para liberarse del drama de la vida. Nietzsche repudia todo ascetismo y autonegación. La liberación no puede consistir en la negación de la vida, que es lo único real, sino en su afirmación. La vida es voluntad de poder, y ésta se realiza como tal, al afirmar la vida a pesar y por encima del dolor e irracionalidad de la vida. La voluntad de poder se expresa y actualiza plenamente en este afirmar la vida, por cuanto se trata de una afirmación sin apoyo, sin motivo ni razón, una afirmación absolutamente gratuita: pura voluntad, puro poder. Así como, en Kierkegaard, la fe era un creer contra toda esperanza, en Nietzsche, el poder, la voluntad, es un querer contra toda razón.

Este querer no es otro que el "amor fati": no la resignación, sino el amor de lo necesario, de lo irremediable e incorregible. La superioridad del hombre-señor se manifiesta en el asumir y querer decididamente la amargura y crueldad ineludibles de la vida, su acontecer inmutable, su destino y fatalidad: afirmar la vida tal como es, sin pretender dulcificarla con una ideal esperanza de mejora. Este querer libera al hombre de toda esclavitud pues convierte la realidad de todo ser en voluntad propia: es su voluntad que todo sea como es y ha sido. De nuevo nos encontramos con el modelo del héroe trágico, cuya grandeza se manifiesta en la fidelidad al destino inevitable.

El eterno retorno

Este fatalismo no afecta sólo a la vida histórica del hombre, sino a la vida en su totalidad, al universo entero. El mundo es sólo eterno retorno de lo mismo, destino necesario y repetitivo, sin transformación ni novedad. Ante el hombre, no hay alternativa ni libre elección; la única posibilidad que se le ofrece es la afirmación de lo único que hay, de lo único real, de lo necesario y siempre igual. La libertad que nos proporciona la muerte de Dios queda reducida a la libre asunción de lo ineludible. El eterno retorno pretende hacer del mundo un universo cerrado y vertido sobre sí mismo, autosuficiente y subsistente en su circularidad dinámica sin termino, y carente de toda referencia y sentido que no sea puramente inmanente. Esta perpetua repetición es, en definitiva, el autoafirmarse cósmico del mundo, la vida que realiza su poder en esta afirmación universal de sí misma sin buscar sentido ni razón.

El superhombre

La transmutación de todos los valores, la destrucción de la moral de esclavos y del cristianismo, y la muerte de Dios, han de dar paso a una empresa positiva: el advenimiento del "superhombre". "Dios ha muerto. Ahora queremos que viva el superhombre", afirma Nietzsche. El nihilismo en que queda el hombre tras aquella universal crisis debe ser superado mediante el establecimiento y realización del nuevo ideal: el superhombre. El superhombre es la manifestación perfecta, la encarnación de la voluntad de poder; el modo de existencia humana plenamente vital, auténticamente afirmadora de la vida. No es un producto de evolución involuntaria sino el fruto de aquella transmutación radical llevada a cabo por la acción decidida de hombres superiores. La disolución de todo criterio racionalizador, de todo lo universalizante y homogeneizante, dará libre cauce al surgimiento de superindividuos, de individualidades excepcionales y sublimes. Estos no serán ya contempladores y receptores de la verdad de las cosas, sino creadores: darán a las cosas su valor y su verdad.

Pero, al margen de estas promesas entusiastas y visionarias, Nietzsche no consiguió definir acabadamente el contenido de su nuevo ideal, y permaneció así en el vacío ocasionado por su furia destructora. Y no consiguió definirlo porque tal empresa era imposible. El superhombre implicaba el rechazo de toda definición y concreción, pues pretendía ser, como realidad humana, la integración y actualización completa y última de toda dimensión vital sin distinción alguna; la posesión de toda potencia y actividad, en su pleno desarrollo, sin condicionamiento ni mengua para ninguna. Nietzsche lo definió en algún momento como "el César romano con el alma de Cristo". El superhombre rebasa todo límite.

El nihilismo de lo humano sin límite

Nietzsche pretendió encerrar demasiado contenido en la inmanencia de lo humano y terreno, y forzó estas realidades hasta quebrarlas. Quiso saciar su sed de infinito en lo finito, y ensanchó lo finito hasta desintegrarlo. Su afán de radicalidad y autenticidad, le llevó a revolverse ferozmente contra todo aquello que para él significaba límite o condición, y quedó en el vacío de lo ilimitado negativo; en el vacío y nihilismo que supone la concepción de la vida como un absoluto, como una realidad cuyo único sentido es ella misma, su autoafirmación. El poder —afirmación de la vida— constituye el máximo de actualización de la vida, por lo que se trata de un poder sin ningún *para qué*. Pero, ciertamente, el poder no tiene razón de fin sino sólo de medio y, por tanto, su entidad queda vacía sin una ordenación a un fin ulterior.

Sus obras están plagadas de contradicciones, de falta de concreción y definición; pero no puede negarse la convicción y el afán de sinceridad que las anima. Su ritmo interior no podía ser el de una lógica metódica y premiosa, sino el de un incesante debatirse sin saldo definitivo, un esfuerzo constante sin estacionamiento ni meta estable posible.

Es posible que —como se ha observado frecuentemente— su obra sólo pueda ser entendida desde la misma personalidad atormentada del autor, desde la vivencia de su enfermo psiquismo. Ciertamente, su doctrina no fue sólo una elaboración teorética sino, también, una expresión existencial. Pero tampoco comprenderíamos plenamente su filosofía, no alcanzaríamos a descubrir todo su valor y mensaje, si no la interpretásemos en relación con la corriente de especulación que le precede. Desde esta óptica, su obra aparece como el precipitado —no querido, ni reconocido, pero propiciado— de todas las reducciones y negaciones del criticismo anterior. Nietzsche aparece como la expresión límite y radicalmente auténtica del nihilismo que iba abriéndose paso en la égida del espíritu inmanentista.

4. FREUD

Es bien sabido que la doctrina de Freud —el psicoanálisis— pertenece propiamente al campo de la psiquiatría. Sin embargo, tiene sentido incluir su estudio en el contexto de la historia de la filosofía por varias razones. Lo que originalmente surgió como método de investigación y terapia de las neurosis, se convirtió progresivamente en teoría general, no sólo del comportamiento humano, sino de la misma naturaleza del hombre y de sus manifestaciones todas: historia, cultura, religión, etc... Se transformó así en una determinada antropología que, por otra parte, ya se encontraba latente en el fondo del psicoanálisis en su primera concepción. La vida de la doctrina psicoanalítica —génesis y evolución— no se ha desarrollado al margen por completo del pensamiento filosófico. En la constitución de la obra freudiana encontramos claras resonancias de Schopenhauer y, sobre todo, de Nietzsche: la exaltación de lo vital frente a lo racional, la dicotomía entre lo dionisíaco y lo apolíneo, los conceptos de libido y sublimación, etc. Y es innegable que la figura de Freud ha incidido en algunas de las corrientes más representativas del curso posterior de la filosofía: por ejemplo, en el existencialismo (Sartre) y en el marxismo (Marcuse). A los ojos de algunos, se trata más bien de una pseudofilosofía, en razón de su origen espurio. Nace en el seno de un saber particular —no filosófico— y se erige en filosofía por extrapolación acrítica y gratuita de sus contenidos. Aunque esto es cierto, hemos de reconocer que el psicoanálisis no representa, en la historia del pensamiento, el primer caso de este tipo de hipertrofia. Y, junto a esto, hemos de tener en cuenta que la mayoría de los observadores ven en la obra de Freud uno de los principales componentes del espíritu occidental del siglo XX.

Vida y obras

Sigmund Salomon Freud nació el 6 de mayo de 1856 en Freiberg, Moravia, región de la Checoslovaquia actual, entonces perteneciente a Austria-Hungría. Su padre era un rabino judío. Por razones económicas, la familia se trasladó a Viena cuando Freud apenas tenía cuatro años. En esta ciudad transcurrió casi toda su vida. En 1873, comienza sus estudios universitarios, en la Facultad de Medicina. Pero sus intereses se orientan más hacia la investigación y explicación del comportamiento humano que a la práctica clínica. Quizá por esta razón, asiste a las clases de Brentano, atraído por la psicología de corte científico natural del primer momento de éste. Se gradúa en 1881. Se dedica a la investigación de las alteraciones nerviosas, y es nombrado profesor de Neuropatología en 1885. Inmerso en el ambiente reinante, positivista y ansioso de objetividad científica, acepta la idea antipsicologista de que todo fenómeno psicopatológico tiene una causa somática. Se traslada a París, para investigar bajo la dirección del prestigioso J.M. Charcot, que había alcanzado renombre por sus estudios sobre la histeria. Abandona, entonces, la hipótesis vigente en los círculos de Viena, y admite que las alteraciones de conducta e, incluso, motoras pueden ser producto de fenómenos puramente psíquicos, no orgánicos, y que, por tanto, admiten una terapia también psíquica. Se trata de conflictos que actúan en el paciente sin que éste lo sepa, pero cuyo efecto puede eliminarse mediante una acción de descarga a través de la hipnosis. Entre estos conflictos, comienza ya a destacar por su importancia los de carácter sexual. En 1886 contrae matrimonio con Marta Bernays, de la que tiene 6 hijos. Regresa a Viena y se aplica a consolidar y difundir sus nuevos principios. Después de una serie de experiencias fallidas, descubre deficiencias en el método hipnótico y lo abandona, sustituyéndolo por la libre evocación de vivencias y recuerdos por parte del enfermo. A la expresión oral, espontánea y acrítica, se le asigna la función catártica que antes desempeñaba la hipnosis. Con esta práctica se intenta que, en un estado de plena relajación del sujeto, afloren eventos que por su conflictividad han sido retirados del campo de la conciencia mediante una censura automática. En 1898, publica *Sobre el mecanismo psíquico del olvido*, y en 1900, *Interpretación de los sueños*. En 1904, aparecen sus *Tres ensayos sobre la teoría sexual*. Alrededor de Freud, se constituye, en Viena, el primer núcleo de adeptos, y rápidamente cobra seguidores en otros puntos de Europa. Sin embargo, pronto se produce la escisión, a causa de las posturas dogmáticas y extremas del maestro. Algunos de sus más destacados discípulos —Adler y Jung, por ejemplo— no admitirán su radical pansexualismo. El áspero carácter de Freud también facilitó la separación. Su doctrina se va haciendo cada vez más ambiciosa y totalizante. En 1927, publica *Totem y Tabú* y *El porvenir de una ilusión*. La última etapa de su vida es especialmente dramática y dolorosa. Casi toda su familia cae en un campo de exterminio nazi. El logra escapar gracias a la intervención de un amigo, y huye a Inglaterra. Desde hacía años, sufría un cáncer de estómago, que acentuó el pesimismo de su espíritu, hasta llevarle a concebir su propia eutanasia. Murió en Londres, el 23 de septiembre de 1939. Después de su muerte, fue publicado su último *Esquema del psicoanálisis*.

El inconsciente: instancia prioritaria del comportamiento

Freud distingue en la psique humana un fondo inconsciente y un plano superior, que es el de la actividad consciente. En el inconsciente se encuentran los radicales psicológicos del hombre, de tal suerte que el proceso determinante de la conducta camina desde lo inconsciente a lo consciente. Mientras las tendencias o impulsos de este fondo fluyen libremente hasta la conciencia, la vida psíquica del individuo es plenamente normal. Pero si encuentran alguna resistencia en su emerger, y son rechazados del plano consciente al inconsciente, se produce entonces la alteración patológica del individuo. En su estado normal, el yo busca espontáneamente el modo más fácil de satisfacer sus apetitos, aunque no sepa que tales apetitos vienen determinados por su inconsciente. Cuando estas inclinaciones son experimentadas en la conciencia como conflictivas, el yo aplica a ellas una censura, que reprime su flujo espontáneo. Esta represión significa la inversión del proceso natural, que ahora va de lo consciente a lo inconsciente, y, por tanto, el desequilibrio psíquico del sujeto.

Esta censura no implica que la conciencia se convierta en determinante de la conducta. La vida psíquica es siempre, en su fundamento, inconsciente, y sólo en su manifestación última, consciente. La conciencia representa, por tanto, una característica terminal, pero no la índole propia de su naturaleza. El inconsciente o yo originario sigue siendo determinante de la conducta, pero, ahora, a causa de la resistencia impuesta, su acción es viciada y su flujo procede de modo forzado y torpe. Emerge, pues, desvirtuado, provocando trastornos y disfunciones, que manifiestan la desnaturalización de la psique humana.

Vemos aquí actuando dos instancias: el yo originario o inconsciente, y el yo consciente y propiamente "yo" (también denominados "id", "ello" o "es": consciente o inconsciente, respectivamente). El primero es instinto o impulso de placer, llamado también "libido". Comprende toda dimensión erótica, es decir, el "eros" entendido en sentido general, aunque su factor primordial lo constituye la sexualidad. El yo consciente representa el ámbito del sujeto que es afectado por el mundo exterior, que, mediante esta influencia, condiciona en él la configuración de criterios, valores e intereses. En el yo originario rige el principio de placer, y en este último, el principio de realidad, que supone un freno para aquél y una búsqueda de seguridad. El yo consciente es, en cierto sentido, artificial, es decir, convencional, en cuanto que es efecto de condiciones externas y no del espontáneo surgir del yo originario. Por ello, no es puramente instintivo, sino que alberga finalidades; lo que le hace divergente del originario o, dicho de otro modo, moral.

Más tarde, y por influencia de su propio discípulo Jung, Freud incluirá en el yo inconsciente, junto con el instinto de placer, el instinto de destrucción: "eros" y "tanatos". Sin embargo, este impulso acabará siendo interpretado como simple consecuencia de la represión del instinto erótico.

Sublimación y superego

Sobre la base de este instinto, Freud lleva a cabo una interpretación general de la conducta humana. Así establece, por ejemplo, su conocido "complejo de Edipo". El impulso sexual se orienta en las primeras etapas de la vida del hombre hacia la madre. Esta atracción explica el comportamiento del infante. El afecto hacia la madre aparece acompañado por la aversión al padre, que representa un represor y un rival. La figura disuasora paterna es la causa del mantenimiento del grupo familiar y, de este modo, toda la sociedad deriva de la represión del incesto.

Freud reduce toda dimensión de la vida humana a instinto sexual, mediante el concepto de "sublimación". Todo deseo, toda aspiración o intención del hombre no es más que una sublimación del apetito sexual, que se esconde, como verdadera realidad, en acciones humanas aparentemente muy distintas —e, incluso, opuestas— de ese impulso. Como hemos visto, la libido, cuando es censurada, no deja por ello de actuar; pero, ahora, adopta formas externas que tienen un carácter ideal para el yo consciente o convencional. Se dirige no hacia su objeto natural —satisfacción del placer—, sino hacia el mismo yo o, mejor dicho, hacia lo que el yo desearía ser a tenor de las convencionalidades del mundo exterior. Se convierte así en una libido narcisista, que disfraza su verdadera naturaleza en deseos que aparentan sustituir e, incluso, repudiar los instintos primigenios. El objeto de estas formas desvirtuadas de libido es un yo ideal o "superego", que representa la hipostatización de todas las convencionalidades represoras del medio social. Este "superego" ejerce una función de censura sobre el impulso erótico, que se manifiesta entonces de forma enmascarada, es decir, en deseos y aspiraciones que no son más que sublimaciones de aquél, pero que bajo esta apariencia no repugnan a tal "superego".

Todas las leyes, la sociedad, la cultura y, aun, la religión, son sólo resultados de la sublimación del apetito sexual. Dios mismo no es más que la sublimación de la figura del padre. El "superego" es un ideal y, al mismo tiempo, en cuanto modelo no realizado, la fuente del sentimiento de culpabilidad. Este sentimiento nos sitúa, en la dimensión religiosa, frente a un Dios-juez, que es la representación sublimada del padre en cuanto censor del apetito hacia la madre. Obviamente, ningún deseo que sea una sublimación del auténtico puede satisfacer el real apetito de placer. La felicidad es sólo la libre satisfacción de los instintos. Toda conducta que esté configurada por sublimaciones es una perpetua frustración y, por ello, se encuentra próxima a la neurosis, si no es ya un modo de neurosis.

La terapia para toda neurosis consiste en hacer presente a la conciencia la verdadera índole de los deseos, los motivos reales de la conducta, que son ocultados mediante una censura, por su carácter conflictivo respecto del "superego". La catarsis se produce cuando la conciencia es capaz de tenerlos presentes, evitando toda crítica o juicio valorativo.

Naturalismo antirracionalista

Freud parece reclamar una vuelta a la naturaleza, en contra de todo convencionalismo y artificio. Bajo la capa de la cultura, la moral, la sociedad, se esconde el hombre natural, bien distinto a esas falsas apariencias. Idea, ésta, de claro sabor schopenhaueriano. Pero lo natural del hombre queda entonces reducido a lo inconsciente, a lo que de menos humano hay en él, a lo instintivo y animal. Toda manifestación del espíritu, de la inteligencia, se disuelve en expresión desvirtuada de lo impulsivo y libidinoso. Freud lleva a cabo un antropología de signo radicalmente naturalista y biologicista, un profundo reduccionismo del ser humano. Muchas de sus observaciones fueron valiosas, y no puede negársele el mérito de haber señalado la incidencia de factores inconscientes en la conducta humana. Pero absolutizó tales factores, y pretendió traducir en términos de sexualidad toda dimensión humana —incluso, los sueños— cayendo así en interpretaciones simplificadoras y gratuitas.

La conducta viene determinada desde el oscuro fondo de los impulsos inconscientes, por lo que toda libertad y responsabilidad se transforman en simples quimeras. Quizá sea esto una de las razones que explican la vasta difusión de las ideas de Freud. La crisis de confianza en lo racional como vía indefectible de progreso, que el desprestigio del hegelianismo había incoado y que las dos grandes guerras vinieron a consolidar, propició en el espíritu europeo la aceptación de una doctrina que exculpaba de todo fracaso y descargaba de todo esfuerzo superador.

La fuerza de convicción de la que ha gozado el psicoanálisis se debe en gran parte al carácter "científico" con el que es presentado por los casos y experiencias en los que dice apoyarse. Ciertamente, los fenómenos estudiados son de alto interés para la psiquiatría, pero las conclusiones extraídas no se justifican en virtud de esas experiencias, sino que son producto de los criterios subjetivos con los que fueron valoradas aquéllas. Lo decisivo no es la fenomenología de esos casos sino los criterios con los que se juzga qué es lo patológico en ellos. Además, muchos de los mecanismos psíquicos lanzados como hipótesis por Freud, nunca han llegado a ser comprobados científicamente.

Decir que el hombre actúa por motivos inconscientes, distintos de los que cree seguir, los cuales sólo son sublimación —enmascaramiento— de aquéllos, y que esto es así porque la conciencia aplica una censura a los motivos inconscientes, que por tanto no pueden aflorar tal como son, es algo más que problemático de sostener. Si nuestros verdaderos motivos actúan inconscientemente, será porque aquella censura habrá sido también inconsciente y no por obra de la conciencia, pues la conciencia sólo puede rechazar lo inconsciente haciéndolo consciente, haciéndose cargo de ello. De lo contrario, no se explica cómo lo inconsciente y lo consciente puedan afectarse mutuamente, pues ambos se mueven en planos distintos del comportamiento humano. Aunque los diferencia nominalmente, Freud reduce en realidad los diversos niveles de la conducta a uno solo.

En consecuencia de lo dicho cabría afirmar que lo patológico no está en la censura misma sino en el hecho de que dicha censura sea inconsciente. Lo cual implica que el camino a seguir no es liberar lo instintivo de la presión de la conciencia, como Freud pretende, sino liberar al hombre de lo instintivo mediante la actuación rectora de la conciencia. En la actuación humana, la preeminencia corresponde a la conciencia y no a lo inconsciente.

En contra del mismo Freud, su propia terapia parece indicar esto mismo. La conducta alterada se corrige evocando libremente, es decir, haciendo conscientes, los motivos actuantes de forma inconsciente. El tomar conciencia de ellos nos libera de su presión. Pero ahora, tanto el dejar fluir libremente los instintos, como el dirigirlos racionalmente, constituye una decisión consciente, una toma de postura y un juicio de valor: es la conciencia quien determina el camino a seguir, y lo hace en virtud de criterios conscientes. Que se deba tomar el primer camino es pues una conclusión gratuita, que en modo alguno se infiere de la presencia de movimientos inconscientes en nuestro interior. Todos tenemos experiencia de esos movimientos (prontos, reacciones maquinales y súbitas, etc.), pero también tenemos experiencia de que tales movimientos pueden ser —y suelen ser— dominados cuando actuamos libre y deliberadamente, es decir, de modo verdaderamente humano.

Una de las paradojas de la teoría freudiana es que ella se invalida a sí misma si la sometemos a un examen según los criterios del psicoanálisis. Si las manifestaciones y creaciones del espíritu y de la inteligencia, si la cultura y la moral, no son más que sublimaciones, que en el yo-convencional expresan enmascaradamente los instintos del yo-originario, ¿en qué queda el constructo conceptual de Freud, según estos mismos principios?

Ciertamente, Freud puede ser incluido entre las posturas claramente antihegelianas. Lo propio del hombre no es lo racional sino lo irracional. No es en la plena conciencia donde el hombre alcanza su máxima posición; por el contrario, su ser definitivo se encuentra en lo oscuro e inconsciente. Su verdadera naturaleza consiste en ese sustrato profundo, inalcanzable para la razón. Esa naturaleza no asciende a su realización plena mediante la elevación al plano racional, mediante su racionalización. La intervención de la razón es siempre desvirtualizadora de lo natural, y fuente de trastornos. La perfección consiste en mantener lo natural tal cual es: instintivo e inconsciente. La razón, que adopta finalidades y objetivos reflejos, no domina la naturaleza, sino que la violenta y corrompe. Frente a la pacífica autoposesión de la Idea, conciliadora de toda oposición, Freud postula el espontáneo y ciego desbordamiento de la libido inconsciente. Es claro que no entiende otra racionalización de lo pasional que no sea la mera represión y contención, sin ningún carácter de elevación y orientación. Su misma doctrina parece encarnar, respecto de Hegel, esta actitud meramente negativa. Frente al racionalismo extremo, la negación de toda racionalidad: frente a lo puramente "apolíneo", lo puramente "dionisíaco".

Intentó eliminar del comportamiento humano toda finalidad, por considerarla un carácter exclusivo de lo racional. Pero el mismo instinto o impulso encierra también una intencionalidad, una tensión desde el objeto. Está, por tanto, dotado de sentido, lo cual lo hace aprehensible por la razón, que puede asumirlo en su modo espontáneo, o reconducirlo, introduciéndolo en el curso superior de las finalidades racionales.

Es de destacar la afinidad existente entre la antropología de Freud y la concepción marxista del hombre como ser de necesidades materiales. En ambos casos, la felicidad se cifra en la libre satisfacción de estas necesidades. Su entorpecimiento supone el conflicto —neurótico o social— y la desnaturalización de la existencia humana —sublimación o alienación—. No es de extrañar el intento de Herbert Marcuse de llevar a cabo una síntesis de estas dos doctrinas.

Capítulo IV

EL EMPIRISMO SOCIOLOGICO DEL XIX

1. El positivismo de Comte

Introducción

Mientras el racionalismo y empirismo modernos se desarrollaron en el ámbito germánico, a partir de Kant, hacia el idealismo y la posterior reacción antihegeliana; en el ámbito francés, la línea seguida fue, en gran medida, distinta e independiente. La filosofía francesa permaneció fundamentalmente afincada en el espíritu empírico-cientifista, dando lugar al denominado "positivismo", y marcada fuertemente por una clara orientación hacia las cuestiones sociales.

El mecanismo cartesiano, el empirismo inglés y el auge de las ciencias naturales, alimentaron el pensamiento de Condillac y de los enciclopedistas franceses, que radicalizaron las ideas recibidas. Entre estos últimos, Holbach, de la Mettrie y Helvetius, llegaron a un materialismo tan extremo como ingenuo. Junto con esta inspiración, el pensamiento ilustrado era portador de un mensaje de contenido social. La fraternidad universal y la plena felicidad del hombre se alcanzarían como fruto del desarrollo sin límites de la razón humana, y no por efecto del cristianismo. La idea del Progreso indefectible sustituía a la Providencia divina. Este espíritu sentó las bases, en lo social, de la Revolución de 1789, y en lo filosófico, de la corriente posterior que se llamó "La Ideología", que vino a continuar aquel materialismo radical, y cuyos más claros exponentes son Destutt de Tracy y Cabanis.

La caída del Antiguo Régimen, y la disolución de las instituciones sociales que lo integraban, suscitaron la necesidad de una nueva reflexión que aportara los fundamentos del orden social verdaderamente humano. Dos posturas principales surgieron ante el problema planteado por la Revolución: la de los tradicionalistas (de Maistre, de Bonald) y la de los reformadores, también llamados "socialistas utópicos" (Fourier, Saint-Simon, Proudhon). La doctrina de los primeros se sitúa en neta oposición al movimiento revolucionario: la Revolución es mera acción destructiva, incapaz de producir de verdad un nuevo régimen; se trata de una etapa puramente disgregadora, a diferencia de las etapas orgánicas y aglutinantes, que sí producen sociedad. Contrarios al individualismo contractualista, conciben la sociedad al modo organicista: como un orden con entidad propia, permanente e inmodificable, cuya naturaleza es irreducible a mero producto a partir del individuo, y cuyo fundamento último es siempre de carácter religioso. Por su parte, los reformadores —sin matizar aquí sus diferencias—, aunque también ven la Revolución como un período fundamentalmente crítico y disolvente, la consideran necesaria e indispensable para poder asentar, después de la eliminación de lo antiguo, los cimientos de la nueva sociedad.

Entre esos reformadores, hemos de destacar a Saint-Simon, ya que Comte fue secretario y colaborador suyo durante siete años. Durante su juventud, tuvo como preceptor a d'Alambert, uno de los más destacados enciclopedistas, y recibió de su mano el espíritu de estos pensadores. Al contrario de los tradicionalistas, no pretendió recuperar el pasado, sino que se aplicó a plantar los cimientos del nuevo orden social, convencido de ser portador de tamaña misión. Sustituyó la concepción liberal y parlamentaria por un modelo de sociedad industrial y cooperativa, regida científicamente, como un gran organismo de producción, en el que cada individuo posee su lugar adecuado. Predicó un "nuevo cristianismo", en el que la fraternidad universal no se realizaría ya en la unidad de la fe sino en la común acción productiva. De su enseñanza, recogería Comte no sólo la teoría de los tres estados, sino también el mismo término de "filosofía positiva".

Vida y obras

Auguste Comte nació en Montpellier el 19 de enero de 1798, en el seno de una familia profundamente católica y monárquica. Sin embargo, a los 14 años, había perdido la fe. En 1814 comienza sus estudios en la Escuela Politécnica de París. Poseía grandes dotes intelectuales, un espíritu metódico y una personalidad fuerte y ambiciosa. Alternó sus estudios con la lectura de las obras de Hume, Destutt de Tracy, Adam Smith, Condorcet, Diderot y de los tradicionalistas. Si a estos estudios y lecturas sumamos su contacto con Saint-Simon y lo que de él recibió, tendremos ya el núcleo del que germina el pensamiento de Comte, tan separado de la corriente idealista, que desconoció por completo. En 1817, empezó a colaborar con Saint-Simon, que le procuró un gran caudal de ideas y conocimientos. Gracias a ello, concibió un *Plan de trabajos científicos para reorganizar la sociedad*, que publicó en 1822. Pero en 1824, rompió con Saint-Simon, acusándole de utilizar sus propios trabajos. Se casó con Carolina Massin al año siguiente. Tuvo que dedicarse a enseñar su filosofía privadamente, a un reducido y selecto auditorio, ya que no consiguió un puesto docente oficial. El exceso de trabajo y su desafortunado matrimonio provocaron en él una profunda crisis nerviosa, que le llevó incluso a intentar el suicidio. En 1829, ya restablecido, reanudó sus cursos y alcanzó notable prestigio. Comenzó a publicar su *Curso de filosofía positiva* en 1830, y fue completándolo en años sucesivos. Sin embargo, le siguió siendo denegada la cátedra oficial, y se mantuvo precariamente, gracias a las aportaciones de amigos y discípulos. En 1844, publica su *Discurso sobre el espíritu positivo*. Se separa definitivamente de su mujer, y conoce a Clothilde de Vaux, de la que se enamora apasionadamente. Pero ella murió al poco tiempo, en 1846. Comte idealizó su figura como símbolo de la nueva humanidad que habría de nacer con su filosofía positiva. Muchos han visto en su relación sentimental con Clothilde de Vaux y en la temprana muerte de ésta, la causa de la orientación religiosa del último período de la obra de Comte. Entre 1851 y 1854, publicó el *Sistema de política positiva*, en el que, a partir de su filosofía positiva, instituye la nueva religión de la humanidad. El *Catecismo positivista* aparece en 1852. Durante sus últimos años, emprendió la elaboración de una gran síntesis de todas las ciencias y saberes que debían componer el nuevo espíritu positivista, pero no pudo terminarla. Murió de cáncer de estómago, en París, el 5 de septiembre de 1857.

Reforma de las ciencias y reforma social. La Sociología

Todo el sistema de Comte está impregnado de un decidido propósito de reforma social, heredado, como hemos visto, del ambiente intelectual en el que nace. Pero no pretende llevar a cabo tal reforma de modo directo, mediante el establecimiento de nuevas instituciones y estructuras, al estilo de los socialistas utópicos. La lectura de los tradicionalistas le hizo ver que todo modelo social se apoya primariamente en un espíritu característico, en una mentalidad o forma de pensamiento vigente. Por ello, era necesario, en primer lugar, llevar a cabo una reforma de las ciencias, que sirviera de base sólida para la posterior configuración de la sociedad. Esta trascendencia social que vio en el conocimiento científico, fue el verdadero motor que impulsó su tarea de análisis y rectificación de las ciencias. Pero la nueva sociedad no significaba una ruptura completa con la anterior a la Revolución, una creación de instituciones completamente nuevas y diferentes. De las doctrinas tradicionalistas, recogió también la idea de una estructura esencial y permanente, que toda sociedad que lo sea de veras ha de mantener inmutable. No se trataba, pues, de cambiar las instituciones, sino de transformar sus bases. Comte convenía con los tradicionalistas en la idea de un núcleo constitutivo esencial de toda sociedad, pero participaba también de la noción de progreso de los ilustrados. El orden social pre-revolucionario estaba asentado en unas bases de carácter teológico y religioso. La Revolución había puesto de manifiesto —y, de aquí, su conveniencia y necesidad— la insuficiencia y la debilidad de tales bases, pero a ello se había reducido su papel. Se imponía establecer un nuevo fundamento que fuera acorde con el progreso de la razón; lo cual significaba que dicho fundamento debía serlo la misma Ciencia.

Pero la sociedad es un orden unitario, por lo que su base ha de ser una base unificadora. El esquema es, pues, el mismo que el tradicional: una unidad social, fundamentada en una unidad doctrinal. Por este motivo, se hace imprescindible una reforma del conocimiento científico, que reduzca a unidad la dispersión de las ciencias. La filosofía positiva lleva a cabo esta unificación del saber, estableciendo para todas las ciencias unas ideas directrices, unos principios metodológicos generales y una serie de características esenciales, que todo quehacer científico debe respetar, como condición de su propio estatuto epistemológico y de su integración en el sistema unitario de la Ciencia. De este modo, aunque cada ciencia busque primordialmente la verdad de su propio campo, el conjunto de todas ellas, en cuanto sistema unitario del saber, aporta la fundamentación eficaz del orden social.

Sin embargo, esta fundamentación no es sólo fruto inmediato de la unificación de las ciencias, que, aunque unificadas, siguen centradas en sus objetos particulares. La reforma social exige la constitución de una ciencia que tenga por objeto el mismo fenómeno social: la Sociología; término que Comte introduce en el pensamiento universal. Esta ciencia se sitúa en la cima de todo el sistema positivista de las ciencias. Representa el último escalón del desarrollo sucesivo de las diversas ciencias, a lo largo del cual cada una sienta los fundamentos y condiciones de posibilidad de la siguiente. Esta ciencia terminal, así alcanzada, constituye el sólido cimiento y el principio rector del cuerpo social, y, por tanto, elimina el aleatorio sistema parlamentario. Comte, que es enemigo de la ideología liberal, niega al pueblo la soberanía, para concedérsela a la Ciencia.

La ley de los tres estados

Toda la doctrina de Comte se encuentra vertebrada por su conocida ley de los tres estados: teológico, metafísico y positivo. Esta ley es la "ley general de la marcha progresiva del espíritu humano" y afecta tanto al modo de conocimiento como al modo de sociedad e, incluso, al modo de ser del individuo. Significa, al mismo tiempo, una doctrina de la ciencia y una filosofía de la historia. Cada momento no encierra sólo un estado determinado del conocimiento humano, la vigencia de un método y de un sistema conceptual, sino que define una caracterización total de la realidad humana.

El estado teológico corresponde al intento de explicación última de lo natural a partir de lo sobrenatural. La mente humana atribuye a la acción de causas trascendentes la constitución y el curso de los fenómenos naturales. Representa el dominio de la imaginación sobre la inteligencia, por eso también se denomina "estado ficticio". Se distinguen en él tres etapas sucesivas: etapa del fetichismo, etapa del politeísmo y etapa del monoteísmo. Esta última es la más perfecta, en cuanto supone la unificación del principio explicativo de la naturaleza, y adquiere su culminación con el catolicismo. En lo social, se caracteriza por un tipo de régimen teocrático y militar, con un fuerte sentido de la autoridad y de la disciplina. Es, ciertamente, un período orgánico, productor de ricas y perdurables instituciones, pero cuyo fundamento sólo será válido para un pensamiento aún mítico y simbólico.

Además de la dimensión intelectual o cognoscitiva, Comte distingue en el hombre otras dos dimensiones fundamentales: la activa y la afectiva. La ley de los tres estados indica también el progreso de estas dos dimensiones del hombre, que se desarrollan a la par que la primera. El progreso intelectual significa incremento del carácter positivista del conocimiento; el progreso de la actividad, un mayor pacifismo e industriosidad; y el progreso afectivo, el dominio de la tendencia altruista sobre la egoísta, que son las dos tendencias fundamentales de la afectividad humana.

Junto con lo dicho anteriormente, el estado teológico se caracteriza, en lo referente a la dimensión activa, por las guerras de conquista, como medio de subvenir a las necesidades del hombre. Y en el plano afectivo, por el predominio del egoísmo, que se manifiesta en el afán de una inmortalidad y de una felicidad individuales y sobrenaturales, es decir, independientes del conjunto de la Humanidad.

En el estado metafísico, se sustituyen las causas trascendentes e hipostatizadas por entidades y esencias, inmanentes a los fenómenos y abstractas. Es una etapa metafísica o abstracta. Alcanza su culminación intelectual con la unificación de todas las entidades en una sola entidad o causa universal: la Naturaleza. Comienza esta etapa en los albores de la Edad Moderna y termina con los corolarios de la Revolución. Socialmente, es una época metafísico-jurídica, más sensible a los derechos que a los deberes, y, por tanto, fundamentalmente crítica y revolucionaria. El primer fenómeno disolvente lo representa la Reforma protestante y su doctrina del libre examen. Culmina con el movimiento revolucionario, que elimina todo principio de autoridad y proclama el dogma de la soberanía popular. También viene caracterizado por las guerras defensivas y la anulación de la egoísta concepción sobrenatural de la felicidad. Es, pues, fundamentalmente, un período de transición.

El estado positivo adviene con el pleno establecimiento —por obra de Comte— del sistema positivista de la Ciencia o filosofía positiva. El conocimiento positivo implica el abandono de las pretendidas explicaciones últimas de la íntima constitución de los fenómenos, y la supeditación a la observación de los hechos dados, para la posterior determinación de las leyes que regulan su sucesión y semejanza. Su perfección consiste en la unificación de los conocimientos científicos mediante principios metodológicos y leyes definidas, de validez y capacidad explicativa cada vez más amplias. Es una etapa esencialmente científica e industrial. La actividad del hombre es plenamente pacífica y productiva, merced al desarrollo de la técnica. En el plano afectivo, se alcanza el dominio de la tendencia altruista, desarrollada por la acción plenamente productiva y benéfica, y por la nueva religión positiva o de la Humanidad, que Comte establece en el último período de su pensamiento. El estado positivo es la etapa auténticamente orgánica, capaz de instituir el orden social que produjo el catolicismo en la Edad Media, pero dotándole de un fundamento verdaderamente sólido, es decir, no teológico sino científico.

La diferencia entre el estado positivo y los otros dos anteriores no estriba en que, en aquél, todas las ciencias alcancen el estatuto de conocimiento positivo, mientras que en los precedentes, carezcan por completo de tal condición. Las ciencias se jerarquizan según la simplicidad y consiguiente generalidad de su objeto: a medida que éste es más complejo, su extensión es más limitada. Sólo el conocimiento de lo que es más simple permite pasar al conocimiento de lo que posee mayor complejidad. Según este mismo orden, los saberes han ido alcanzando sucesivamente el nivel científico o positivo a lo largo de la historia: empezando por las matemáticas y la astronomía, y acabando con la sociología, que es fundada como ciencia positiva por Comte. De este modo, en los dos primeros estados, ya había ciencias que gozaban del carácter positivo; pero sólo cuando todo el edificio del conocimiento es unificado como sistema positivista y coronado con la sociología positiva, adviene, entonces, el estado positivo.

Son patentes las dificultades y escollos históricos con que tropieza esta tripartición del devenir del hombre. Representa uno más de tantos intentos de interpretar la historia mediante un esquema *a priori* y simplificador. Sin embargo, Comte insiste en que puede ser comprobado por cada uno, a la vista de su propia experiencia personal: en la infancia, todo hombre es fundamentalmente mítico y dogmático; en la juventud, crítico y abstracto; y en la madurez, positivista y prudente, es decir, conciliador de orden y progreso.

Al mismo tiempo, resulta interesante vislumbrar algunos rasgos familiares entre la interpretación de Comte y la filosofía de Hegel, a pesar de su distancia e independencia. La ley de los tres estados parece dotada de cierta cadencia dialéctica; y, así, el último de ellos presenta carácter de síntesis, conservando las instituciones del primero, pero conciliadas, ahora, con el progreso racional, que las socavó en el segundo.

Positivismo

La ciencia positiva es aquella que sólo toma como objeto de su investigación los fenómenos o datos sensibles, con el único fin de establecer las leyes que regulan las relaciones entre ellos, su sucesión y su regularidad. Unicamente es objeto de conocimiento científico aquello que es observable y verificable empíricamente, lo que admite cuantificación y expresión en forma de ley. Toda cuestión acerca de la naturaleza o constitución intima del hecho empírico carece de verdad científica. El positivismo rechaza toda metafísica, tanto sus respuestas como sus preguntas. Por eso prescinde del "qué", del "porqué" y del "para qué" de los fenómenos, limitándose a determinar el "cómo", que es lo único verificable. Por la misma razón, tampoco se detiene a pensar si el atenerse exclusivamente al dato sensible implica un escepticismo fenomenista de corte kantiano. Tal planteamiento es netamente metafísico. Comte se conforma con dar por supuesto que el hecho empírico posee realidad, y no es mera representación subjetiva.

La finalidad de las leyes es la previsión de los hechos futuros, que nos permite actuar con independencia de su observación inmediata. La ciencia se ordena por tanto a la utilidad, a la satisfacción de necesidades: "conocer para prever a fin de proveer". La practicidad es una de las notas esenciales del conocimiento positivo. Todas las ciencias se hacen solidarias mediante esta común orientación hacia las necesidades humanas. Junto con la utilidad y la previsión, el conocimiento positivo se caracteriza por la unificación: por la reducción de fenómenos diversos a leyes analíticas comunes, que hagan homogéneos progresivamente ámbitos y ciencias diferentes. Pero, en virtud de estos mismos criterios, Comte somete las ciencias a dogmáticos recortes y restricciones. Rechaza todo análisis que, según él, represente excesiva atomización de los fenómenos y especialización de las ciencias. Elimina, por considerarla inútil y sin término, toda investigación que trascienda el campo de nuestra experiencia vital. De este modo, sus criterios científico-positivos le llevan a frenar el progreso de la ciencia, limitando su libertad de acción con férreas cadenas.

Comte establece seis ciencias fundamentales: matemáticas, astronomía, física, química, biología y sociología. La filosofía no es una ciencia más o el conocimiento de un objeto distinto. La filosofía positiva es la misma unificación sistemática y jerárquica de todas las ciencias, la síntesis unitaria del conocimiento positivo, en la que cada ciencia actúa como parte integrada. Comprende, por tanto, el análisis de todas las ciencias y el establecimiento de las condiciones de su unidad y positividad. La filosofía es, pues, una ciencia de las ciencias, y el filósofo, un "especialista en generalidades".

En la enumeración precedente, observamos que no existe ciencia intermedia entre la biología y la sociología. Comte rechaza todo conocimiento humano que implique introspección u observación interior. Tal conocimiento no admite verificación ni expresión legal alguna. El saber acerca del hombre es únicamente o biológico o sociológico. Y dado el carácter positivo de ambas ciencias, es obvio el determinismo mecanicista de la concepción comtiana del hombre.

Estática y dinámica social

Comte pretende constituir la sociología como ciencia plenamente positiva, al modo de las ciencias anteriores. Se trata de la ciencia suprema y más útil: su objeto es el más complejo y su conocimiento provee en plenitud al hombre. El descubrimiento de las leyes necesarias del desarrollo social le permiten actuar en el mismo sentido de ese desarrollo, y acelerar así el progreso. Como ya vimos, Comte, inspirado en los tradicionalistas, concibe el progreso social como perfeccionamiento del orden esencial, no como creación novedosa. Orden y progreso determinan la división de la sociología en "estática social" y "dinámica social". Esta última comprende la aplicación sociológica de la ley de los tres estados, que ya vimos anteriormente. La "estática social" estudia la anatomía profunda de toda sociedad, definiendo sus estructuras y órganos naturales y permanentes. Entre estos, Comte incluye la familia, la división del trabajo o cooperación, la propiedad, el poder —temporal y espiritual— y la religión, como factor principal de cohesión social. El estado positivo representa el establecimiento perfecto del tejido formado por estos órganos, sobre la base de la ciencia positiva, y no de la teología; haciendo que cada institución produzca sus efectos adecuados y asegurando el correcto entrelazamiento de todas ellas. En la sociedad positivista, el poder espiritual estará en manos de los sabios y científicos, y el temporal, en las de los industriales.

La religión de la Humanidad y la moral

La última etapa del pensamiento de Comte adquiere un sesgo netamente religioso, aunque sin modificar su doctrina anterior. Instituye la "religión de la Humanidad", en la que intenta calcar todas las formas externas del catolicismo, llenándolas ahora del espíritu positivista. Establece así un culto, una liturgia, unos sacramentos e, incluso, un calendario positivista. El Dios ficticio del cristianismo es reemplazado por el Gran Ser, real y observable, que es la Humanidad, compuesta por todos los seres —presentes, pasados y futuros— unidos en su contribución común al progreso social. La egoísta inmortalidad individual es sustituida por la altruista inmortalidad en la memoria de la Humanidad. El mismo Comte se autodenominó Gran Sacerdote de esta nueva religión.

Al final, introduce, como culminación de la sociología, la ciencia moral, que es una moral del sentimiento. La plena incorporación a la Humanidad sólo se consigue a través del sentimiento altruista, que nos lleva a vivir para el prójimo. El amor es el principio supremo de unidad y progreso, pues sólo él es afirmación radical del otro. La razón y la ciencia no son suficientes. Sólo el amor nos permite superar la afirmación egoísta del yo y reconocer a la Humanidad como el único y real sujeto moral. La filosofía positivista de Comte termina instaurando como ciencia suprema la moral del sentimiento, que representa la hegemonía del corazón sobre la razón. Por este motivo, casi todos sus seguidores rechazaron esta etapa final, que parecía significar una vuelta al estado teológico.

Comte ejerció una dilatada influencia en la filosofía siguiente, aunque el positivismo posterior tomó caracteres muy diferentes de los del sistema comtiano. La crisis del idealismo le facilitó gran número de seguidores. En el pensamiento francés, prolongaron el espíritu positivista Littré, Renan, Lévy-Bruhl y Durkheim, entre otros. En el mundo anglosajón, alcanzó gran difusión gracias a la obra de John Stuart Mill, en la que convergieron el positivismo de Comte, la tradición empirista inglesa y el utilitarismo de Bentham; y que fue el germen del posterior pragmatismo americano, de William James.

2. LIBERALISMO Y PRAGMATISMO

En la formación del pensamiento liberal influyen toda una serie de factores, tanto ideológicos como históricos. Para comprender el sentido y la evolución de esta doctrina, es necesario tener en cuenta las ideas y los hechos que explican su auge a lo largo del siglo XIX y su prolongada vigencia hasta la actualidad.

Por lo pronto, el liberalismo debe ser entendido como una aplicación de los ideales de la Ilustración. El principio de autonomía absoluta de la razón se configura como un objetivo a lograr en todos los ámbitos de la existencia humana: éste es el denominador común de la exaltación política de la libertad individual, del subjetivismo moral, del deísmo. El siglo XIX será el escenario de aplicación del liberalismo clásico, que había tenido en Locke, Hume, Rousseau y Montesquieu sus más destacados precedentes. En varios países de Europa y América se consagra la división de poderes y la democracia representativa. A este respecto, suele señalarse una diferencia importante entre el liberalismo doctrinario francés, de corte racionalista y proclive al estatismo, y el liberalismo anglosajón, más individualista y respetuoso con la experiencia de la tradición, de acuerdo con su propensión al empirismo y al escepticismo.

También es necesario tener en cuenta la influencia decisiva del pensamiento económico del siglo anterior y de fenómenos tales como el maquinismo y la revolución industrial, cuya espectacularidad parecía confirmar en un primer momento las expectativas de progreso generadas en la época de la Ilustración. Recogiendo las teorías de Quesnay, Adam Smith había elaborado unas previsiones para el funcionamiento de la economía, que apuntaban a una concurrencia del interés privado y el público. El descubrimiento de unas leyes del mercado le llevó a presagiar un incremento generalizado de la riqueza, siempre y cuando el poder político respetara el funcionamiento autónomo de las leyes económicas. Esta creencia irá perdiendo fuerza con el paso del tiempo, pero forma parte de ese cuerpo de doctrina que el liberalismo va configurando al aplicar a los diversos ámbitos de la actividad humana el principio de la autonomía individual.

El utilitarismo de J. Bentham (1748-1832)

El fundador del utilitarismo estableció en su obra más importante, *Principios de la moral y de la legislación*, uno de los presupuestos en el que se apoya buena parte del pensamiento liberal: el principio de utilidad ha de reemplazar al antiguo derecho natural y a las teorías del contrato social en tanto que fundamento de la sociedad política. De acuerdo con la tradición positivista, la moral debe ser elaborada sobre hechos empíricos y no sobre ficciones. La extensión del método experimental exacto "desde la física a la moral" exige apoyarse en el placer y el dolor, como motivos determinantes de la acción humana. La tendencia al placer y el rechazo del dolor se convierten así en los hechos incontrovertibles sobre los que se edifica un sistema científico de la moral y la política. El deber, el bien y la justicia no significan otra cosa que el aumento de la felicidad de los individuos y de la comunidad, en términos de incremento del placer y disminución del dolor.

Pese a considerar como evidente el principio de utilidad, Bentham es consciente de que no todos los filósofos lo han aceptado como tal. Por esta razón se ve obligado a descalificar como hipocresía o ascetismo la doctrina moral de la antigüedad, que exigía una sujeción de los placeres a la razón para poder alcanzar el bien y la virtud. También critica la moral kantiana del deber: el deber es indiscernible del interés, no es algo distinto de aquello por lo que *realmente* puede interesarse. Bentham anula en última instancia la moral ya que el principio de utilidad está basado sobre un determinismo psicológico que desconoce la libertad e impide, por consiguiente, el planteamiento de exigencias morales. Si la virtud y el vicio sólo pueden medirse en relación con un excedente de placer y pena, resulta ficticia la introducción del sacrificio y la abnegación que Bentham pretende: la única diferencia, entre el hombre virtuoso que racionaliza los placeres y el vicioso que malgasta la felicidad futura por los placeres inmediatos, es una diferencia de previsión y de cálculo.

La aplicación del principio hedonista a la vida social se traduce en una búsqueda de la mayor felicidad para el mayor número posible de hombres. Bentham trata de aunar la utilidad individual y la utilidad social, lo cual supone que tal resultado pueda obtenerse mediante un *cálculo aritmético* de penas y placeres en orden a la felicidad pública. Pero la concordancia del interés individual y el bien común es algo problemático para una antropología cerrada sobre el individuo, es decir, vacía de toda dimensión humana verdaderamente común.

La filosofía política de Bentham está orientada hacia la construcción de un orden social que no busca una justificación antecedente —en un contrato ficticio o en unos derechos originarios— sino una justificación utilitaria. En cualquier caso, advierte, el mantenimiento de los contratos sólo se justifica a su vez por la utilidad que reporta. Este pragmatismo social conduce a una acción política coactiva —no limitada por unos supuestos derechos humanos— que premie o castigue, según sea el caso, para conseguir que los individuos prefieran el cumplimiento de la ley.

El liberalismo de J. Stuart Mill

A través de su padre, James Mill, recibió Stuart Mill la influencia de Bentham y de los economistas ingleses; a la que hay que sumar la del socialismo utópico de Saint-Simon y el positivismo de Comte, en el marco de un empirismo radical. Su vida transcurrió entre 1806 y 1873. Fue diputado de la Cámara de los Comunes y escribió abundantemente, siendo de destacar el *Ensayo sobre la libertad, Utilitarismo, Consideraciones sobre el gobierno representativo*, su *Autobiografía*, así como diversos tratados de lógica, economía y teología.

El soporte de su filosofía es la lógica inductiva —en contraposición a la lógica deductiva tradicional—, el fenomenismo epistemológico y la psicología asociacionista. Su concepción de la libertad humana está gravada por un positivismo determinista, desde el que resulta difícil conciliar las leyes científicas con la libre actuación del hombre. Mill sostiene que las acciones están condicionadas por estados antecedentes, hasta tal punto que la conducta es tan previsible como cualquier acontecimiento físico. La libertad es entendida como ausencia de coacción exterior y, por lo tanto, resulta perfectamente compatible con el más férreo determinismo psicológico.

Stuart Mill recoge de la tradición inglesa a la que pertenece el principio de la moral utilitarista, según el cual, el bienestar —entendido como placer o ausencia de sufrimiento— es el criterio para establecer la bondad de las acciones. Al igual que Bentham, le reconoce el carácter de principio evidente, que no admite demostración sino que se apoya en una experiencia universal. Pero trata de corregir el enfoque de su predecesor en dos aspectos: por un lado introduce el principio de la determinación cualitativa de los placeres, frente a la simple acumulación cuantitativa. Por otro, tratará de mostrar que la moral del deber no es contraria a la moral utilitaria, sino que puede ser reducida a ésta.

El principio utilitario incluye también el interés general. Precisamente es tarea de la educación desarrollar los sentimientos altruistas frente al egoísmo individual y conseguir que cada uno asocie su propio bienestar al de todos. La filosofía moral de Mill postula esta armonía del mismo modo que ha tratado de elevar el utilitarismo al nivel cualitativo de los placeres del espíritu, dejando intacta la base relativista de dicha doctrina.

En el aspecto social, el pensamiento de Stuart Mill suele ser considerado como un puente entre el liberalismo y el socialismo, correspondiente a una etapa del desarrollo de la teoría liberal en la que ya se hacen sentir sobre ésta la influencia de otras doctrinas y de ciertos acontecimientos sociales, como las revoluciones europeas de 1830 y 1848. Frente a los economistas liberales, que consideraban como algo natural e inmodificable la organización social basada en la propiedad privada, Mill la entiende como una forma histórica variable que puede alterarse para mejorar la situación de los trabajadores. Para ello distingue entre el sistema de producción, sometido a leyes fijas, y el sistema de la distribución, en el que pueden introducirse mejoras en orden a promover la igualdad social. En este sentido apela a una decidida intervención del Estado, exclusivamente limitada por la libertad individual. Aunque —como presentía Tocqueville en la misma época—, Mill advertía por su parte las dificultades de conciliar el socialismo con la libertad individual.

Evolución posterior del liberalismo

Se ha visto cómo el tránsito del liberalismo al socialismo, anticipado en la doctrina de Stuart Mill, no precisa de excesivas correcciones. El fondo ideológico común es tan similar que permite entender a éste como una continuación de aquél en determinados aspectos. Todo depende de lo que se entiende como núcleo configurador de la doctrina liberal. Si se piensa en la teoría de las leyes económicas, la oposición entre ambos es más nítida, y solamente se desdibuja en la segunda mitad del siglo XX, cuando la social-democracia se rinde ante el funcionamiento del mercado. Pero si penetramos en la concepción del hombre, la diferencia es apenas perceptible: uno y otro mantienen un individualismo de fondo, de base materialista en la mayor parte de los casos.

En el contexto del debate entre liberalismo y socialismo, entre el deseo de libertad y la aspiración a una mayor igualdad social, conviene destacar la figura de Alexis de Tocqueville. En sus dos conocidas obras, *La democracia en América* y *El antiguo régimen y la revolución*, se plantea cómo, en la democracia moderna, la pasión por la igualdad puede llevar a despreciar la libertad. Con un penetrante análisis psicológico y sociológico, Tocqueville advierte el riesgo de que los hombres abandonen la libertad que habían conquistado, a cambio de un bienestar garantizado por el Estado. En sus obras profetizó también la aparición de una serie de tendencias sociales que habían de constituir un peligro para la democracia: la polaridad entre dos superpotencias, la sociedad de consumo, la centralización burocrática, los totalitarismos. Todo ello le convierte en uno de los filósofos liberales de mayor actualidad y lucidez.

A lo largo del Siglo XX el liberalismo sufre una serie de modificaciones que le conducen a ser una ideología más en el debate político, desvinculándose en buena medida de las doctrinas filosóficas que le dieron origen. Un juicio global sobre él ha de ser matizado a la vista de la pluralidad de sentidos que dicho término ofrece actualmente. En ocasiones, el término "liberalismo" es utilizado simplemente para expresar el afán de defensa de la libertad del hombre frente a los planteamientos colectivistas y totalitaristas. Sin duda, el liberalismo ha dado lugar históricamente a diversas injusticias y conductas antisociales contra las que el socialismo quiso reaccionar. Pero es obvio que la solución de dicha polémica estriba únicamente en una adecuada interpretación de la libertad —personal, social, económica—, pues sólo su acertada concepción —no materialista, individualista, utilitarista— puede fundar un desarrollo y ejercicio de la libertad verdaderamente humanos.

El pragmatismo americano

Radicado fundamentalmente en la América anglosajona, el pragmatismo recoge la herencia empirista y utilitarista de Locke, Hume y S. Mill, pero imprimiéndole un matiz característico, fruto de la influencia del pensamiento vitalista y biologicista. La validez y verdad de un conocimiento sigue dependiendo de la vinculación de su contenido con la experiencia; pero, ahora, esa vinculación no significa sólo procedencia, sino finalidad: no remite a una experiencia pasada, sino futura. La validez viene definida, más que por el origen y fundamento, por las consecuencias, por la utilidad para la vida. La verdad y calidad de nuestras ideas estriba en su capacidad para prever y mejorar nuestra experiencia futura. El pensamiento es un fenómeno, una operación de la vida, y, surgiendo de ella, lleva impreso su sentido y dirección: es para la vida. Lo verdadero es lo que expresa la realidad, pero la realidad no es algo concluso y acabado: va progresando y enriqueciéndose en la medida en que progresa y se enriquece nuestra experiencia, en la medida en que alcanzamos nuevos contenidos, que establecen nuevas conexiones y relaciones. La realidad se configura en nuestra conciencia, a través de nuestra acción y nuestra vida: se configura como situación para la vida. La verdad es aquello que perfecciona y mejora esa realidad, que la hace más armónica y gratificante, aquello que es útil para la vida. La verdad, por tanto, nunca es definitiva: cambia en la medida en que cambia la utilidad. Y si ésta es idéntica, si las consecuencias prácticas son las mismas, las diferencias teóricas son irrelevantes.

Charles S. Peirce (1839-1914), iniciador de este movimiento, volcó el espíritu pragmatista en el campo de la lógica y la metodología. Bajo la influencia del evolucionismo darwinista, entendió el pensamiento como una actividad vital, como una función o instrumento de adaptación al entorno y de supervivencia. El significado de un objeto radica en las consecuencias que prevemos a partir de él. Las consecuencias prácticas son las que determinan el valor de verdad de una idea. Si tales consecuencias son idénticas para distintas ideas, entonces dichas ideas no son más que formas diversas de decir lo mismo.

William James (1842-1910) llevó a cabo una defensa pragmatista de los valores espiritualistas y religiosos. Contrario a las filosofías monistas, concibió el mundo como un universo pluralista, ajeno a todo determinismo. Para James, lo racional es ordenación a un fin: actuar con vistas a un fin, determinar medios para fines. El conocimiento es, pues, para la acción, el pensamiento para la vida. La utilidad es el criterio de la verdad. El interés de la vida es superior y subordinante del interés del conocimiento. Util no es sólo lo materialmente beneficioso, sino todo aquello que fomenta el desarrollo y mejora de la vida, individual y social. La verdad no es algo general e ideal, sino verdad del aquí y ahora, solución efectiva de problemas y circunstancias: "cash-value" (*cash*: dinero contante y sonante).

El valor de la fe religiosa estriba en los beneficios que para la vida individual y social se derivan de ella. La religión es benéfica para la vida, alienta y estimula, educa y moraliza. Los contenidos de la religión nunca pueden constituir un conocimiento cierto, pero su valor está en su utilidad práctica. El riesgo del error es siempre insuperable. La religión verdadera será aquella que mejor disponga a los hombres para la vida social. La fe religiosa es una función más —una de las más importantes— al servicio de la vida.

John Dewey (1859-1952) fue filósofo y pedagogo, y un escritor notablemente fecundo. Su pragmatismo ha sido calificado como "instrumentalismo". La verdad es un valor instrumental. Nuestras ideas o teorías son modos de reorganizar el mundo, de cara a posibilitar una vida mejor. Nuestro conocimiento no crea la realidad física, pero la configura y la dota de sentido, siendo este conocimiento, este reorganizar la realidad, un esfuerzo de la vida por orientarse y acomodarse. La validez, la verdad de nuestras ideas consiste en esta capacidad para configurar la realidad, para alcanzar una mejor situación de vida, para reorganizar el mundo más beneficiosamente. La filosofía, en Dewey, se convierte esencialmente en patrón de conducta, en conducción de la vida: en un saber de la praxis. Las consecuencias prácticas son el *ubi* de la verdad. Y el fin del conocimiento es el dominio de la Naturaleza y la construcción de una realidad social más perfecta.

En el fondo de todo el pragmatismo, late un claro escepticismo, que conduce a situar en la utilidad práctica el criterio rector de la actividad cognoscitiva. La verdad práctica —entendida como utilidad— se hace soberana y hegemónica respecto de la verdad teórica. Pero esta soberanía no es sino la causa de su debilidad. La verdad práctica sola, sin el concurso de la teoría, es incapaz de decir nada de sí misma, de definirse. En efecto: la doctrina pragmatista deja siempre en la oscuridad y sin respuesta definida en qué consiste lo útil y lo más beneficioso. La utilidad, en cuanto criterio absoluto, queda reducida a un concepto vacío.

Capítulo V

LA FILOSOFIA VITALISTA

1. El evolucionismo de Bergson

Introducción

En el siglo XIX, el racionalismo idealista había sido contestado por las filosofías de Schopenhauer, Kierkegaard y Nietzsche. En el XX, el racionalismo positivista, sembrado por Comte y sus seguidores, también tuvo sus contradictores. El afán de objetividad y de rigor había ido limitando el universo cognoscible, el contenido de la inteligencia y de la vida. La realidad había sido despojada de todo aquello que no era susceptible de conocimiento positivo. Este ambiente empequeñecedor resultaba asfixiante para muchas mentes que experimentaban, clamante, la exigencia de verdad y de sentido por parte de la vida humana. Frente a la hegemonía de lo externo, de lo mecánico y de lo necesario, que el cientifismo había preconizado, las llamadas "filosofías de la vida" reivindicaron los derechos de lo interior, de lo dinámico y de lo espontáneo y libre. Frente a los rígidos y angostos cauces de la ciencia, la inconmensurabilidad y la singularidad de la vida. Aunque, generalmente, sin llegar a extremos y posturas irracionalistas.

Al estudiar el pensamiento de Comte, hicimos una sucinta descripción de la línea seguida por la filosofía francesa, desde la Ilustración hasta el establecimiento del positivismo comtiano. Sin embargo, no fue esta línea la única. Si la doctrina de Destutt de Tracy influyó en Comte, también ejerció su influjo en Maine de Biran. Pero en la obra de este último, el sensismo materialista de la

Ideología sufrió un considerable giro, tomando una orientación más psicologista e interiorista. Dirigió el conocimiento hacia una reflexión sobre la conciencia humana, y destacó la importancia de la experiencia interior y de la espontaneidad activa o volitiva del sujeto, en cuanto caminos para penetrar la realidad. Este nuevo curso se continuó en el denominado "movimiento espiritualista", que se caracterizó por su postura antipositivista, y en el que se encuadran la filosofía de la libertad de Felix Ravaisson y el contingentismo de Emile Boutroux. El primero ya distinguió, adelantándose a Bergson, dos planos distintos en el mundo: el correspondiente al espacio, propio de lo estable y necesario, es decir, de la materia, y en el que actúa la ciencia natural; y el del tiempo, al que pertenecen lo dinámico y espontáneo, es decir, la vida, y que sólo es aprehensible en la experiencia interior. El constitutivo último de la realidad pertenece a la esfera de lo vivo y dinámico, y, por lo tanto, la verdad sólo se alcanza cumplidamente en la interiorización, en el contacto inmediato e intuitivo. Boutroux también consideró la ciencia como incapaz de asir lo más esencial de la realidad. Las leyes generales y los conceptos de la razón abstracta sólo toman de la realidad lo que hay en ella de común y estable, pero no lo más auténticamente real, que es lo vivo y singular, lo contingente e irrepetible: el mundo en su espontaneidad. La ciencia empobrece la realidad, la fosiliza; por lo que su valor no radica en el conocimiento que pudiera proporcionarnos, sino en su utilidad: representa un ahorro de esfuerzos, tanto en la vida práctica como en la vida intelectiva.

Para adquirir una visión suficiente del humus del que germinó la filosofía bergsoniana, hemos de añadir a lo señalado hasta ahora el evolucionismo de Herbert Spencer. Aunque aceptando premisas positivistas, su doctrina establecía una distinción entre lo interno y lo externo. Lo interno corresponde a lo dinámico y vital: es fuerza. Lo externo, a las condiciones de fijeza y estabilidad: es materia inerte. La adaptación de lo interno a lo externo constituye la misma realidad. Bergson abrazó, en un primer momento, la doctrina evolucionista de Spencer, pero después, intentó conservarla purificada de sus rasgos naturalistas y positivistas.

Vida y obras

Henri Bergson nació en París el 18 de octubre de 1859. Su familia era de origen judío y procedente de Polonia. Durante sus estudios medios, destacó por su gran capacidad para las matemáticas; pero al ingresar en la Escuela Normal, en 1878, optó por las letras. Profesaban entonces, en aquella institución, Ollé-Laprune y Boutroux. Realizó y terminó con brillantez sus estudios, licenciándose en 1881. Se incorporó inmediatamente a la docencia, dando clases en diversos liceos sucesivamente. En 1889, publica el *Ensayo sobre los datos inmediatos de la conciencia*, con el que comenzó su crítica a los planteamientos mecanicistas y cientifistas del evolucionismo de Spencer y, en general, de la filosofía imperante. En 1891, se casa con Luisa Neuburger. Con la publicación de su siguiente obra, *Materia y memoria*, en 1896, su fama se acrecienta y accede a la enseñanza superior. Desde 1897 a 1900, es profesor en la Escuela Normal, y desde 1900 a 1924, enseña en el Colegio de Francia. La hostilidad de los representantes de la filosofía académica oficial no le permitió acceder a un puesto docente en la Universidad. En 1900, aparece el ensayo titulado *La risa* y en 1903, su artículo "Introducción a la metafísica". Sus clases en el Colegio de Francia despertaron una enorme atención, superando los círculos estrictamente académicos e intelectuales. La finura de sus maneras, su discreción y su exquisita sensibilidad, daban gran atractivo a su figura. Al mismo tiempo, la belleza de su expresión, tanto oral como escrita, colaboró a la exitosa difusión de su pensamiento. Su gran obra, *La evolución creadora*, aparece en 1907, confirmando el esplendor de su carrera. Es nombrado miembro de la Academia de Ciencias Morales y Políticas y, en 1914, de la Academia de Francia. Por motivos de salud, tiene que abandonar la docencia en el Colegio de Francia en 1924. Después de la Primera Guerra Mundial, colabora en las actividades para el restablecimiento del orden internacional, y es nombrado Presidente del Comité para la Cooperación Intelectual, de la Sociedad de Naciones. Pero en 1925 tuvo que retirarse de toda actividad pública a causa de su precaria salud. En 1928, recibió el Nobel de Literatura. La última obra importante, *Las dos fuentes de la moral y de la religión*, aparece en 1932. En ésta, se distancia del planteamiento panteísta que parecía sugerir la anterior, y lleva a cabo una aproximación al cristianismo. Exaltó la figura de los grandes místicos católicos, e, incluso, abrazó interiormente el catolicismo, al menos, en cuanto forma suprema de vida moral y religiosa. Pero no llegó a bautizarse —según confesión propia— por no abandonar a sus hermanos de raza en aquellos momentos de persecución. Murió el 4 de enero de 1941.

Anticientifismo. Tiempo e intuición interior

Bergson, receptor de las ideas antes señaladas, se sitúa frente al cientifismo de la razón geométrica. Los conceptos, las leyes generales y los razonamientos abstractos de la ciencia se limitan a un conocimiento extrínseco y descriptivo, dejando escapar lo más íntimo y esencial de la realidad. La ciencia alcanza únicamente lo externo, pero lo interno sólo puede ser aprehendido por un conocimiento que se hace interior, que conoce la realidad desde dentro de ella misma, que la vive.

En un primer momento, Bergson creyó descubrir en el evolucionismo de Spencer el único sistema que respondía de verdad a la índole de lo real. Concibió el propósito de perfeccionarlo y, con esta intención, emprendió la tarea de analizar una serie de conceptos científicos fundamentales. Al estudiar la noción de tiempo, descubrió que, tal y como era utilizado por la ciencia, el tiempo carecía de temporalidad: el concepto científico de tiempo no dura. La ciencia hacía del tiempo algo carente de duración, estatificado y extrínseco a lo real. El universo descrito por ella nada cambiaría si cobrase configuración, en todos sus extremos, de una sola vez y definitivamente. En definitiva, el tiempo desaparece de la constitución de la naturaleza, en nada le afecta. La ciencia es incapaz de comprender el tiempo; lo que hace es concebirlo según el modo de ser del espacio, y no según la temporalidad misma: como un receptáculo vacío y homogéneo, en el que se introducen momentos o elementos yuxtapuestos, formando así una línea que se prolonga indefinidamente. El tiempo queda, pues, paralizado; no hay duración sino sólo sustitución de unidades cuya entidad es completa en sí mismas. Sin embargo, la realidad es dinamismo, flujo permanente de formas heterogéneas e irrepetibles.

La ciencia no alcanza un conocimiento último y absoluto. La filosofía debe aportar ese conocimiento metafísico. Por lo tanto, ella no puede consistir en una mera ciencia de las ciencias; debe traspasar la esfera de actuación de la ciencia: su objeto y su método son distintos. Su camino no es el de la razón discursiva y conceptual sino el de la intuición. La inteligencia y su expresión, el lenguaje científico, necesitan distinguir, desligar y fijar, para explicar su objeto. De esta manera, destruyen la continuidad y el carácter fluyente de lo real. Sólo captamos la temporalidad real mediante un contacto inmediato, cuando dejamos de ser observadores externos, y nos introducimos en el mismo fluir del ser, sin voluntad alguna de análisis racional. Esto es la intuición. Y ya que sólo dejamos de ser observadores externos, cuando vertimos nuestro conocimiento sobre nosotros mismos, la intuición es, por esencia, intuición interior, experiencia o conciencia inmediata del propio yo. Lo que se nos da de modo inmediato en esta intuición es el yo como duración, y, en ello, la verdadera realidad del tiempo. La duración real que constituye el yo es un flujo constante de cambios cualitativos, no cuantitativos, en el que los diversos momentos se funden, conservándose y enriqueciéndose, y no sustituyéndose. Los diferentes estados del yo se interpenetran, aglutinando, cada uno de ellos, todos los anteriores, e incrementándolos al mismo tiempo. No representan, pues, unidades aisladas. Su modo de ser puede compararse al de una bola de nieve, que se conserva y acrecienta, en un proceso sin solución; que es duración y heterogeneidad, o —mejor dicho— duración heterogénea: su ser es indisoluble de la temporalidad de su rodar. Descubrimos así, en nuestra experiencia interior, el tiempo real, como duración continua y heterogénea.

La incapacidad para captar el tiempo como duración procede del hábito de aplicar a la observación interior los moldes de la observación exterior. El tiempo interior es, así, espacializado, cuando la inteligencia pretende medirlo como mide el espacio. Se afana por traducir en leyes estables los cambios de la vida interna del yo, sin percibir que los estados de conciencia son cualidad, no cantidad, que significan duración, no sucesión. Al considerarlos en el interior de un tiempo espacializado y homogéneo, los estados de la conciencia son concebidos como conjunto de fuerzas convergentes, como causas con existencia propia, que actúan en el espacio interior, provocando y determinando el estado siguiente. De esta confusión proceden todos los falsos problemas psicológicos, las psicologías asociacionistas y deterministas. Pero los estados del yo no se suceden en una producción en cadena, sino que duran fundidos en nuevas unidades originales y creadoras. Sólo este carácter creativo e innovador pone a salvo la libertad. Cualquier intento de explicación del flujo de la conciencia, la compromete irremediablemente. Pero no sólo esto. Toda definición de la misma libertad conduce, a la postre, a su negación, al determinismo, pues toda definición es fruto del análisis de la inteligencia, que separa, distingue y estatifica. La libertad no es objeto de definición: la conocemos en la experiencia inmediata.

Esta incapacidad de la inteligencia para captar la vida, para aprehender el carácter espontáneo y creador de ésta, es consecuencia de su primordial orientación práctica. La inteligencia está ordenada fundamentalmente a la utilidad: al dominio del entorno y, para ello, a la fabricación de medios. Por ello, tiende a descomponer los objetos en sus unidades elementales, para, después, recomponerlos, es decir, dominarlos. Tiende su mirada sobre la materia inerte, que es espacio, solidificación, homogeneidad: lo superficial de la realidad. Pero no logra apresar la vida, que es duración, singularidad, integración dinámica: lo profundo; pues aplica a lo que es creación y cualidad las condiciones de dominio que presiden su modo de observar: cuantificación, estabilidad, separación... Para alcanzar el conocimiento de lo vivo y cambiante, la intuición, se hace necesaria la reflexión. Mediante ésta, eliminamos la orientación originaria de la inteligencia, y nos dejamos impregnar de lo real, en un contacto íntimo, que es un acto de conocimiento, ayuno de todo interés y de toda pretensión de análisis.

Memoria pura y memoria-hábito

Bergson sostiene un claro dualismo, tanto gnoseológico (sujeto cognoscente y objeto real en sí) cuanto ontológico (espíritu y materia). Por ello, niega la identificación entre conciencia y cerebro, propia de los determinismos psicológicos. La vida mental no es un producto o un epifenómeno de la actividad cerebral. Siendo dos realidades distintas, ambas se encuentran combinadas en la acción concreta del individuo. El cuerpo es sólo instrumento de la acción, y su función dentro del psiquismo humano no es otra que la de circunscribir o limitar la vida mental —que en sí misma trasciende lo orgánico— al ámbito de la acción.

Bergson explica esta diferencia y esta interacción con su doctrina acerca de la memoria. Siendo una única facultad, la memoria se desdobla en dos modalidades distintas: la memoria pura y la memoria-hábito. La memoria pura, que pertenece al espíritu, es el registro automático de todas las vivencias y sucesos de nuestra vida: la conservación de todo el pasado, integrado en cada instante de la vida del yo, que es esencialmente duración. La memoria-hábito, pertenece al cuerpo, y representa los mecanismos estables de acción y reacción, las disposiciones y esquemas operativos ya fijados. Esta memoria sirve de instrumento a la memoria pura de cara a la acción. En la memoria pura, los recuerdos se encuentran de modo inconsciente y latente, y no individualizados. Sólo emergen a la conciencia por la actuación de los mecanismos de la memoria-hábito, que reclama del cúmulo de recuerdos aquellos que se relacionan con la acción de un momento determinado. La memoria-hábito sirve de filtro a la memoria pura, en el ámbito de la acción concreta. Ciertamente, sin este filtro, sin la función limitante de lo orgánico, no hay acción, que es concreción o circunscripción; pero esto no significa que la vida mental se reduzca a la actividad cerebral, ni que en la acción se encuentre sólo presente lo corpóreo.

La inteligencia, por su originaria orientación práctica, nos conduce a una visión distorsionada de la realidad. Sin embargo, esto no implica que deba ser sustituida por completo por la intuición. La intuición sola no puede constituir una filosofía. El contenido de la intuición necesita del análisis de la inteligencia para ser explicado y expresado. La filosofía, por tanto, es el fruto de la intuición y de la inteligencia. En esta acción común, la primera representa el factor dinámico y vivificante, mientras la segunda, el instrumento de explanación y mantenimiento.

Evolucionismo. El "élan vital"

En *La evolución creadora*, Bergson define ya una doctrina general de la realidad: un evolucionismo metafísico. Ya hemos visto que para descubrir el constitutivo íntimo de lo real, hemos de sondear en nuestro interior. En la experiencia directa de nuestro yo, nos aparece inmediatamente la duración real, como la forma de ser propia de la conciencia, y en esa duración descubrimos, como su fundamento, un impulso vital, un "élan vital". A partir de esta intuición, Bergson configura una concepción general de la naturaleza. Según su pensamiento, no se trata de una extrapolación arbitraria. Ese "élan vital" no es sólo un elemento privativo de nuestra subjetividad, que descubrimos mediante un acto de introspección. La intuición nos sitúa en el interior del mismo flujo de lo real, representa un ponerse en contacto directo con el principio vital de nuestro yo y de toda la realidad. Pues lo que descubrimos en esa intuición es el "élan vital" general en cuanto actuando en nosotros, nuestra participación en él.

Toda la realidad es evolución a partir de un impulso vital originario. Este impulso inicial constituye un primer núcleo dinámico, de fuerzas aún indiferenciadas que se van desplegando y definiendo en el proceso evolutivo que configura la realidad. Bergson identifica a Dios con tal impulso. Aunque personalmente se inclinaba hacia la idea de un Dios trascendente, su doctrina no le permite superar la inmanencia de ese principio originario, y parece avocada al panteísmo. Además, su acción no es en modo alguno creadora, sino sólo animadora de la materia. El impulso vital constituye un esfuerzo constante de vivificación e integración orgánica de la materia, un esfuerzo por superar la inercia y la dispersión de lo material. El impulso vital es al mismo tiempo actuación en y superación de la materia.

En ese esfuerzo, el "élan vital" va haciendo surgir nuevas formas de vida, que representan distintas vías de superación. Pero junto con la tendencia creadora de lo vital, se da también la tendencia inercial de la materia. Por esto, al surgimiento de nuevas formas de vida, sigue la estabilización y el estancamiento de éstas: la adaptación de la vida a las condiciones materiales. Los seres materiales, las especies, son un poso residual del impulso vivificador. De este modo, las vías por las que discurre el esfuerzo de superación quedan obturadas y el esfuerzo frustrado, más tarde o más temprano. Sólo en el hombre, el impulso vital encuentra una vía constantemente progresiva, pues la vida humana no discurre por mera adaptación al entorno. Y mediante la reflexión, el hombre reconoce la incapacidad de la función cognoscitiva, ordenada al mantenimiento, y lleva a cabo el salto a la intuición, que conlleva un nuevo contacto con el principio vital y, por tanto, una renovación del esfuerzo superador.

En su concepción dinámica de la realidad, Bergson llega a afirmar que el movimiento no implica un móvil. Pero con esto no parece querer diluir toda sustancia en un mero flujo sin algo que fluya. Su intención es más bien la de resaltar el equívoco que significa concebir el movimiento o el cambio como un fenómeno superpuesto a una realidad estable o inerte. Así concebido, el movimiento sería algo accidental para lo real. Por el contrario, el movimiento pertenece a la esencia de la realidad: ella misma es mutabilidad, dinamismo, despliegue. Pero también posee estabilidad: la estabilidad de la continuidad sin rupturas del cambio, es decir, de la duración, que es permanencia de lo anterior en formas siempre nuevas, que integran y enriquecen lo pasado. Pero a pesar de su esfuerzo, no consigue conciliar la dinamicidad de la realidad con la consistencia del ser real, sujeto del cambio.

Las dos formas de moral y de religión

En *Las dos fuentes de la moral y de la religión*, Bergson diferencia dos tipos de moralidad y, paralelamente, dos tipos de religión. La "moral cerrada" o "moral de la obligación" es aquélla compuesta por reglas y preceptos estables, y cuyo origen es la misma sociedad, o mejor dicho, la "sociedad cerrada": el conjunto social que se afirma a sí mismo en su particularidad y distinción respecto de cualquier otro. La presión social tiene como fin el mantenimiento del grupo y de su cohesión. El sistema de deberes y normas que proceden de esta presión está ordenado, por tanto, a la satisfacción de necesidades vitales-colectivas. La obligación, que vincula al individuo con tales imperativos, tiene cierto sentido de adaptación al medio social.

Frente a ésta, la "moral abierta" representa el modo dinámico de moralidad. No actúa por presión u obligación, sino por atracción o seducción. Su origen no es la sociedad sino la figura ejemplar del héroe ético, que encarna un ideal que trasciende las exigencias del grupo: un ideal de amor universal. Esta moral mueve desde dentro, no desde fuera, pues tal ideal despierta en nosotros una emoción ética que nos empuja a la emulación. En la vida real, ambas morales se entremezclan: la moral abierta vivifica la moral cerrada, mientras esta última, al hacer suya la anterior, la transforma en repertorio normativo, dotándola así de vigencia social. En el ámbito moral, la primera representa el impulso creador y la segunda, la sedimentación o adaptación a las condiciones externas.

Paralelamente a la moral cerrada, Bergson distingue una "religión estática", también vinculada al grupo social cerrado. Su fuente es lo que el autor llama la facultad de "fabulación": instrumento de la naturaleza para paliar las consecuencias perjudiciales para el grupo y la especie que pueden derivarse del uso de la inteligencia. La inteligencia despierta la libre iniciativa y el egoísmo del individuo; le hace descubrir la precariedad de la vida y la inevitabilidad de la muerte, así como la limitación de sus fuerzas frente a la naturaleza. Ante este efecto disolvente y depresivo de la inteligencia, la naturaleza opone, para mantener la actividad cooperativa que satisfaga las necesidades naturales del grupo social, las producciones de la "fabulación": una autoridad divina que prohíbe y ordena, una nueva vida después de la muerte, una serie de poderes sobrenaturales benefactores del hombre.

El modo superior de religiosidad es el propio de la "religión dinámica", que se encuentra en la experiencia mística. Esta experiencia contiene un contacto individual y directo con Dios, una presencia interior e inefable de lo divino y, por tanto, una cierta manera de participar de la divinidad. La mística nos proporciona la visión de un Dios personal que es esencialmente Amor, y cuya obra es el mundo: la obra de su amor. El místico trasciende los estrechos márgenes de una religiosidad colectiva, ordenada a la especie y al grupo, y alcanza un contacto individual con el principio vital, que es impulso amoroso. De este modo, permite una nueva prolongación del esfuerzo vivificador, un nuevo salto creador.

Con esta doctrina, Bergson parece situar el valor supremo de la religión en lo sentimental o emocional, en la vivencia o experiencia subjetiva, relegando, como elemento secundario, el contenido objetivo de la verdad religiosa. La religión positiva sólo representa la decantación y vulgarización de la experiencia mística, que sucesivamente ha de revitalizar la religiosidad, para evitar su cristalización o fosilización. Nuevamente nos encontramos con la dualidad de un principio vital y un principio inercial, cuya dialéctica conduce la evolución constante, también en el campo de la religión.

Bergson no tuvo la intención de crear un sistema cerrado. Su misma idea de la realidad le llevaba a repudiar la rigidez de lo sistemático. Quizá por eso, su filosofía adolece de falta de definición y consistencia. Sus ideas surgen más bien como respuesta a problemas y preguntas concretas. Representan manifestaciones particulares de un modo de pensar, de un estilo de mirar y enfrentarse con la realidad. Es el espíritu del antiintelectualismo pascaliano, enfrentado al racionalismo cartesiano, lo que late en la obra de Bergson. Su influencia se realizó bajo este carácter más que como cuerpo doctrinal. Por ello, aunque dilatada, se desarrolló de modo difuso, impulsando lo que podemos denominar, de modo genérico, pensamiento de corte vitalista, que posteriormente sería sustituido por el existencialismo.

2. El historicismo de Dilthey

Vida y obras

Wilhelm Dilthey nació en Biebrich (Renania) el 19 de noviembre de 1833. Hijo de un pastor protestante, estudió primeramente teología en Berlín y, posteriormente, filosofía e historia. En la Universidad de Berlín inicia su carrera docente, como profesor de filosofía, en 1865. En los años siguientes profesa en diferentes universidades —Basilea (1867), Kiel (1868), Breslau (1871)— y, finalmente, regresa a la de Berlín, para ocupar la cátedra que había ejercido Lotze. Contemporáneo de los grandes historiadores germanos —Ritter, Mommsen, Burckhardt, Zeller, Ranke—, descubre la dimensión histórica de la vida, en la que sitúa la esencia última y radical de ésta. Su apasionado interés por la historia de la cultura y del pensamiento, le lleva a proyectar —y a trabajar en su realización— una historia universal del espíritu europeo. Muchas de sus publicaciones son resultados parciales de este proyecto. Su contacto con la sabiduría histórica, realidad vivida y obra de los hombres, le hace dirigir la mirada hacia lo individual, singular y viviente, encontrando en ello el modo de lo auténticamente real, y rechazando, por tanto, el abstraccionismo del idealismo hegeliano. Además de sus estudios históricos, publica una serie de obras acerca de los fundamentos y metodología de la ciencia histórica: *Introducción a las ciencias del espíritu* (1883), *Ideas sobre una Psicología analítica y descriptiva* (1894), *La vivencia y la poesía* (1905), *La esencia de la filosofía* (1907), *Los tipos de Cosmovisión* (1911). Fue miembro de la Academia Prusiana de las Ciencias, y murió el 1 de octubre de 1911 en Seis am Schlern.

La especificidad del conocimiento de la vida histórica

En el ámbito germánico, Dilthey representa la reacción antipositivista y anticientifista que Bergson protagoniza en el pensamiento francés. Frente a la pretensión, por parte del positivismo, de establecer como modo absoluto de conocimiento el modo de conocer de las ciencias positivas, y de reducir toda realidad a los caracteres que configuran el objeto propio de tales ciencias; Dilthey reclama el reconocimiento de la especificidad de la realidad vital y, consiguientemente, de la especificidad del modo de conocer dicha realidad. Ni la razón teórica y abstracta del idealismo, ni la razón científica y matematizante del positivismo, son suficientes para aprehender verdaderamente la vida. Lo individual, singular y concreto, que es el ámbito propio de lo vivo, permanece opaco para el pensamiento puro, para las conceptualizaciones abstractas y generales. La vida no puede ser entendida desde lo ajeno a ella —desde lo abstracto y universal—, sino sólo desde ella misma, mediante una penetración que sea conexión vital y no esquematización rígida y distante. Se trata, pues, de un conocimiento desde dentro o por interiorización.

Pero, a diferencia de Bergson, Dilthey no proclama un vitalismo universal y cósmico. Su consideración se ciñe a la vida humana, a la vida del espíritu, que se realiza esencialmente en la historia. Y, al mismo tiempo, limita la historia al mundo de lo humano. El historicismo de Dilthey nada tiene que ver con el de Hegel. Para este último, toda la realidad era historia, historia del Absoluto. En Dilthey, sólo es histórico lo humano, pero lo humano sólo es histórico.

Ciencias de la Naturaleza y ciencias del espíritu

Dilthey pone freno al afán positivista de reducir toda realidad humana a combinación y suma de elementos mecánicos. La psicología empírica y asociacionista no puede dar razón de lo vital humano, con sus rígidos esquematismos, pues la vida del espíritu no es adición o interacción de partes, sino unificación dinámica, integración teleológica o finalista.

Con este fin, postula una diferencia radical entre ciencias de la Naturaleza y ciencias del espíritu. Ambas se diferencian tanto por su objeto como por su método. Dilthey, que admiraba a Kant y había recibido una formación neokantiana, aunque sin asumir su doctrina, emprende la tarea de realizar una fundamentación de las ciencias del espíritu, de investigar las condiciones de posibilidad de tales ciencias, así como Kant había investigado la condiciones de posibilidad del conocimiento físico-natural.

Ciertamente, también las ciencias de la Naturaleza pueden tener como objeto al hombre. Pero las ciencias del espíritu lo consideran desde un punto de vista diferente y específico. Estudian la vida del hombre como vida del espíritu, es decir, la vida del hombre en cuanto que es un vivirse, un experimentarse y objetivarse en realizaciones históricas. Las ciencias del espíritu tienen, pues, como objeto las objetivaciones históricas de la vida humana como vivirse.

Obviamente, en este sentido, la vida humana no es uniformidad ni generalidad, sino, por el contrario, singularidad e individualidad. Las ciencias del espíritu pretenden conocer la vida en su dimensión singular y concreta. Pero esto no significa que su objetivo sea conocer el vivirse del hombre en su interioridad individual. Tal empresa es imposible para la ciencia histórica. Su objeto —como se acaba de señalar— lo constituyen las objetivaciones en que, a lo largo del tiempo, se expresa dicho vivirse. Las ciencias del espíritu se dirigen hacia el espíritu humano en cuanto espíritu objetivo. Dilthey toma este término de Hegel pero modificando su significado sustancialmente; pues, ahora, con él, sólo quiere expresarse las diversas realidades en las que el espíritu humano se ha expresado objetivamente a lo largo de la historia, y no la objetivación de un Espíritu absoluto, único y universal. Dilthey rechaza la filosofía de la Historia de Hegel. La historia no es el despliegue autoconstitutivo de un Absoluto, y no tiene ninguna finalidad o sentido inmanente. Ninguna objetivación es, pues, suprema, ni más expresiva que las demás. En Dilthey, "espíritu objetivo" tiene un sentido plural y no unitario: se trata de *las* objetivaciones del vivirse del hombre, más que de *un* Espíritu objetivándose de diversas formas.

Vivencia y comprensión

Pero aunque las ciencias del espíritu estudien realidades objetivas, no han de hacerlo del mismo modo que las ciencias de la Naturaleza estudian los objetos naturales, pues se trata de objetividades diferentes. Para conocer las primeras verdaderamente, hay que aprehenderlas según lo que son: objetivaciones del vivirse humano o vivirse objetivado. Su consideración no puede ser una contemplación fría y distante, como en el caso de los objetos naturales, sino una penetración vital. Mientras las ciencias de la Naturaleza actúan desde dentro hacia fuera, las del espíritu lo hacen de fuera hacia dentro, internándose e interiorizándose en el objeto conocido. La vida que es objeto de las ciencias del espíritu es la vida que se conoce, y sólo puede conocerse, desde dentro. En el conocimiento de los objetos naturales, la propia experiencia subjetiva, el modo de experimentarlos por parte del sujeto cognoscente, puede ser —incluso debe ser— abstraída. El conocimiento es tanto más riguroso u objetivo cuanta menor participación o ingerencia del sujeto haya en el objeto. En cambio, las objetivaciones históricas, en cuanto objetivaciones del vivirse del hombre, no pueden ser comprendidas al margen de su experiencia subjetiva, del modo como fueron experimentadas y vividas por el hombre. Este vivirse que se expresa en tales objetivaciones es siempre un vivirse colectivo, no individual, un experimentarse a sí mismo en el marco de las relaciones con los demás. Para comprender dichas objetivaciones, tengo que comprender cómo fueron experimentadas por los hombres en su vivir colectivo, y, para esto, he de tener presente mi propia experiencia de tal vivir. Mi experiencia de la vida social, de mi interacción con el entorno humano, es condición necesaria para comprender la vida social de cualquier otro momento histórico. Por tanto, los modos o formas del conocer histórico no son las formas de la razón pura kantiana, sino las formas del operar de la conciencia en su integralidad, en su entera dimensión cognoscitiva, volitiva y afectiva.

Aunque el primer paso hacia la fundamentación de las ciencias del espíritu sea el análisis del modo de actuación de la conciencia en cuanto razón histórica, tal punto de partida no significa ni un apriorismo ni un formalismo del conocimiento, por parte de Dilthey. Los modos o categorías del conocer de la razón histórica no son formas *a priori* en el sentido kantiano: la realidad histórica no se comporta, respecto de tales formas, como pura materia indeterminada; y dichas formas no pertenecen a la razón histórica de manera *a priori*: corresponden a la estructura fundamental de lo histórico, "radican en la naturaleza de la vida misma", y son extraídas y conceptualizadas desde el conocimiento del mundo histórico. Tales categorías tienen pues un significado objetivo.

La condición necesaria de la posibilidad del conocimiento histórico, y primera categoría de la razón histórica, es la *vivencia*, la experiencia íntima y vivida. Pero el objetivo y segunda categoría del conocimiento histórico es la *comprensión*; en ella la ciencia de la historia alcanza su estatuto pleno. La historia no se fundamenta en proposiciones abstractas, sino en la singularidad de la vida; por esto, el saber histórico no persigue la conceptualización, sino la comprensión. Para Dilthey, la ciencia histórica es propiamente tal cuando no sólo conoce el pasado (objetivamente, como hecho), sino que lo comprende (vitalmente, como acontecimiento). Podríamos expresar esta peculiaridad mediante la distinción que cabe hacer entre conocer a una persona y *comprenderla*.

La vida como entramado significativo. Historia y estructuras

A partir de la vivencia alcanzamos la comprensión, que es la captación de la vida ajena, porque nuestra propia vivencia nos pone en relación con los demás. Nunca nos captamos en soledad, aisladamente. Vivenciarnos es siempre experimentarnos con referencia a los otros. Merced a nuestra propia vivencia es posible la comprensión, que es un revivir la experiencia de los otros, un participar simpáticamente de sus sentimientos, un vivenciar su vivir. La vivencia hace posible la revivencia.

Esto es así porque la vida es una trama, y como tal se nos da en la vivencia. La vida es conexión dinámica. Pero esta conexión no es de carácter causal sino significativo o argumental. Es una trama en la que los diversos elementos se conectan dinámica y teleológicamente, en función de fines, ideales y propósitos, constituyendo así un significado. La comprensión es la captación de este significado.

Comprender la vida ajena es descubrir el complejo de sentimientos, anhelos, objetivos, etc., que determina el modo de sentir y vivir los fenómenos de la existencia. Este complejo es el tipo o estructura psíquica, el fondo unitario anímico en el que los hechos se integran y cobran sentido. El significado de la vida nos viene dado en esa estructura. En el mundo histórico, tal estructura corresponde al tipo histórico, que no es determinante de la vida en su individualidad psíquica sino en su individualidad histórica: época o fase. Comprender una época es encontrar la estructura psíquica —complejo de valores, ideales, fines, etc.— que da sentido a los fenómenos históricos comprendidos en aquélla; es descubrir el espíritu que late bajo las realizaciones exteriores —instituciones, leyes, formas de vida, etc.— y que constituyen su expresión objetiva y externa. El significado de la vida se encierra en dicha estructura, por lo que se trata de un significado siempre epocal. La vida carece de significado total y universal. La vivencia nos permite la comprensión de la vida ajena, y ésta, el conocimiento —comprensión— de la vida histórica, de la vida en sus objetivaciones históricas, que es siempre una unidad significativa particular, expresión de una estructura espiritual circunscrita a una época.

Teoría de las cosmovisiones

Al igual que Bergson, Dilthey no niega a la razón toda validez y legitimidad. La acepta pero en cuanto actividad orientada a una utilidad práctica, al servicio de la vida. La filosofía no es el conocimiento de lo absoluto, sino la expresión y consecuencia de la necesidad vital, por parte del hombre, de entenderse, de situarse en el universo. El hombre, que necesita apremiantemente orientarse e instalarse en la vida, hacer el mundo hogar y acomodarse en él, satisface estas necesidades en la elaboración de una filosofía. Pero esta elaboración depende siempre de la estructura espiritual de cada momento. La filosofía es parte del vivir histórico del hombre. Se ordena a la vida y depende de ella: "la última raíz de la visión del mundo es la vida". Los modos de posicionarse del hombre ante el universo dependen de las circunstancias de cada momento histórico.

No existe, pues, filosofía sino filosofías: ninguna absoluta y definitiva, pero todas necesarias y, por tanto, legítimas. En definitiva la filosofía sólo representa la expresión intelectualizada de anhelos, ansiedades y aspiraciones: es expresión de necesidad de respuestas, pero no de respuestas. La filosofía se distingue de las ciencias particulares porque su conocimiento quiere ser un conocimiento del mundo como totalidad y del propio hombre; y se diferencia del arte y de la religión por su pretensión de validez universal.

Toda filosofía es pues una cosmovisión, una imagen del mundo, un enfoque o perspectiva que pretende unificar la dispersión de lo real. Cada cosmovisión representa un modo de entender la propia vida y el universo todo en el que ella tiene lugar. Tres son los principales tipos de cosmovisión:

El naturalismo, esencialmente racionalista y positivista, cuya categoría fundamental es la categoría de causa, y que conlleva una metafísica materialista. El mundo es concebido como un conjunto de hechos ligados en un orden necesario. En el universo naturalista, no hay ni finalidad ni valor.

El idealismo objetivo, fundamentalmente afectivo y sentimental, que busca en el mundo un significado: la expresión de un principio único e interior, vida o alma inmanente del universo. Su categoría fundamental es la de valor. Conduce a una metafísica inmanentista o panteísta.

Y el idealismo de la libertad, fundamentalmente voluntarista, apoyado en la categoría de finalidad. Postula la independencia y supremacía del espíritu respecto de la naturaleza, y su metafísica es la metafísica de la trascendencia o teísta.

Ninguna de estas cosmovisiones es absoluta. Todas son relativas y, a la vez, irreconciliables: no cabe una síntesis global que supere la parcialidad de cada una. Tampoco cabe establecer una jerarquía entre ellas, ni una concatenación deductiva: son absolutamente irreferibles unas a otras. Nuevamente observamos que sólo hay filosofías y no filosofía, visiones o verdades del mundo, pero no visión verdadera del mundo. La única universalidad y fijeza de la filosofía es la que corresponde a su origen o motivo; su objeto o contenido carece por completo de tales notas. La filosofía es siempre actitud ante el enigma de la vida y del universo. Afán apremiante por entender y entenderse. Sólo en este sentido, tomando la filosofía en su dimensión activa, en cuanto operación, cabe hablar de *la* filosofía, cabe unidad y universalidad; pero no si la tomamos en su dimensión objetiva, en su resultado o contenido.

Historicismo y relativismo

Dilthey llega así a una postura netamente historicista. El hombre es un ser histórico, y el significado de su ser, la verdad de su vida, es también una verdad siempre histórica. En el conocimiento de la historia el hombre se comprende a sí mismo, y la conciencia de su ser histórico le permite comprender la historia. A través de las objetivaciones históricas, el espíritu humano se esclarece, conoce la pluralidad y diversidad de sus expresiones, pero sin alcanzar nunca una expresión definitiva y comprensiva de sí. La verdad del hombre es el conjunto de sus verdades.

Dilthey fue consciente del relativismo que implicaba tal posición y miró con temor la inclinación al escepticismo que su doctrina llevaba impresa. Repudió tales consecuencias pero no supo cómo evitarlas. Su afán por no someter la vida a una razón abstracta y esquematizante le condujo a separar de tal manera la vida de la razón, que dejó aquélla desprovista de toda razón. Su intento de aprehender la vida sólo desde la vida misma, de hacer del vivir el método del conocimiento de la vida, conduce a limitar el conocimiento de la vida al mismo modo de vivirla, al experimentarla o vivenciarla. La vivencia de la vida, del mundo, de la verdad, es todo el contenido, todo lo que cabe conocer de la vida, del mundo, de la verdad. Y la vivencia es siempre particular, relativa y condicional. A la postre Dilthey hace de la vida lo absoluto, y la razón queda así relativa a la vida. Si desde la vivencia no es posible encontrar para la vida un sentido universal, una norma o deber ser, tampoco podrá dárnoslo la razón. La vivencia sólo puede captar de la filosofía la vivencia de la filosofía, el modo cómo los hombres han experimentado interiormente los conceptos e ideas de ésta, es decir, la vigencia y eficacia histórica de sus nociones, pero no la verdad o falsedad de tales contenidos. El modo de estudiar la historia como sucesión de estructuras psíquicas colectivas, como sucesión de *pathos*, puede ser válido a condición de no absolutizar este método. La tipología histórica puede ser legítima si no traspasa los límites de lo histórico, si no reduce la realidad entera de la vida humana a la dimensión histórica de ésta. Dilthey cae en el mismo error que censuraba al cientifismo positivista: concebir el objeto —su realidad total— en función del método —de su concreto y particular modo de consideración—.

CAPÍTULO VI

LA FENOMENOLOGIA

1. HUSSERL

Introducción

Husserl es una de las figuras más sobresalientes de la filosofía del siglo XX, y su doctrina, una de las más fecundas y extendidas: la Fenomenología. Su intención no fue construir una nueva síntesis totalizante del saber acerca de la realidad, sino buscar el fundamento auténticamente válido, el punto de partida certero, de toda posterior elaboración filosófica. Su doctrina no aspira a ser un sistema acabado sino una filosofía fundamental, una reflexión sobre el fundamento de todo quehacer intelectual. Este carácter indagatorio hizo que sus ideas fueran una búsqueda constante más que una serie de conclusiones estables. Su pensamiento, a lo largo de toda su obra, es un pensamiento siempre en camino.

Su proyecto, como bien muestra el título de uno de sus escritos, era constituir la filosofía como una ciencia estricta. Era necesario acabar con las constantes disputas entre filosofías contrarias, que sólo contribuían a desprestigiar la misma filosofía. Una vez más, se pretende la superación, a la par, del idealismo y del empirismo. Ni apriorismo deductivo ni naturalismo cientifista. Husserl busca objetividad, pero acompañada de esencialidad. "¡Vuelta a las cosas mismas!", es la nueva consigna. La fenomenología se presenta primordialmente como un método. Consiste en acercarse a las cosas dejando que ellas hablen por sí mismas, que nos muestren lo nuclear de su mensaje. El objeto de la fenomenología es, pues, el fenómeno: lo inmediatamente dado en cuanto tal, es decir, tomado en su inmediatez manifestativa y tal y como es en ese aparecer. El método se limita a describir los fenómenos, pero, mediante esta descripción, nos permite descubrir en ellos lo que hay de esencial, el contenido profundo que encierra su manifestarse, y que aprehendemos en una intuición.

Después de los excesos racionalistas del idealismo, el positivismo y el vitalismo habían puesto en entredicho la validez de la razón teórica como fuente de conocimiento. El primero había afirmado que la filosofía sólo podía ser ciencia verdadera si limitaba su acción al campo de las ciencias naturales, es decir, si renunciaba a la posesión de un ámbito de la realidad propio, y se constituía como una ciencia de las ciencias. El vitalismo, por el contrario, reservaba para la filosofía lo auténticamente real: lo singular, vivo y existencial; pero para alcanzarlo, la filosofía debía renunciar a todo carácter científico y teorético. La fenomenología representa un intento de establecer la filosofía como ciencia singular, poseedora de un objeto propio y peculiar. Pretende recuperar la legitimidad de la razón, proporcionándole, como campo propio, un nuevo nivel de la realidad, en el que pueda ser de verdad ilustradora y fecunda.

Para dar razón del surgimiento de la doctrina husserliana, hemos de señalar, en primer lugar, la influencia de Brentano. Franz Brentano (1838-1917), sacerdote católico, enseñó en Viena, entre 1874 y 1895, y fue orientado hacia el aristotelismo por su maestro Trendelenburg (1802-1872), profesor en Berlín. Este último, centró su pensamiento en la doctrina aristotélica de la finalidad, y criticó severamente el idealismo, aunque, en algunos puntos, intentó conciliar a Aristóteles y Kant. Brentano censuró también duramente el subjetivismo kantiano e idealista. Centrado en la psicología, propuso para esta ciencia un método empírico, puramente descriptivo de los fenómenos psíquicos, al margen de las cuestiones ontológicas. La base obligada de la ciencia debía ser la experiencia misma. De Aristóteles obtuvo la concepción de la conciencia como intencionalidad. La conciencia es esencialmente conciencia de algo: pertenece a la esencia de todo acto de conciencia la referencia a un objeto. Pero, por el carácter meramente descriptivo de su ciencia, se limitó a la consideración del objeto en cuanto dado implícitamente en el mismo acto psíquico, omitiendo toda referencia a su existencia extramental, aunque no la negó. Y frente al relativismo de la psicología asociacionista, defendió la existencia de normas objetivas de conocimiento, de leyes lógicas evidentes y apodícticas.

Junto con Brentano, hemos de mencionar también a Bolzano, otro pensador independiente frente al espíritu kantiano, que fue descubierto por aquél, y cuya lectura supuso para Husserl una profunda transformación. Bernhard Bolzano (1781-1848) también sacerdote, fue catedrático en Praga. Frente al subjetivismo idealista, sostuvo la objetividad de la verdad, que es independiente de nuestro pensar. Todo objeto de conocimiento posee un contenido inteligible en sí, que en nada es afectado por el hecho de ser pensado o formulado. No es la actividad de la conciencia la que pone su objeto, sino que es la inteligibilidad objetiva de éste lo que sirve de norma para aquella actividad: lo que hace que el objeto pueda ser pensado. Su profunda formación matemática le inclinó hacia la búsqueda del rigor lógico y de la precisión conceptual, aspecto que tuvo en Husserl un claro correlato.

Vida y obras

Edmund Husserl nació el 8 de abril de 1859, en la ciudad de Prossnitz, en Moravia, provincia perteneciente entonces al Imperio austro-húngaro. Estudió matemáticas en la Universidad de Viena, doctorándose en 1883. Al igual que su contemporáneo Sigmund Freud —también radicado en Viena— asistió a las clases de Franz Brentano, entre 1884 y 1886. El magisterio de Brentano despertó en Husserl el interés por la filosofía. Aunque descendía de una familia hebrea, nunca practicó la religión judía. A los 17 años leyó con entusiasmo el Nuevo Testamento, y a los 27 años recibió el bautismo, como luterano. Su mujer también fue judía conversa al cristianismo. Continuó sus estudios en la Universidad de Halle, esta vez con C. Stumf, discípulo de Brentano. En 1887, presentó su tesis de habilitación, y comenzó a enseñar como docente privado. En 1891, publica *Filosofía de la Aritmética*, en la que manifestaba una clara orientación psicologista, reduciendo las leyes lógico-matemáticas a los procesos psíquicos. Las críticas de Gottlob Frege y el estudio de la obra de Bolzano cambiaron radicalmente su postura, y en *Investigaciones lógicas*, aparecida en 1900, realizó una profunda crítica del psicologismo. En 1901 fue nombrado profesor de filosofía en Gotinga. Concebía que el trabajo científico debía desarrollarse en equipo, y pronto reunió a su alrededor un grupo de discípulos y colaboradores, al que se incorporarían Max Scheler y Heidegger. En 1910, publica *Filosofía como ciencia estricta*, y en 1913, *Ideas para una fenomenología pura y una filosofía fenomenológica.* Este mismo año, funda los "Anales de filosofía y de investigación fenomenológica", que sería el órgano de publicación y difusión de los trabajos del grupo de seguidores. El pensamiento de Husserl es profundamente inquisitivo y analítico, por lo que sus escritos resultan con frecuencia de difícil lectura y comprensión. En 1916, se trasladó a la Universidad de Friburgo de Brisgovia, donde profesó hasta su jubilación, en 1929. Abandonada la enseñanza, continuó su intenso trabajo de investigación y producción literaria, legando un cuantiosísimo volumen de escritos inéditos. En los últimos años de su vida, se acercó progresivamente al catolicismo, movido en parte por la conversión de algunos de sus discípulos. Murió en Friburgo de Brisgovia, el 26 de abril de 1938.

Crítica del psicologismo

Como ya se ha mencionado, en su primera obra, Husserl participaba de los planteamientos reduccionistas del psicologismo. Las críticas de Frege y la lectura de Bolzano le hicieron adoptar la postura contraria. El psicologismo reduce el análisis del conocimiento a la investigación de los procesos psico-físicos, identificando así las leyes lógicas con las leyes causales de hechos psíquicos. Desconoce la diferencia entre lo psíquico-fáctico y lo lógico-ideal. Esto conduce a hacer la verdad relativa a la peculiar constitución mental del hombre: a subordinar lo que es ideal a condiciones de hecho. No existe, por tanto, ninguna verdad absoluta. Este completo relativismo impide el establecimiento de cualquier ciencia general.

Husserl distingue entre el acto de concebir: "noesis", y el contenido objetivo de ese acto: "noema", que es una unidad de sentido, ideal, e independiente del acto mismo. La lógica pertenece al ámbito de las unidades de significado, no al de los actos de significar. La psicología estudia la conciencia en cuanto sucesión de hechos o vivencias, y la lógica, por el contrario, se dirige a los contenidos objetivos que esos hechos encierran. El ámbito de lo ideal-lógico está regido por leyes formales, universales y evidentes. En cambio, del campo de los hechos psíquicos, que son siempre particulares y contingentes, sólo pueden extraerse leyes meramente probables, simples generalizaciones inductivas. Por esta razón, la psicología no puede ser el fundamento de la lógica: lo fáctico no puede regir lo ideal, sino que, al contrario, es lo ideal la norma del pensar fáctico. La psicología no es capaz de dar razón de la validez *a priori*, de la evidencia apodíctica de las leyes y conceptos lógico-matemáticos. La ciencia natural, pues, no puede aportar el fundamento último y los principios normativos del conocer humano. Sólo la filosofía puede manifestar las condiciones de posibilidad de toda experiencia y conocimiento científico, y proporcionar los fundamentos de la validez de toda ciencia. Esto es así porque ella representa un comienzo radical del conocer, un principio sin supuestos, ya que es capaz de una reflexión crítica sobre sus mismos fundamentos.

Intencionalidad de la conciencia

La filosofía debe comenzar eliminando todo supuesto, y ateniéndose sólo a aquello que es dado de modo inmediato, a lo manifiesto en cuanto tal, es decir, al fenómeno. Pero este manifestarse es manifestación en y para la conciencia: la presencia del fenómeno es presencia inmediata en la conciencia.

En esta visión libre de todo supuesto, surge de modo inmediato, como un primer principio, el carácter intencional de todo acto de conciencia o vivencia. Toda vivencia de la conciencia posee una esencial referencia a un objeto, es, pues, significativa. Pero hay que matizar que esta significación no pertenece a la vivencia en cuanto acto real psíquico, sino en cuanto contenido intencional o presencia de un objeto. Lo mismo ocurre con la palabra: en cuanto realidad es un sonido articulado, pero posee también, como correlato, una intención significativa y, en cuanto tal, una referencia esencial al objeto.

De la intencionalidad de la conciencia, Husserl concluye que nos es posible alcanzar el objeto aunque permanezcamos dentro de los límites de la conciencia, ya que toda vivencia implica su objeto. Si la conciencia es esencialmente conciencia de un objeto, el estudio de ella será también el estudio de sus objetos. Nos es legítimo, por tanto, limitarnos al fenómeno, en cuanto presencia inmediata a la conciencia, prescindiendo de toda dimensión metafísica. Esto es la reducción fenomenológica que el método husserliano exige. Las claras connotaciones inmanentistas que tal planteamiento implica, acabarán situando a Husserl en una postura muy cercana al idealismo.

Reducción fenomenológica

La reducción fenomenológica, que el nuevo método propone, es la condición para establecer la filosofía como ciencia estricta. Tal reducción nos permite situarnos en el comienzo mismo de todo filosofar, elimina de nuestro conocimiento todo contenido que no sea auténticamente primario e imprescindible. Su misión es corregir el modo habitual de nuestra experiencia, nuestra actitud natural de enfrentarnos con la realidad. Al dirigirnos hacia las cosas, en nuestra experiencia cotidiana, vamos acompañados de numerosos supuestos y presunciones, que sobreañadimos a lo dado objetivamente. La reducción no implica necesariamente que tales supuestos sean falsos. Pero es necesaria si queremos alcanzar el punto de partida absoluto, el fundamento incuestionable de nuestro conocimiento, es decir, la esencia del fenómeno.

La fenomenología es descripción de esencias. Para obtener la esencia o "eidos" es necesario reducir el objeto a su condición de ser-dado en la conciencia. Hemos de eliminar de él todo aquello que no pertenece esencialmente a su aparecer, a su presencia en la conciencia. Es en este puro darse donde encontramos la esencia del objeto, y no en su carácter de hecho, que, en cuanto tal, siempre implica contingencia y particularidad.

La puesta entre paréntesis de todo lo que no pertenece al modo de ser del objeto en cuanto ser-dado en la conciencia es lo que Husserl llama "epoché". Es una suspensión del juicio, semejante a la duda cartesiana, y que procede por pasos sucesivos. El primer paso es la suspensión de toda filosofía anterior, es decir, de todo conocimiento heredado, de toda tradición o carga cultural. El segundo paso es la eliminación de los caracteres individuales y contingentes del objeto. Finalmente, hemos de prescindir también de la misma existencia real de éste. Lo que interesa a la fenomenología es la esencia, no el hecho; y la esencia es un contenido de carácter ideal: no implica ninguna referencia o sentido existencial.

Pero la "epoché" también afecta al sujeto. En éste, ha de eliminarse todo fin práctico y toda carga afectiva, haciendo puramente contemplativa su actitud ante el objeto. Ha de ponerse también entre paréntesis la misma existencia del yo en cuanto sustancia, en cuanto realidad psíquica o cosa pensante. El único sujeto que puede mantenerse es el sujeto puro: el polo subjetivo de la conciencia como significación intencional, la subjetividad que implica el fenómeno en cuanto ser-dado, pues todo aparecer es aparecer ante alguien: todo objeto es objeto para un sujeto.

Husserl parece tener una concepción claramente empobrecedora de la existencia. El matematicismo de su espíritu le lleva a colocar toda la entraña de la realidad en lo formal e ideal, reduciendo la existencia a un puro hecho, que no añade nada a la esencia y a la inteligibilidad de las cosas. La existencia es sólo posición en el mundo, el estar ahí de una esencia ya constituida: casi un accidente, si no fuera porque representa la entrada en el ámbito de lo fáctico.

Intuición eidética

El término de este proceso es la intuición de la esencia, la intuición eidética o ideación. La esencia no es para Husserl un concepto universal obtenido por abstracción a partir de los datos de la sensibilidad. Su concepto de la esencia es de carácter lógico-ideal, no metafísico. La esencia no expresa el constitutivo formal real, no es la esencia del ser en cuanto sustancia, sino del ser en cuanto manifestación. Encierra los elementos constitutivos e imprescindibles de su mostrarse a la conciencia, de su significado o contenido, no de su consistencia ontológica. La esencia es una unidad ideal de sentido, una estructura elemental y primaria de significación. Es el núcleo constitutivo del mensaje que el fenómeno representa en cuanto presencia en la conciencia. Es la esencia del manifestarse o la manifestación en su esencia. Esto significa que no es un producto elaborado a partir de lo dado: ella misma es fenómeno, presencia inmediata o donación, y, por tanto, objeto de una intuición, de un acto intuitivo peculiar. Pero, aunque fenómeno, la esencia es de carácter universal, puesto que no contiene ninguna referencia a lo existente e individual. Representa un contenido invariante de toda posible percepción de la cosa: la formalidad pura del manifestarse del objeto.

La intuición eidética es la visión directa de la esencia o "eidos", que se alcanza por la simple presencia de ella en la conciencia. Para Husserl, la fuente de todo conocimiento, el fundamento que legitima todo pensamiento, es una intuición. Todo conocimiento discursivo nace y se apoya en una evidencia inmediata. Si no hay una intuición primera, todo raciocinio carece de validez *a priori*: no es ciencia estricta.

Acercamiento al idealismo

La inclinación inmanentista de la reducción fenomenológica, tal y como la concibe Husserl, conduce finalmente su pensamiento hasta las inmediaciones del idealismo. Como hemos visto, el yo puro es el único residuo que resiste a la "epoché". La realidad, tanto del objeto cuanto del yo sustancial, ha sido eliminada. Al contemplar toda vivencia de mi conciencia, me aparece ese yo como dato incuestionable y no susceptible de ser puesto entre paréntesis. El único objeto cuya existencia se me impone como necesaria es el objeto de la percepción inmanente, ya que él mismo es condición de dicha percepción. Es el yo puro o trascendental, que acompaña toda vivencia en cuanto significación. Este yo puro es el polo subjetivo de la conciencia como presencia de objeto, es la conciencia en cuanto sujeto de esa presencia, es decir, en cuanto subjetividad intencional. Así entendida, la conciencia es el único ser absoluto, la única realidad necesaria o por esencia. Por el contrario, la existencia del objeto es sólo existencia para la conciencia. El objeto existe en la medida en que se da a la conciencia: es puro darse a la conciencia o correlato objetivo de ésta. El modo absoluto de ser de cualquier otra realidad que no sea la conciencia es el modo de ser objeto o ser-para-la conciencia. Por tanto, el modo de darse a la conciencia es lo determinante del modo de ser. La conciencia es la realidad fundante de toda otra realidad, ya que cualquier ser distinto de ella es esencialmente aparecer, y la conciencia, en cuanto sujeto puro o intencional, es la condición de todo aparecer.

En última instancia, el único objeto de estudio de la fenomenología es el mismo yo trascendental. Si todo ser viene determinado por su modo de darse a la conciencia, el estudio de la objetividad se reduce al estudio de los modos de darse que caben en la conciencia, es decir, a una fenomenología de la conciencia. Esta ciencia investiga los modos fundamentales de la conciencia en cuanto intención significativa, en otras palabras, las formas de referencia a un objeto que la conciencia puede adoptar.

Husserl acaba dando valor metafísico a lo que era puramente metodológico. Lo que aparece como incuestionable al pensamiento se convierte en ser absoluto. La necesidad gnoseológica funda la necesidad ontológica: las leyes del pensar determinan las leyes del ser. En su crítica al psicologismo, había manifestado la irreductibilidad de lo lógico a lo fáctico; sin embargo, acaba reduciendo la ontología a la lógica.

La influencia de Kant, presente en toda su obra, parece hacerse hegemónica en esta última etapa. El estudio del objeto es sustituido por la reflexión acerca de las condiciones subjetivas de posibilidad de todo conocimiento. No es el objeto lo determinante del conocimiento; es la estructura funcional del sujeto la que determina toda posible objetividad, lo que condiciona la constitución del objeto, cuya realidad se agota, por tanto, en su modo de ser objeto para un sujeto.

Muchos de los discípulos de Husserl no siguieron al maestro en lo concerniente a esta última etapa. Le acusaron de haber traspasado el carácter meramente descriptivo del método fenomenológico, pero permanecieron fieles a su primera enseñanza. En concreto, Heidegger intentó utilizar la fenomenología en la constitución de una doctrina bien distante del idealismo.

2. SCHELER

Vida y obras

Max Scheler nació en Munich, el 22 de agosto de 1874. Realizó sus primeros estudios en esa misma ciudad, y, antes de terminarlos, se convirtió al catolicismo, aunque parece que su formación religiosa no llegó a ser sólida y profunda. Posteriormente, se trasladó a Berlín, donde estudió ciencias y filosofía, y recibió las enseñanzas de Dilthey. Continuó sus estudios superiores en Jena. En esta ciudad entra en contacto con Rudolf Eucken, que sería el principal inspirador de su primer pensamiento. El vitalismo espiritualista de Eucken marca profundamente sus primeros trabajos: su tesis de doctorado y su tesis de habilitación. En 1901 comienza a enseñar en la Universidad de Jena, como docente privado. Este mismo año, conoce a Husserl, e inicia su acercamiento a la fenomenología. En 1907, pasa a profesar en la Universidad de Munich, donde entra en contacto con el círculo de fenomenólogos, en el que pronto tendrá un papel destacado. Su temperamento variable y emotivo facilitó una azarosa vida sentimental, que afectó a su carrera docente e, incluso, a su producción filosófica. Su matrimonio civil con una persona divorciada supuso la ruptura con la Iglesia, así como la pérdida de su condición de docente oficial, en 1910. Se traslada después a Gotinga, donde intensifica su relación con Husserl y marcha posteriormente a Berlín. En 1913, inicia la publicación, en los "Anales" de la escuela de Husserl, de su obra *El formalismo en la Etica y la Etica material de los valores*, que finaliza en 1916. También en 1913, aparece *Esencia y formas de la simpatía*, aunque este título sólo sería adoptado más tarde, en la reedición definitiva de 1923. En su ánimo y en su pensamiento repercute intensamente el gran drama de la Primera Guerra Mundial. Esta desgarradora experiencia le lleva a descubrir en los valores cristianos la única base fecunda para una nueva solidaridad humana. Su vuelta a la fe católica se hace plena en 1916. Esta nueva conversión marca profundamente las obras escritas en este período. En 1919, es nombrado catedrático de filosofía y sociología en Colonia. La obra más característica de esta etapa de su pensamiento aparece en 1921, bajo el título: *De lo eterno en el hombre*. Pero, en 1922, rompe de nuevo con el catolicismo. Pretendió la anulación de su segundo matrimonio, con Maerit Furtwaengler —conversa al catolicismo, después de que lo hiciera su esposo— y, al no obtenerla, se casa, de nuevo, civilmente. Se abre así el último período de su producción filosófica, caracterizado por una actitud severamente crítica frente a la doctrina cristiana y por un espíritu pesimista y sombrío. En *Las formas del saber y la sociedad* (1926), considera el cristianismo como una religiosidad trasnochada e infantil, inválida para el nuevo espíritu abierto por la ciencia. Con *El puesto del hombre en el Cosmos* (1928) y *Concepción filosófica del mundo*, obra póstuma aparecida en 1929, su pensamiento acaba en un panteísmo evolucionista, con rasgos maniqueos. Muere repentinamente el 19 de mayo de 1928, al poco tiempo de tomar posesión de su nueva cátedra en Frankfurt.

Punto de partida. Razón y sentimiento

Scheler ha sido valorado frecuentemente como el más brillante seguidor de Husserl, aunque no puede ser considerado estrictamente como un discípulo de éste. Fue seguidor sólo en lo que respecta al método fenomenológico, que tomó para aplicarlo al estudio de las ideas y campos de interés que ya poseía, y que se diferenciaban claramente de los que presidían las reflexiones de Husserl. Ciertamente, este seguimiento metodológico, y no doctrinal, fue característico de casi todos los fenomenólogos. Asumieron básicamente la actitud común de búsqueda de la inmediatez del dato fenoménico y de suspensión crítica de todo supuesto y prejuicio. Por su carácter y formación, Scheler no era un frío y preciso pensador, como Husserl. Procedía de la filosofía vitalista de Eucken y Dilthey, y sus intereses le llevaron a estudiar también, en diversos momentos, las ideas de Bergson, Nietzsche, San Agustín y Pascal. Su gran aportación fue desarrollar la fenomenología más allá del angosto campo de la conciencia y de la lógica, proyectándola sobre el ámbito de los sentimientos y de la ética. Sustituyó el espíritu lógico-matemático de Husserl, por su inclinación hacia lo afectivo-vital.

El vitalismo espiritualista y panteísta de Eucken constituyó la inspiración primera del pensamiento de Scheler. Rudolf Eucken (1846-1926) fue profesor en Jena, de 1874 a 1920. Según éste, la vida se despliega en dos planos diferentes: el de la naturaleza y el del espíritu. El primero comprende lo biológico y psíquico, regulado según el determinismo causal. El segundo goza de autonomía respecto del primero, es libre y superior y, por ello, no es aprehensible por el conocimiento lógico-racional. El despliegue de la vida del espíritu encuentra en el hombre su máxima realización. Constituye en el ser humano un proceso creador por el que la divinidad se actualiza en el universo y el universo se diviniza. Este proceso es, pues, la progresiva consustancialización de lo divino y lo cósmico, que se realiza en el hombre, a través, fundamentalmente, del amor a la humanidad. La auténtica raíz de la religión —subyacente a todas las formas históricas de ésta— es un sentimiento inherente al hombre: la aspiración a la plenitud propia y del universo, a la culminación de la vida del espíritu.

A partir de estos planteamientos, Scheler se sitúa, ya en los inicios de sus especulaciones, en una posición claramente antiintelectualista. Sus primeros trabajos establecen una neta separación entre lo racional y lo sentimental, entre el saber y el querer. La vida del espíritu pertenece propiamente al ámbito de lo volitivo y emocional, y permanece inaccesible para todo esfuerzo racionalizador. Bien y verdad, deber ser y ser, son irreductibles: el conocimiento de lo primero no puede venir por el conocimiento de lo segundo. Los principios de la ética, los valores morales, sólo pueden ser alcanzados por vía de sentimiento. Pero esto no impide que los valores gocen de objetividad e independencia respecto de los deseos subjetivos. Scheler critica, como igualmente insuficientes, el subjetivismo racionalista de Kant y el empirismo psicologista.

Incorporación de la fenomenología

Scheler descubre en la fenomenología un método adecuado para hacer progresar sus ideas, un camino por el que desarrollar su búsqueda de objetividad en el mundo de lo afectivo. Junto con el rechazo del subjetivismo kantiano, postula, ahora, la atención absoluta a lo dado. Sólo en la experiencia fenomenológica nos aparece el objeto puro, libre de todo prejuicio y de toda posición previa del sujeto.

La filosofía se diferencia netamente de las ciencias positivas. El conocimiento que éstas adquieren es inductivo y *a posteriori*; se dirigen a las cosas, y su actuación está ordenada al dominio sobre la naturaleza. Por el contrario, la filosofía —desarrollada según el método fenomenológico— es un conocimiento de esencias, de lo *a priori*: su objeto son los contenidos significativos. Al poner entre paréntesis todo lo existencial, prescinde de cualquier intención de dominio, y se dirige únicamente a lo ideal.

Lo *a priori* pretenece, pues, al objeto, no al sujeto. Frente al *a priori* formal de Kant, Scheler postula un *a priori* material. Para Kant, lo incondicionado eran las formas del conocer, la estructura operativa del sujeto trascendental. Para Scheler, en cambio, la esencia dada fenoménicamente es un contenido objetivo, independiente del actuar del sujeto. Kant pensaba que las condiciones de la experiencia del sujeto eran determinantes de lo experimentado, que ellas mismas dictaban el modo de darse el objeto en el sujeto, en otras palabras, que la subjetividad determinaba el ser del objeto en cuanto objeto. En Scheler, por el contrario, lo determinante del conocimiento es el dato objetivo, el qué de lo dado inmediatamente al sujeto en la experiencia fenomenológica. La "aprioridad" no pertenece, por tanto, a lo formal del conocimiento, sino a lo material, al contenido.

Por otra parte, Kant se confundió también al expulsar del ámbito del espíritu toda actividad que no fuera racional. La experiencia racional pertenece a la vida del espíritu, pero también la experiencia emocional, que no se reduce a la mera sensibilidad. Ambas actividades tienen sus peculiares contenidos objetivos: a la primera corresponden las esencias, que son alcanzadas por la razón; y a la segunda, los valores, cuya vía de acceso es el sentimiento. Las dos experiencias son igualmente espirituales, y, por consiguiente, sus respectivos datos objetivos pertenecen igualmente al ámbito de lo esencial, ideal o cualitativo, no a lo sensible y empírico. Los valores, en consecuencia, gozan de objetividad, su contenido no depende del sujeto ni de condiciones empíricas; y, sobre esta base, cabe por tanto una ética material.

Etica material de los valores

Si Kant admitió únicamente, como universal y no relativa, una ética formal, fue por no haber distinguido entre valores y bienes. Pero los valores no se identifican con los bienes —cosas y acciones—: los trascienden y son independientes de ellos. Los bienes son portadores y manifestadores de los valores, pero no los constituyen. No pertenecen al mundo de lo ideal sino al de los hechos, que es cambiante e histórico. Por esta razón, los valores no se ven afectados por estos cambios. No dependen siquiera de nuestra actitud ante ellos, de nuestras estimaciones o categorías morales, que pueden variar en el tiempo. Por encima de estos cambios, los valores permanecen inmutables, pues son esencias, son "en sí". Las cosas pueden encarnar valores, pero éstos no se agotan en tal encarnación. En cuanto unidades significativas, trascienden los hechos y son, en este sentido, anteriores a ellos. Por este motivo, critica el relativismo moral de Nietzsche: no creamos los valores, sino que los descubrimos.

Este descubrir significa que no son elaborados por mera abstracción a partir de los datos empíricos. Los valores no son simple generalización de lo particular, pues lo trascienden. Basta un solo bien para poder captar el valor que porta, y que es, al mismo tiempo, trascendente respecto de su portador. El valor, pues, no es abstraído sino intuido.

Los valores son cualidades de valor o esencias axiológicas. Se justifican o valen por sí mismos, por su contenido: su valor está en lo que ellos significan. No son cosas ni conceptos abstractos, sino algo dado inmediatamente y en sí. No pertenecen a la experiencia sensible sino a la experiencia fenomenológica, pues sólo en ésta aparece el objeto puro: el objeto constituido sólo por aquello que pertenece al puro darse sin mediación alguna del sujeto. Si las esencias eran fenómenos del conocimiento, los valores son fenómenos del sentimiento: lo puramente manifestativo, lo dado inmediatamente en la actividad emocional. Todo lo que es presencia inmediata es captado en una intuición. Así como las esencias eran objeto de la intuición eidética, los valores son objeto de la intuición emocional o afectiva, que es distinta de la percepción sensorial, ya que aquélla pertenece a la actividad espiritual.

En definitiva, para Scheler, la esfera de los afectos y sentimientos tiene su propia objetividad, sus contenidos y su estructura, independientes de lo empírico, como lo son también las leyes y esencias de la razón. El orden interno y los contenidos o valores de la vida emocional son específicos de ese plano de la actividad espiritual, y, por consiguiente, irreductibles a las leyes y contenidos de la razón. La razón es ciega para los valores. Frente a la lógica de la razón, existe la lógica del corazón, que ya mencionó Pascal; y del mismo modo que la razón no descansa hasta que, cumpliendo sus leyes, alcanza la evidencia, el corazón está inquieto mientras no capta los valores y su orden.

Los valores se diferencian, según sus portadores, en valores de la persona —que son los valores éticos y la misma persona— y valores de las cosas —los valores de lo agradable, de lo útil y los valores estéticos—. En razón del principio de bipolaridad, el mundo de los valores se compone de valores positivos y negativos: a todo valor le corresponde un valor negativo o desvalor. Existe también una jerarquía entre los valores. Esta jerarquización les corresponde intrínsecamente, deriva de la misma esencia del valor. El orden de los valores está regido por un principio de superioridad-inferioridad que pertenece a la estructura *a priori* de ese orden. En esta jerarquía, Scheler escalona los valores de lo agradable y desagradable, los valores vitales, los espirituales —que incluyen, entre otros, los valores de lo justo e injusto y de la verdad y falsedad— y, finalmente, los valores de lo santo y lo profano. Hay que hacer notar —sobre todo, en relación a los dos primeros tipos señalados— que los componentes de este orden jerárquico son los valores en sí mismos considerados, en cuanto contenidos objetivos de la actividad emocional del espíritu; y distintos, por tanto, de las experiencias sensibles y empíricas de agrado o desagrado, vigor o enfermedad, etc. Los valores éticos no han sido incluidos porque ellos se constituyen en la persona, como realización de los anteriores según su intrínseca jerarquía, es decir, respetando en cada decisión o asunción personal la subordinación esencial de los valores.

La jerarquía de los valores no significa que los superiores sustituyan y anulen a los inferiores. Todo valor es valioso por sí mismo, aunque ese valer exige la incorporación dentro del orden jerárquico, en el que todo valor se ordena y colabora a la realización del valor superior. Por esta razón, Scheler rechaza todo rigorismo moral, frío y desencarnado. La rectitud moral no implica la renuncia a los valores inferiores: sólo exige que sean asumidos según su esencial ordenación. La ética no tiene como fin esclavizar y anonadar el sentimiento con una fría reglamentación racional. El sentimiento tiene un valor intrínseco y autónomo, un contenido irreductible a lo racional, y, por tanto, su sentido no es el de constituir un mero objeto de dominio para la razón. El racionalismo, que atribuye privativamente el espíritu a lo racional, concibe la ética como dominación, por parte de la razón, de cualquier otra dimensión de la vida humana. Es una ética de imperativos, de leyes y normas, ya que esto es lo único que la razón puede proporcionar para dirigir la vida.

Contra la ética del imperativo y del deber, Scheler postula una ética del valor, que no gobierna la voluntad constriñendo, sino atrayendo y reclamando mediante la intuición del valor. El fundamento de la ética no es la ley sino los valores; y sobre éstos se configura toda ley o deber, como mediador entre el valor y la acción concreta que lo materializa o encarna. No es la validez formal lo que hace que una prescripción sea erigible en norma universal y, por tanto, obligatoria. La universalidad y obligatoriedad de un precepto procede de su materialidad, no de su formalidad, es decir, se debe a los valores que contiene.

La persona y el amor

La fría ética racionalista del deber rige la conducta moral mediante normas abstractas y generales. Se trata, pues, de una ética despersonalizadora, que no abriga ni sustenta el valor de la persona, pues pretende someter lo personal a lo abstracto e impersonal. En Scheler, al contrario, la persona constituye el centro de la ética. Es el lugar de los valores éticos. Ella misma es un valor en sí, que fundamenta todo valor moral. La escala de los valores termina en los valores de lo santo, que remiten directamente a un valor supremo y absoluto, que es el del Espíritu Personal e Infinito, el de la Persona Suprema o Divina, fundamento último de todo valor. La esencia y valor de la persona está en su singularidad y concreción. El racionalismo es incapaz de comprenderla, pues sitúa el principio de lo personal en la razón. Esta es esencialmente universalizadora y homogeneizadora, por lo que disuelve la persona en lo abstracto y común.

Scheler elimina de su concepto de persona todo carácter sustancial. Entiende que definir la persona como sustancia equivale a cosificarla, a concebirla como un substrato estático e inerte, cuando la persona es esencialmente dinámica. Pero, no por ello la identifica con sus mismos actos. La persona funda y da unidad de sentido a sus actos, pero no consiste en el simple repertorio de éstos. Es propio de la persona darse toda entera en cada uno de sus actos, pero sin agotar su realidad en ellos; los trasciende, manteniéndose en la sucesión de actos diversos, y unificando tal sucesión. La persona es una unidad esencial actuante. Su carácter parece ser más bien cualitativo, pues, según Scheler, la persona no es sino que se hace. Este hacerse se realiza en la liberación de los condicionamientos del entorno, lo cual se consigue mediante la actualización de los valores. La persona se hace al actuar, no como una cosa entre otras, sino como un sujeto que determina su obrar desde sí mismo y que, en ese obrar, se singulariza o determina a sí mismo; es decir, actualizando valores y convirtiéndose, merced a esa actualización, en portador de valores.

La constitución de la persona implica esencialmente el establecimiento de relaciones personalizadoras: relaciones que unen los sujetos sin confundirlos, singularizándolos. El amor es la relación máximamente unitiva y, al mismo tiempo, la que más respeta la singularidad de los sujetos. Por ello, la persona se realiza primordialmente en el amor. La actividad afectiva sigue siendo superior a la racional. Las relaciones que la razón establece unen en confusión, pues disuelven la singularidad de lo conocido en el producto de la misma razón, en el concepto abstracto y universal. Sólo el amor une dos sujetos sin subsumirlos, sino, por el contrario, personalizándolos máximamente en su mutua relación. El amor tiene como término natural la Persona Suprema: Dios mismo, que es Amor y fundamento de todo amor.

Ultima filosofía

En la última etapa de su pensamiento, Scheler cae en un evolucionismo panteísta en el que desaparecen los más importantes conceptos de su especulación anterior. Sin embargo, ha sido su primera doctrina, y no esta última, la que ha adquirido gran resonancia, y a la que debe Scheler su puesto entre los grandes pensadores de nuestro siglo.

En esta última filosofía, la vida aparece desplegándose desde sus formas inferiores hasta su forma suprema: el hombre, concebido, ahora, como simple estructuración unitaria de sus mismos actos. En este proceso, actúan y se perfeccionan el espíritu y el "impulso" o fuerzas de la naturaleza inferior. Pero el espíritu carece de fuerza propia, y para realizarse, para hacerse realidad, necesita ser potenciado por el "impulso". El espíritu no puede perfeccionarse o actualizarse sometiendo lo inferior —es incapaz de ello—, sino sólo incorporando las fuerzas de lo infra-espiritual, y, de este modo, elevándolas o sublimándolas. Este proceso de asimilación entre el espíritu y lo vital constituye la conformación evolutiva de la misma divinidad. El hombre es la última etapa y el lugar donde se realiza lo divino. El perfeccionamiento del hombre es la misma actualización de Dios, que es, por tanto, un Dios en camino, que sólo alcanza la divinidad perfecta al final del proceso evolutivo.

Cabe preguntarse si el Dios del último Scheler significa algo distinto del Super-hombre de Nietzsche. Y también, si la causa de esta parcial vuelta a Eucken no estará primordialmente en la vida personal del autor, cuyas convulsiones habrían provocado el repudio del optimismo de la ética de los valores.

3. HARTMANN

Vida y obras

Nicolai Hartmann nació en Riga el 20 de febrero de 1882. Estudió medicina y filosofía en Tartu, y se trasladó a Marburgo en 1905, para continuar sus estudios de filosofía bajo la dirección de Cohen y Natorp, los más destacados miembros de la escuela neokantiana. En 1909, presenta sus tesis de habilitación para la docencia universitaria. Después de la Primera Guerra Mundial —en la que combate como soldado alemán—, profesa en la Universidad de Marburgo. Durante estos años, conoce al joven Heidegger, y critica su existencialismo. La lectura de las obras de Husserl y el contacto con algunos fenomenólogos, especialmente con Scheler, le llevan a apartarse de la filosofía neokantiana. No obstante, acepta la fenomenología de modo muy personal, y critica la tendencia idealista de Husserl, así como todo intento de constituir un sistema explicativo, cerrado y unitario, de la realidad. Este giro de su pensamiento se pone de manifiesto en su primera obra importante: *Principios de una metafísica del conocimiento* (1921). A partir de 1925, es catedrático en Colonia. Publica, en 1926, su *Ética,* siguiendo la teoría de los valores de Scheler, aunque sin compartir la orientación teísta de éste. Hartmann mantiene una postura agnóstica respecto de todo lo sobrenatural, rechazando la Providencia divina por considerarla negadora de la libertad humana. En 1931, pasa a la Universidad de Berlín. En 1935, aparece *Fundamentos de la Ontología,* que representa el inicio de sus obras dedicadas al análisis de las esferas del ser, de sus categorías y leyes estructurales, dentro de un planteamiento que se esfuerza decididamente por ser realista. Sus escritos son brillantes y están cargados de ricos y precisos análisis; pero su gran densidad, su tono académico y sus prolijas clasificaciones hacen costosa su lectura y comprensión. A esta obra siguen *Actualidad y posibilidad* (1938), *La estructura del mundo real* (1940) y *Filosofía de la Naturaleza,* publicada en 1950. El 9 de octubre de este mismo año, muere Hartmann, siendo catedrático, desde hacía pocos años, en Gotinga.

Giro hacia el realismo

Junto con el neokantismo y la fenomenología, influyeron en Hartmann, Hegel y Dilthey; también Aristóteles y la tradición escolástica, aunque interpretados de modo personal. El primer período de su pensamiento fue netamente neokantiano, y, a pesar de su paso a la fenomenología, muchos elementos de su primera formación permanecieron en su espíritu. La Escuela de Marburgo, fundada por Hernan Cohen (1842-1918) y continuada por Paul Natorp (1854-1924), postuló, frente al decadente idealismo, una vuelta al kantismo genuino. Abandonó la pretensión idealista de un conocimiento absoluto, y revalorizó el criticismo kantiano, más cauteloso ante afirmaciones absolutas y más sensible al límite del conocimiento. Aceptó como modelo del conocimiento científico el predicado por el positivismo —secular enemigo del idealismo—, y concibió la filosofía como análisis de las condiciones de posibilidad y validez de dicho conocimiento. Las formas regulativas del pensamiento son tomadas de nuevo como lo determinante del objeto conocido. El conocimiento de la realidad es reducido al conocimiento de las condiciones de validez de los contenidos de la conciencia, entendiendo esas condiciones como condiciones lógico-trascendentales, es decir, como condiciones *a priori* de validez lógica. Transforman así la filosofía kantiana en una lógica trascendental.

Después de su contacto con la fenomenología, Hartmann reacciona contra este planteamiento, y relega el estudio del orden de la conciencia en favor del descubrimiento de la estructura del mundo real. Postula un giro radical hacia el realismo, y afirma la independencia del objeto respecto del sujeto cognoscente. Conocer no es producir o constituir lo conocido, sino aprehender algo cuyo ser no es afectado por el acto de conocimiento. El conocimiento es una relación trascendente, y esto es lo que nos manifiesta inmediatamente la fenomenología. Hartmann toma el método de Husserl, pero, a diferencia de éste, se sirve de dicho método para trascender la conciencia. La consideración libre de todo prejuicio y postura previa, es decir, fenomenológica, del conocimiento, pone de manifiesto, en primer lugar, la heterogeneidad entre sujeto y objeto. La "conciencia natural" mira el objeto en su puro darse inmediato, sin condicionamientos teóricos previos. Y esta conciencia ve el objeto como un "en sí", como realidad autónoma y trascendente. La conciencia no se para en el fenómeno, como apariencia intra-mental, sino que, a través del fenómeno, contacta con la cosa conocida, que es lo que se nos manifiesta en el fenómeno. El fenómeno es el aparecer de algo "en sí". Este aparecer es lo que constituye el conocimiento, pero no lo conocido: lo conocido es ese algo que se nos aparece, pues el conocimiento es siempre conocimiento de algo. La intencionalidad de la conciencia no imprime en ésta una tensión hacia un objeto puramente mental, es decir, interior a ella misma —como en Husserl— sino, por el contrario, hacia un objeto trascendente y "en sí". La conciencia es "conciencia de"; pero conciencia de algo realmente distinto de ella, de algo cuya entidad no se reduce a su objetivación mental, a su estatuto de ser —en y para— la conciencia. La relación que establece el conocimiento no es una relación entre conciencia y objeto intencional o de conciencia, sino entre conciencia de objeto y objeto "en sí" o cosa. Esta relación, pues, no es constitutiva del objeto "en sí", que es independiente y permanece inalterado en la relación cognoscitiva. El conocimiento es por tanto una relación trascendente. En ella convergen dos realidades heterogéneas: el sujeto que se proyecta sobre el objeto, y el objeto que se ofrece y es dado al sujeto.

Esta trascendencia viene corroborada por los actos emocionales y vivenciales. Ellos constituyen un testimonio vivo de la realidad circundante. Estos actos muestran con evidencia una relación con algo trascendente al sujeto que los experimenta. Entrañan la presencia de una realidad frente a la que reaccionamos, sentimos, queremos, etc. Nuestro mismo trabajo implica la oposición a nuestra fuerza de una fuerza ajena y externa.

Ontología sin metafísica

Hartmann parece recuperar la primacía del ser sobre el conocer, pero, sin embargo, su postura es contraria a toda metafísica del ser. Nuestro conocimiento alcanza las cosas, pero la realidad esconde un residuo irracional que no somos capaces de aprehender. Es el ámbito de lo transinteligible o transobjetivo, del ser en cuanto fundamento último de los seres y de su unidad, el ámbito del ser en cuanto ser. El ser cognoscible no es todo el ser. La esfera del ser no se identifica con la esfera del pensamiento; y, por tanto, el ser no es reducible a razón, ni la realidad entera, a lógica. La metafísica, que pretende trascender el plano de los seres particulares y alcanzar el ser en su unidad, el ser en cuanto ser, es pues imposible. Las cuestiones metafísicas son incontestables e irracionales para nosotros; por lo que es imposible toda concepción última y universal de la realidad, que pretenda justificar los entes particulares desde la unidad de un fundamento absoluto.

Para Hartmann, lo único que cabe, como conocimiento cierto y eficaz, es una ontología, entendida ésta como análisis fenomenológico de los entes, como conocimiento descriptivo de lo que de ellos nos dan. La filosofía, en cuanto ontología, constituye una penetración, siempre parcial, de las esencias de las cosas. Se desarrolla en tres pasos sucesivos: fenomenología, aporética y teoría. El primero aporta la visión correcta y no tergiversada de la realidad y sus problemas. La aporética tiene como misión desvelar, en lo posible, la entraña de tales problemas, y posibilitar así la constitución de una teoría, según el grado de inteligibilidad que pueda alcanzarse respecto de esos problemas. La teoría, por tanto, no ha de intentar sobrepasar ese grado de inteligibilidad posible. Hartmann es enemigo de todo sistematismo, que pretende una explicación unitaria y deductiva de la realidad. Este afán lleva a violentar la realidad, a apartar y esconder su esencial problematicidad en pro de la unificación pretendida. La misión de la filosofía es más bien la de conseguir un planteamiento correcto de los problemas, profundizar en ellos separadamente, e intentar la mayor inteligencia posible de ellos; pero sin pretender nunca una contestación definitiva, integradora y totalizante. La filosofía es, pues, una filosofía aporética, una filosofía de los problemas; siempre hipotética y provisional, sujeta a constante revisión y enriquecimiento.

La ontología descriptiva de Hartmann tiene como objetivo el conocimiento de las distintas categorías que configuran el mundo de los entes. Estas categorías pertenecen a la misma realidad, son sus estructuras fundamentales, y no formas del pensamiento. A la inteligencia sólo le compete descubrirlas; pero, para ello, ha de conocer, en primer lugar, la realidad a la que pertenecen. De nuestro conocimiento de la realidad, extraeremos las categorías estructurales de ésta. Este conocimiento previo es el aportado por las ciencias positivas. De lo que se deduce que mientras el conocimiento científico de esa realidad no sea definitivo, tampoco será definitivo el sistema categorial concebido. La ontología de Hartmann es, pues, una ontología abierta, vinculada al estado de las ciencias particulares, y dependiente de sus avances. Según Hartmann, sólo gozan de cierta estabilidad las categorías definidas para el ámbito de lo inorgánico, merced al alto grado de perfección de la física y la química.

Las categorías. Estratificación del ser real

En su ontología distingue los "momentos" del ser (ser-ahí y ser-así, o existencia y esencia), las "maneras" o "planos" del ser (realidad e idealidad) y los "modos" del ser (posibilidad y realidad, necesidad y contingencia, imposibilidad e irrealidad). Al plano del ser ideal pertenecen las estructuras de los contenidos noéticos del sujeto. No se trata de estructuras subjetivas del conocer, sino de estructuras inherentes a objetos ideales que poseen una formalidad ideal propia e independiente del sujeto. A este plano pertenecen, por ejemplo, los contenidos lógico-matemáticos, las esencias y los valores. Son seres ideales, independientes y universales, pero no son reales pues carecen de efectividad. La realidad es esencialmente efectividad o facticidad. Este es el único modo absoluto de realidad; los demás —necesidad y posibilidad— sólo son reales por relación a éste. Lo posible es posible realmente si las condiciones que lo hacen posible son las condiciones que lo hacen efectivo, en otras palabras, si se dan todas las condiciones para su efectividad. Pero es obvio que si tales condiciones se dan, aquello tendrá que darse de hecho necesariamente, pues si no se diera, ello significaría la falta de alguna condición de facticidad. Lo realmente posible es, pues, lo realmente fáctico, y lo realmente fáctico, realmente necesario. Sólo el desconocimiento de la serie completa de condiciones nos hace ver como diferentes lo posible y lo necesario. La realidad, por tanto, se justifica por su sola presencia, pues en ésta va implícita su necesidad. Como podemos observar, se trata de una justificación más bien física, no metafísica.

El ser real se encuentra estratificado en cuatro planos distintos: el inorgánico, el orgánico, el psíquico y el espiritual. Estos estratos son irreductibles entre sí: no se distancian gradualmente, ni hay continuidad entre ellos, pues cada uno encierra una novedad esencial respecto del anterior (lo físico no determina lo psíquico, ni éste lo espiritual). Esta irreductibilidad imposibilita toda unificación del ser real. Cada estrato posee sus categorías específicas, aunque también existen categorías generales a todos ellos. Junto a las categorías, Hartmann define una serie de leyes categoriales, que regulan las relaciones entre aquéllas. Las categorías inferiores son más fuertes que las de los planos superiores. Estas últimas tienen como condición de su darse a las inferiores, se apoyan y descansan en ellas, pero son autónomas en su contenido, que es específicamente nuevo y no viene determinado por las inferiores. El contenido de las categorías superiores puede incluir las categorías inferiores.

La libertad y la ética de los valores

Cada plano de la realidad tiene su modo propio de determinación. Lo inferior está sujeto a determinación causal, pero el plano superior, el del espíritu, es libre. La libertad no es entendida como simple indiferencia o indeterminación, sino como modo de determinación propio del espíritu. Significa una posibilidad de determinación sobreañadida, por encima de la meramente causal-física. Pero para Hartmann, la libertad exige la ausencia de todo orden teleológico. Cabe libertad si la naturaleza está sólo determinada causalmente, pero no si lo está también finalmente, pues entonces la libertad, en cuanto determinación de fines, queda sin campo alguno. La determinación final no puede ser constitutiva de la naturaleza —tampoco de la naturaleza humana—; sólo puede ser consecuencia de la acción rectora de la libertad.

En el estrato del espíritu, Hartmann diferencia el espíritu finito o personal, el espíritu objetivo y el espíritu objetivado. El primero es consciente, individual y libre. El espíritu objetivo es el espíritu común de colectividades humanas, encarnado en el derecho, en las costumbres, en las creencias, etc. El espíritu objetivado comprende las producciones u objetivaciones del espíritu personal que actúa inmerso en el espíritu objetivo. El espíritu personal y el objetivo se afectan y determinan mutuamente, aunque siempre de modo sólo parcial.

Hartmann elabora una ética material de los valores semejante a la de Scheler. Mantiene la objetividad, el carácter de *a priori* y de "en sí" de los valores, y su diferencia respecto del deber y de los bienes. Como ya hemos visto, los valores son objetos ideales, independientes en su objetividad ideal, pero son en sí mismos irreales e impotentes: sólo cobran realidad y actúan por el sujeto que los percibe y obra según ellos. La impotencia de los valores hace que el hombre, en su obrar moral, en la realización de los valores, sea libre y autónomo, es decir, se determine a sí mismo y no sea determinado por los valores. Los valores más altos, aunque son de mayor calidad, poseen menos fuerza que los más bajos y elementales. En favor de la libertad humana, Hartmann rechaza el teísmo de la ética de Scheler. Considera inconciliables la libertad y la Providencia divina, que limitaría la capacidad de autodeterminación del hombre.

Hartmann ha llevado a cabo un importante esfuerzo por romper los estrechos límites de la conciencia y recuperar la primacía y trascendencia del ser, postuladas por el realismo. Sin embargo, su negación de la metafísica convierte su ontología en una mera fenomenología descriptiva de los entes, que siendo incapaz de aportar el fundamento último de éstos, es también incapaz de justificar como verdaderas sus mismas descripciones categoriales. La filosofía se reduce a planteamiento de problemas, y toda verdad se convierte en hipotética y provisional. La estrecha vinculación y dependencia de las ciencias positivas parece haber dejado en su filosofía un fondo materialista-mecanicista que puede descubrirse en algunos rasgos de su doctrina: en la afirmación de que lo inferior es siempre lo más fuerte; en la concepción de la posibilidad real como concurso de condiciones de hecho; en el rechazo de toda teleología, motivado por entender la causalidad final según el modo de la causalidad eficiente...

Capítulo VII

EL EXISTENCIALISMO

1. Introducción

El existencialismo es la corriente de pensamiento de mayor resonancia y repercusión de los últimos tiempos. No se ha limitado a ser una filosofía, sino que ha configurado también una literatura, un arte, una cultura en general. El existencialismo ha contribuido a crear el espíritu de las últimas décadas porque, al mismo tiempo, ha sido un fruto característico de ese espíritu. Surgía en contacto íntimo con su propia circunstancia, en perfecta sintonía con el momento histórico en el que nacía. La dolorosa experiencia de las dos grandes guerras propició un clima de pesimismo y desencanto, de desilusión y desengaño; los ideales, valores y normas parecían derrumbarse a la vista de su ineficacia, dando paso a un nuevo anhelo de libertad y de vida.

En el plano estrictamente filosófico, el existencialismo tiene como principal precursor a Kierkegaard. Su pensamiento fue sacado a la luz por teólogos protestantes, que realizaron una reinterpretación del cristianismo desde las categorías kierkegaardianas. El ejemplo más señalado lo constituye el comentario de la Epístola a los Romanos, que Karl Barth publica en 1919. Junto con el pensamiento del gran filósofo danés, encontramos otros precedentes en la filosofía positiva de Schelling y, en general, en la corriente vitalista. De esta fuente, el existencialismo recibe la actitud negativa frente al racionalismo abstracto y conceptual, reductor de lo individual en la universalidad de la Idea, y la proclamación, en contra, de la existencia humana, siempre singular y concreta, como ámbito de la auténtica verdad filosófica. La existencia es libertad y posibilidad, compromiso y decisión.

Aparece como esencialmente problemática, descrita por sus rasgos más dramáticos y patéticos. En cuanto posibilidad, libre autodeterminarse, la existencia entraña el riesgo del fracaso, de la contradicción, del absurdo. Es debate perpetuo entre la plenitud y el vacío de sentido, entre el trascenderse y el frustrarse, entre el ser y la nada.

La fenomenología constituye la otra gran fuente que alimenta el existencialismo y su influencia ha mitigado la tendencia irracionalista de éste. De ella, toma la concepción del ser como revelación (fenómeno) y el carácter intencional de la conciencia. Pero, ahora, esta intencionalidad rompe el cerco de la conciencia y la proyecta sobre un mundo trascendente que es afirmado como evidencia. El ser es aquello que se revela, pero no es un ser puramente fenoménico o para la conciencia. El método fenomenológico no se aplica ya a los contenidos de la conciencia sino al análisis de la existencia humana, a la definición de sus posibles determinaciones, de sus inherentes modos de posicionarse en el mundo, ya que ella es el ámbito de la manifestación del ser.

El idealismo había proclamado el imperio de una Razón sin límites y autosuficiente. Frente a él, el positivismo había establecido como límite del conocimiento la racionalidad científica, y había convertido la filosofía en una simple analítica de la ciencia. La fenomenología concedía a la filosofía un campo objetivo, propio y específico, en el que ésta podía actuar eficaz y rigurosamente. El existencialismo, sin embargo, prescinde de determinar un nuevo límite para la razón, pues el discurso racional queda al margen del saber filosófico. La filosofía es otro tipo de conocimiento que se sitúa fuera de la objetividad y de la conceptualización, ya que el ser se encuentra más allá de lo abstracto y lógico, su manifestación pertenece a la esfera de lo existencial. El verdadero campo de la reflexión filosófica lo constituye, ahora, aquello que no es reducible a razón, lo paradójico y problemático, lo existencial, vivo y singular, que no es aprehensible en una contemplación fría y distante, aquello que escandaliza y desconcierta a la rígida racionalidad científica.

Frente al optimismo racionalista, que presentaba un universo transido de inteligibilidad, el existencialismo nos muestra la radical problematicidad e inestabilidad de la existencia y del mundo. El hombre es esencialmente finitud, devenir, un hacerse sin referencias orientadoras. La comprensión de su ser escapa a toda conceptualización estática y abstracta, sólo se da como autocomprensión activa y vital.

En virtud de estas mismas características, el existencialismo no podía establecerse como filosofía homogénea y unitaria, y mucho menos como una escuela. Las diferencias entre los pensadores que aquí se encuadran son numerosas y notables. Muchos de ellos negaron que su filosofía pudiera ser llamada existencialista. Pero, a pesar de tales diferencias, existe un cuerpo de características comunes, una serie de enfoques, temas e intereses compartidos, que permiten hablar de existencialismo, si no como una doctrina uniforme, sí como una línea de pensamiento o una corriente filosófica.

2. JASPERS

Vida y obras

Karl Jaspers nace el 23 de febrero de 1883, en Oldenburg (Frisia alemana). Recibió de sus padres una educación moral pero no religiosa. Su precaria salud le sumió en la amargura en algunos momentos y le exigió llevar una vida severamente reglada y metódica, que fue capaz de mantener gracias a su gran tenacidad. Desde edad temprana sintió atracción por la filosofía y gustaba de la reflexión solitaria. Sin embargo, por tradición familiar, comenzó los estudios de derecho en 1901, cambiándolos por los de medicina al año siguiente. Los finaliza en Heidelberg, especializándose en psiquiatría, por la afinidad de esta disciplina con las cuestiones filosóficas. En 1910 —año en el que contrae matrimonio— estudia la obra de Husserl, y acepta como método de investigación la fenomenología. En este mismo año, conoce a Max Weber, por el que sentirá siempre una profunda admiración. En 1914, descubre las obras de Kierkegaard, que empujan las reflexiones de Jaspers hacia los problemas de la existencia individual. Consigue la cátedra de psicología de Heidelberg en 1916. Tres años después, publica su primera gran obra: *Psicología de las concepciones del mundo,* que puede considerarse la primera obra de filosofía existencialista, pues en ella ya están presentes los principales temas que alimentarán toda la filosofía de Jaspers. En 1921, accede a la cátedra de filosofía. Su obra principal, *Filosofía,* aparece en 1932. El régimen nazi le aparta de su cátedra —su mujer era de raza judía— y le condena al silencio. Siguen años de amargura y reflexión. Es reintegrado a la enseñanza después de la guerra, y reanuda su actividad literaria: *De la verdad* (1947), *La fe filosófica* (1948), *Origen y meta de la historia* (1949). Sus escritos son numerosos y de materias variadas, alcanzando especial difusión los de temas sociales y políticos. En 1948, se traslada a Basilea, donde profesa hasta 1961. Se retira entonces, sin dejar su actividad de escritor, y muere en esa ciudad, el 26 de febrero de 1969.

Filosofía como autocomprensión existencial.
Crítica del conocimiento objetivo

Jaspers es el filósofo existencialista más estrechamente vinculado a Kierkegaard. También influyen en él Hegel, Nietzsche, Husserl y, sobre todo, Kant. La limitación e incapacidad de la teoría como vía de acceso a la realidad y el recurso consiguiente al ámbito de la praxis, presentes en el espíritu kantiano, se combinan ahora con la exaltación kierkegaardiana de lo existencial, singular y concreto, en cuanto modo de la auténtica realidad y verdad. Siguiendo de cerca al filósofo danés, Jaspers asigna a la filosofía la consecución de una verdad de índole distinta a la de las verdades aportadas por las ciencias. La verdad filosófica no es una verdad objetiva que pertenece al yo sólo en cuanto conciencia —sujeto de objetos—. La verdad filosófica es una verdad comprometedora, existencial, no la verdad de un objeto que se posee, sino la verdad que se vive. La verdad de mi existencia o mi existencia verdadera. No es, por tanto, objetiva, universal y en sí, sino, por el contrario, subjetiva, singular y para mí.

El conocimiento objetivo, que es el de las ciencias, es conocimiento de los seres, pero no del ser. El ser es inobjetivable, y escapa por tanto de todo conocimiento que se constituye según la distinción sujeto-objeto. La filosofía no se limita a ser una analítica general del conocimiento científico. Posee un objetivo propio y específico: la búsqueda del ser. Pero, por ello, no puede configurarse como una ciencia más, como un conocimiento objetivo ni como un sistema conceptual. El ser sólo puede ser alcanzado en el plano de la existencia, o sea, existencialmente, no objetivamente. Por tanto, la filosofía es filosofía en y de la existencia, esclarecimiento de la existencia en la misma existencia. La existencia no puede ser aprehendida objetivamente, por lo que su clarificación no puede proceder de un conocimiento que pretenda tomarla como objeto. La filosofía, como esclarecimiento o donación de sentido existencial, es el mismo existir esclareciéndose. Y este esclarecimiento significa apertura al ser.

El pensamiento de Jaspers parte del campo de la psiquiatría, donde aplicó la fenomenología a la investigación de las vivencias profundas del sujeto. Este punto de partida imprime a su filosofía cierto carácter terapéutico. Sobre el hombre contemporáneo pesa la amenaza de la masificación, de una vida anónima, en la que el hombre pierde su autoposesión, su sentido y su personalidad. La filosofía se presenta como vía de auténtica y decidida existencia. El esclarecimiento de ésta es apertura al ser, que implica un constante trascender: no estacionarse en ningún objeto, en ninguna realidad, en ninguna visión del mundo, en ningún sistema explicativo... Trascender es la operación específica y fundamental de la filosofía en cuanto esclarecimiento de la existencia.

Este trascender se desarrolla en tres pasos o momentos, que son, por ende, los tres estadios de la filosofía de Jaspers: orientación en el mundo, esclarecimiento de la existencia y metafísica. Cada uno de ellos representa una orientación determinada de la actividad cognoscente. En cada una de estas direcciones, el conocimiento topa con un "Abarcante" (Mundo, Hombre, Trascendencia) que representa el horizonte o fundamento último de sentido de lo conocido, pero que permanece inalcanzable, manifestando así la insuficiencia de dicha dirección y la necesidad de trascenderla. Ningún conocimiento es, pues, definitivo. La filosofía no es una ciencia o un sistema, y su verdad es esa apertura existencial al ser, que exige la superación de toda verdad objetiva.

Por "orientación en el mundo", Jaspers entiende la actuación del conocimiento científico. La ciencia toma la realidad —también al hombre— en su "ser-ahí", en su estar en el mundo. Por mucho que progrese su conocimiento, sólo conoce cosas en el mundo, pero nunca el mundo mismo como "Abarcante", como horizonte en el que las cosas aparecen y cobran su sentido. Sin embargo, pretende presentar como total y definitivo su conocimiento del mundo, que no es más que una visión parcial, un punto de vista, una imagen del mundo, y no el mundo mismo.

El conocimiento científico toma al hombre como objeto. Siempre que se dirige a él lo hace externamente, mirándolo desde fuera. En este desdoblamiento, el hombre mismo, en su interioridad, en cuanto yo, permanece al margen de su conocimiento, no está implicado en él. La conciencia no alcanza al hombre en su realidad radical, en su existencia, en su vivir interno, libre y autorrealizante. Lo conoce como un ser entre los seres, pero no como existente. Este modo de consideración mantiene al hombre en la masa, como una cosa entre las cosas, dejando su existencia sin esclarecer.

La ciencia conoce seres pero no el ser. Por ello, aprehende al hombre como un ser, objetivamente, pero no en su ser, existencialmente. Sólo en la existencia, el hombre entra en contacto con el ser, y se capta a sí mismo en su ser. Se impone, por lo tanto, trascender la consideración objetiva y situarnos en el plano existencial, en el que yo no me tomo como objeto para mí, sino que me capto en mi existir interno y radical. La filosofía se convierte en esclarecimiento de mi existencia. No busca ya una verdad objetiva, sino una verdad existencial. Superando toda objetividad —que en cuanto tal, deja siempre escapar al ser—, mi existencia se hace apertura al ser y, por tanto, se esclarece.

Decisión, situación y comunicación

Este esclarecimiento exige la decisión, el ser decididamente lo que soy: existo verdaderamente en cuanto escojo. Pero yo soy necesariamente mi situación, mi existencia es siempre existencia-en-el-mundo: situación. Tal situación me viene dada de hecho, no depende de mí, es única e incambiable. Por consiguiente, mi existencia se hace verdadera y auténtica cuando escojo libremente lo único que soy de hecho. Sólo puedo llegar a ser —existencialmente— lo que soy —fácticamente—. No decidirme por mi situación, significa traicionarme, y limitarme a vivir mi situación —ya que no puedo escapar de ella— de forma inconsciente y anónima, sin existenciarla.

La existencia es esencialmente finita e histórica y, por tanto, su verdad es siempre una verdad singular y concreta, no universal. La verdad de la existencia es la verdad de mi-existencia. Jaspers rechaza todo dogmatismo, por su pretensión de instaurar una sola verdad, general y definitiva. Tal pretensión implica tomar como objetiva la verdad existencial. Pero rechaza también el puro relativismo, pues tal postura implica igualmente un objetivar la verdad, al admitir una pluralidad de verdades como si se tratase de una pluralidad de objetos, cada uno de ellos completo en sí mismo. El relativismo yuxtapone verdades, cerradas y separadas. Pero la verdad de la existencia no es objetiva sino existencial, pues la existencia no es objetivable y, por tanto, tampoco su verdad. Esta verdad es singular y personal, pero esto no significa que se dé aislada y separada, pues no se trata de una verdad objetiva, que excluiría otra también objetiva. La verdad de la existencia, de cada existencia, se da en la comunicación. Existir es existir-con. La existencia encuentra su verdad comunicándose con otras existencias. Se hace verdadera trascendiendo el plano de la objetividad y comunicándose con las demás existencias en la común apertura al ser.

La existencia en la fe

La capacidad de autoesclarecimiento de la existencia encuentra una barrera en lo que Jaspers denomina "situación límite". Las situaciones-límite (sufrimiento, dolor, culpa, muerte) son aquello que se me presenta como necesario e inevitable pero, al mismo tiempo, incomprensible. Representan el fracaso de la existencia en su esclarecerse, la insuficiencia de la existencia para encontrar su verdad en sí misma, en su inmanencia. En esta situación, todo ser aparece como problemático, insuficiente y relativo, y se convierte así en "cifra" de la Trascendencia del ser como abarcante y soporte de todo ser. El mundo se hace cifra para la existencia auténtica, que asume decididamente la situación-límite. El contacto con el ser se da existencialmente en la vivencia del propio fracaso, en la vivencia de la imposibilidad de una existencia verdadera y esclarecida.

El mundo, en cuanto cifra, manifiesta su carácter relativo y la necesidad del ser como Trascendencia. Pero la cifra no nos da el ser trascendente en su realidad. La Trascendencia, el ser infinito y absoluto, permanece inobjetivable, incomprensible e indeterminable. Su conocimiento es fe. La fe es el reconocimiento obligado de lo incognoscible pero necesario. Esta fe no es una fe determinada, una forma concreta de religiosidad —Jaspers rechaza todas ellas y exige trascenderlas—, sino, más bien, la raíz existencial de toda forma de conciencia de la Trascendencia. No es un creer algo, una fe con contenido, sino el mismo creer, como modo de existencia. La existencia alcanza su pleno sentido en la fe, en cuanto reconocimiento, a la vista de su propia insuficiencia, del ser como Trascendencia. La fe es el acto de trascender definitivo. La plena apertura al ser es apertura a la Trascendencia, aceptación de su necesidad sin pretensión de objetivarla.

Pero una fe así entendida —que tanto recuerda a Kierkegaard— no parece aportar nada distinto de la misma conciencia de nuestra insuficiencia. En ella, la existencia no acaba de trascenderse, no alcanza algo más allá de sí misma, pues dicha insuficiencia pertenece a la misma existencia. En la fe como apertura a ningún objeto, como necesidad de una Trascendencia que no es otro ser, como pura postura existencial, la existencia se queda sólo consigo misma. La fe de Jaspers es el reconocimiento de una trascendencia necesaria que no dice nada trascendente sino sólo la propia indigencia del que cree. El motivo de la fe se hace también meta de la fe.

Puede decirse que la entraña de la filosofía de Jaspers no es propiamente una doctrina, una teoría, sino, más bien, una llamada a una existencia humana auténtica, la predicación de un modo de vivir y realizarse como hombre. Su mensaje no es una verdad sino el camino hacia esa forma de existencia, que implica evitar toda limitación y estacionamiento en algo objetivo, un constante trascender, apertura, comunicación, libertad.

3. HEIDEGGER

Martin Heidegger es la primera figura del existencialismo y el filósofo de mayor resonancia y altura intelectual de las últimas décadas. Aunque rechazó reiteradamente el calificativo de existencialista para sí, hay razones —como se verá— que apoyan el uso común de ubicar su doctrina dentro de esta corriente. Su influencia ha sido, ciertamente, profunda y extensa, pero no ha creado auténtica escuela: la misma índole de la filosofía existencialista parece imposibilitar la sucesión discipular. Su estilo, abstruso y algo críptico, gusta de recurrir a la creación de neologismos y de preñados términos de significación globalizante, así como a la etimología —no siempre acertada— de las palabras. Estos recursos no hacen fácil la inteligencia de sus escritos, y, en ellos, algunos han creído ver la manifestación de una falsa profundidad.

Vida y obras

Heidegger nace en Messkirch (Estado de Baden) el 26 de septiembre de 1889. Sus padres, católicos, le procuraron una educación acorde a su fe. Realizó sus primeros estudios en su ciudad natal, continuándolos en Constanza y Friburgo. En 1911, ingresa como novicio en la Compañía de Jesús. Estudia teología y filosofía aristotélica y escolástica. Pronto abandona el seminario, pero continúa sus estudios de filosofía en la Universidad de Friburgo, teniendo como principal maestro al neokantiano Rickert. Bajo la dirección de éste, se doctora en 1914, y alcanza la habilitación para la docencia universitaria al año siguiente. En este tiempo, estudia también las obras de Husserl, con el que entra en contacto, al acceder éste a la cátedra de Friburgo, en 1916. Heidegger se suma al grupo de los jóvenes fenomenólogos, y colabora en la elaboración de los "Anales". Finalizada la guerra, pasa a ser asistente de Husserl en la Universidad. Estrecha también relaciones con Scheler, que despierta en Heidegger el interés por las cuestiones antropológicas. En 1923, es nombrado profesor de filosofía en la Universidad de Marburgo. Su principal obra, *Ser y Tiempo*, aparece en 1927, publicada en los "Anales" de Husserl, y dedicada a éste. Se trataba sólo de la primera parte de una obra mayor, pero las siguientes no llegaron a aparecer nunca. Por consejo del mismo Husserl, es elegido para sucederle en la cátedra de Friburgo, de la que toma posesión en 1928. Pero, a partir de este momento, se pone de manifiesto, cada vez más claramente, la independencia del antiguo discípulo, que no orienta el método fenomenológico hacia los contenidos de la conciencia, sino hacia la búsqueda del ser, eliminando, por tanto, la reducción de la existencia. El distanciamiento respecto de Husserl se va haciendo progresivamente mayor. Después de *Ser y Tiempo*, Heidegger sólo ha publicado obras menores, recogiendo en ellas cursos y conferencias. En 1929, aparecen *Sobre la esencia del fundamento*, *Kant y el problema de la metafísica* y *¿Qué es metafísica?* En 1933 —gobernando el partido nazi—, es nombrado rector de la Universidad; y en su discurso de toma de posesión —"Autoafirmación de la universidad alemana"— parece manifestar cierta afinidad con la ideología nacionalsocialista. Aunque dimitió de su cargo al año siguiente, continuó en la cátedra hasta que, finalizada la contienda, fue depuesto de ella por las fuerzas francesas de ocupación. En 1937, había publicado *Hölderlin y la esencia de la poesía*. En 1942, aparece *La doctrina platónica sobre la verdad*, y al año siguiente, *La esencia de la verdad*. En 1947, publica, como apéndice a la nueva edición de su obra sobre Platón, *La carta sobre el Humanismo*. Años más tarde, se reincorpora progresivamente a la docencia, dirigiendo seminarios y cursos y pronunciando algunas conferencias. Se retira definitivamente en 1966, y fallece el 26 de mayo de 1976, posiblemente, vuelto a la fe.

El olvido del ser

Así como, en lo sentimental, Heidegger parece participar del anhelo popular de autoafirmación y erguimiento, estimulado por las consecuencias humillantes de la derrota; en lo intelectual, se hace receptor de la conciencia de crisis del pensamiento alemán, experimentando la necesidad de una reforma que revitalice la filosofía, y cuyo camino cree descubrir en la fenomenología. Esta vocación de reformador y rectificador del rumbo de la filosofía preside toda su producción, aunque, en el desarrollo de su pensamiento, se distinguen habitualmente dos etapas. La primera, de signo más existencialista, comprende su obra principal y las que le suceden inmediatamente. La segunda abarca su producción literaria a partir de su escrito sobre Hölderlin (1937), y en ella su pensamiento toma un carácter más ontológico, centrado de lleno en el problema del ser. No entraremos aquí en la discusión acerca de la posible unidad entre estas dos etapas, que, por otra parte, Heidegger afirmó decididamente. En contra de la opinión del autor, para ciertos estudiosos, la segunda etapa testifica el fracaso del camino tomado por Heidegger en la primera.

Además de Husserl, influyen decisivamente en él Kierkegaard, Dilthey y Nietzsche; y en la última etapa, los poetas Hölderlin y Rilke. También, Platón y Aristóteles, aunque, habitualmente, en sentido negativo, y cuyas doctrinas no siempre interpreta Heidegger de modo correcto.

La intención de Heidegger no es elaborar sólo una filosofía de la existencia sino constituir una auténtica metafísica. Su objetivo no se centra —como en Jaspers— en el esclarecimiento de la existencia humana, singular y concreta, sino en la comprensión del ser: del ser en cuanto tal, del ser por el que los entes son. En su opinión, la metafísica clásica se ha quedado sólo con el ente y ha olvidado el ser, reduciendo la comprensión del sentido del ser a la consideración de las categorías generales del ente, o concibiendo el ser como un ente supremo: Dios. Toda la filosofía posterior a Platón adolece de este olvido.

Analítica de la existencia

La pregunta originaria de toda metafísica es la pregunta por el ser: ¿qué es el ser? En toda pregunta se pueden distinguir tres elementos: aquello por lo que se pregunta, aquello a lo que se pregunta, y lo que encontramos al preguntar. En el caso de la pregunta por el ser, estos tres elementos son respectivamente: el ser, el ente y el sentido del ser. La pregunta por el ser es dirigida al ente. Pero hemos de determinar a qué ente ha de ser formulada esta pregunta primordialmente. Este ente no es otro que el hombre.

El hombre es el ser que se pregunta por el ser. La pregunta surge en el hombre. La mera formulación de la pregunta supone un cierto conocimiento de lo que se pregunta, una comprensión vaga y originaria del ser. La pregunta es una búsqueda, que implica algún sentido —aún difuso y preconsciente— de lo buscado; significa un encaminarse hacia algo, cuya dirección sólo puede proceder de ese algo. Al preguntar por el ser, el hombre se cuestiona a sí mismo, pues él es. Este cuestionar es su modo de ser. El hombre es el ser ontológico: la comprensión del ser es una determinación, una posibilidad de su modo de ser. El hombre es el ente abierto al ser, el ente cuyo modo de ser es cuestionarse por el ser. Heidegger lo define como "ser-ahí" (Dasein). El hombre, el "ser-ahí" es el "ahí del ser": el lugar del desvelamiento del ser, donde el ser se hace manifiesto.

Por todo ello, la búsqueda del sentido del ser comienza por el análisis del modo de ser del *Dasein*, como fase previa y fundamentadora de nuestro encaminamiento hacia el ser. Como hemos visto, el hombre (ser-ahí) es el ser que pregunta por el ser y que, en esa pregunta, se cuestiona a sí mismo. Su modo de ser es poner en juego su ser, cuestionarse y determinarse, comprometerse y hacerse. Su modo de ser es poder ser, posibilidad: existencia. El análisis del ser-ahí consiste, pues, en una analítica de la existencia.

A este análisis, Heidegger aplica el método fenomenológico. Pero, en su pensamiento, la fenomenología sufre una notable transformación. La materia de su investigación es ahora la existencia, que en Husserl era puesta entre paréntesis como consecuencia del ejercicio de la "epoché". Por otra parte, el mismo fenómeno parece entenderse de modo diverso. Ya no es lo dado de modo inmediato, lo que aparece directamente y tomado en su puro aparecer. El fenómeno consiste, más bien, en aquello escondido que se desvela en la penetración fenomenológica: lo que se manifiesta considerado, no en su pura apariencia, en su mismo mostrarse, sino en su realidad en sí y auténtica. El análisis fenomenológico de la existencia tiene como finalidad dejar que el ser se muestre en la configuración de la existencia, permitir que el ser se revele a través del ente existente. Este análisis de la existencia, Heidegger lo llama "existencial", distinguiéndolo del simplemente "existentivo" —como, por ejemplo, el de Jaspers—. El segundo es meramente óntico, se cierne a la sola existencia, y constituye solamente un simple esclarecimiento o toma de sentido de ella: es ejercicio de la misma existencia, singular y concreta. El análisis existencial es, por el contrario, ontológico: se dirige al ser, a la comprensión de éste, a través de la existencia. Aunque ésta es siempre singular e individual, la finalidad del análisis es la determinación de las estructuras fundamentales de la existencia en cuanto tal, para, a través de ellas, llegar a desvelar el ser. Heidegger no quiere reducir su filosofía a antropología, pero en *Ser y Tiempo* sólo llevó a cabo la analítica de la existencia humana.

"Ser-en-el-mundo"

Las estructuras o determinaciones fundamentales de la existencia son lo que Heidegger llama "existenciales". La existencia está constituida por sus propias posibilidades. Existir es realización de posibilidades, autodeterminación. El hombre existe arrojando ante sí sus posibilidades y realizándolas: proyectándose; y, al proyectarse, se comprende a sí mismo —como posibilidad y determinación—, comprende su existencia y se hace: existe. Existir es trascenderse: el existente es el ser que es trascendiéndose, que se trasciende proyectándose. El hombre se trasciende proyectándose sobre el mundo. Por esto, la primera determinación fundamental de su existencia es "ser-en-el-mundo". El mundo no es un simple *donde*, en el que el hombre es. El "en-el-mundo" es constitutivo de su ser; no se añade a su ser, sino que lo compone: la existencia consiste en ser-en-el-mundo.

Así como el hombre se constituye como existente en su relación al mundo, el mundo se constituye como tal en su relación al existente. El mundo no es, pues, un universo desgajado, externo e independiente del hombre: no es en sí sino para mí. El mundo, en cuanto unidad o todo orgánico, se constituye desde el hombre. El mundo es un sistema de relaciones, un entramado de posibilidades, que se configura en virtud del trascenderse del hombre. El proyecto incluye tanto al hombre como al mundo, penetrándose mutuamente: el mundo se incorpora a la estructura del existente, y el hombre queda comprendido y sometido en el mismo mundo al que se proyecta.

El modo de ser de las cosas que componen el mundo consiste en ser utilizables. Diríase que, más que ser, las cosas sirven. Es el hombre quien, al proyectarse, da a las cosas una unidad orgánica, quien las integra en un mundo; y las integra —las hace componentes de un mundo— siempre en cuanto útiles, es decir, en cuanto relativas a sus propias posibilidades. El ser de las cosas consiste, en definitiva, en "estar a mano".

El "cuidado" y la existencia inauténtica

La estructura fundamental de la existencia en cuanto ser-en-el-mundo es el "cuidado". Ser-en-el-mundo significa cuidarse de las cosas, existir en cuidado. También significa cuidarse de los demás, solicitud por los otros, ya que ser-en-el-mundo es, al mismo tiempo, ser entre los demás, existir-con o co-existencia. Para el ser-en-el-mundo todo se presenta como motivo u ocasión de cuidado; por esto, el cuidado aparece como la estructura fundamental de la existencia en cuanto ser-en-el-mundo, la forma de todas las determinaciones posibles de tal existencia.

La existencia como cuidado constituye para Heidegger la existencia inauténtica. En el cuidado, el hombre se encuentra preocupado y pendiente de lo ajeno, atento a las cosas y olvidado de sí, es decir, "divertido": derramado, volcado a lo exterior, disperso en mil aconteceres. Es la existencia sumergida en lo cotidiano y sujeta a lo convencional. Una existencia anónima e impersonal, que se rige por los dictados del "se dice" y "se hace". Se caracteriza por el afán de novedades y la curiosidad. Se deja llevar por lo que es sólo aparente, lo cual, la conduce siempre al equívoco. La existencia inauténtica es existir entre las cosas, la existencia del hombre que agota su existencia en su relacionarse con las cosas, que vive inmerso en un mundo de cosas que le comprende a él mismo.

Heidegger está llevando a cabo un análisis fenomenológico de la existencia en cuanto modo de ser del hombre (Dasein), lo cual significa determinar las estructuras fundamentales de la existencia, al margen de todo juicio de valor. La caracterización de la existencia inauténtica no implica ninguna valorización; nos encontramos ante una de las determinaciones posibles del ser-ahí, ante una posibilidad que pertenece constitutivamente a la existencia. ¿Cuál es la raíz de esta pertenencia? El fundamento de ella es la facticidad de la existencia, lo que la existencia es en cuanto hecho, no en cuanto posibilidad. La existencia en su facticidad es "estar arrojado" en el mundo y entre las cosas, lanzado a la existencia al margen de nuestra voluntad, sin depender de nosotros. Esta facticidad la experimentamos afectivamente en el sentimiento trágico, en el sentimiento de no poder ser más que lo que somos de hecho. La existencia inauténtica acaba desembocando en lo que la existencia era ya —originariamente— de hecho, no trasciende su mera facticidad.

El "Dasein", que es, de hecho, un ser arrojado, existe trascendiéndose, proyectándose sobre el mundo. Pero él mismo queda incluido en el proyecto, e incorporado al mundo sobre el que se proyecta, determinando así su existencia como ser-en-el-mundo y, por tanto, como cuidado. El cuidado le hace vivir atento a las cosas y de espaldas a sí mismo, en una existencia inauténtica, como un ser entre los seres, realizando únicamente lo que ya era de hecho, la condición originaria de su existencia: ser arrojado en el mundo. No hay, pues, trascendencia; el hombre al proyectarse no alcanza más que su mera facticidad, lo que pretendía trascender en cuanto existente. La existencia como trascenderse, como posibilidad, se manifiesta ahora como radical imposibilidad. La única posibilidad es ser lo que ya se es, lo que se es de hecho. La existencia-posibilidad se autocomprendía en su proyectarse, anticipando y realizando sus posibilidades, pero, a la postre, se comprende definitivamente como imposibilidad, como imposible poder-ser: aprehende la imposibilidad de sí misma como posibilidad. La existencia en cuanto trascendencia se aniquila a sí misma, se revela como radical nihilidad, como nada.

En la existencia inauténtica, el hombre intenta superar la frustración de sí mismo como proyecto mediante un constante proyectarse de nuevo, mediante la determinación de nuevas posibilidades. Pero todo proyecto le abandona en su facticidad, toda posibilidad es imposible, nula. Mientras escoge posibilidades, el hombre permanece en la existencia inauténtica, pues todas las posibilidades son, en definitiva, equivalentes. Todo proyecto mantiene al hombre en el cuidado. Ciencia, moral, derecho, etc., pertenecen a la esfera de las relaciones del hombre con los útiles.

Existencia auténtica. "Ser-para-la-muerte"

La existencia auténtica sólo es alcanzada mediante la aceptación de la nulidad de la propia existencia. A esta aceptación, el hombre es llamado por la voz de su conciencia. La conciencia llama al hombre a desligarse del cuidado y volcarse sobre sí mismo: introvertirse; reclama de él la asunción de su verdadero ser, de su propia nada como existente, como poder-ser. En la decisión por lo que ya es, por lo que es de hecho, el hombre encuentra su existencia auténtica. Esta no es, por ende, posibilidad, innovación, sino "repetición". El hombre escoge y repite su hecho. No pretende trascender su situación, ni escapar de ella. Todas las posibilidades se le presentan como equivalentes, como igualmente nulas, y permanece fiel a su facticidad. La repetición constituye la auténtica historicidad de la existencia humana.

La asunción de la nada de la existencia se consuma en la aceptación de la anulación definitiva de la existencia: la muerte. En la existencia auténtica, el hombre reconoce la muerte como la única y verdadera posibilidad de su existencia; y en este reconocimiento, se reconoce a sí mismo como "ser-para-la-muerte". La muerte no es sólo la destrucción de la existencia, un acontecimiento que pone fin a ésta; ella es la posibilidad intrínseca de la existencia, su sentido y modo de ser, que es ser-para-la-muerte. Existir para la muerte no es buscar la propia extinción, sino asumirla, en una presencia anticipada, como constante, radical y única posibilidad. No es renunciar a la existencia sino aceptarla en su intrínseca nihilidad, en su carencia de todo sentido que no sea ser-para-la-muerte. La existencia inauténtica es un constante evadirse de la muerte; en ella, la muerte es siempre un "todavía no", un morirse anónimo o un "se muere" que acontece. Pero la muerte es "la posibilidad del hombre absolutamente propia, incondicionada e insuperable", es decir: lo más mío y que me corresponde intrínsecamente; aquello en lo que me encuentro radicalmente solo sin posibilidad de compañía; y el límite de toda posibilidad, la posibilidad última que cierra toda ulterior posibilidad. Ante ella, todo rechazo, toda rebeldía, es inútil, y nos arroja a la inautenticidad.

La nihilidad radical de la existencia se experimenta afectivamente en el sentimiento de "angustia". En la angustia el hombre se encuentra solo ante su propia nada, y se experimenta a sí mismo como ser-para-la-muerte. La angustia es la patencia emocional de la propia nihilidad, la autotrasparencia de la existencia. No es un sentimiento de temor, pues no se refiere a algo determinado que infunde miedo. La angustia se funda en la nada, que carece de toda determinación y localización, pero que, al mismo tiempo, es profundamente interior, nos envuelve y nos ciñe: es nuestro propio ser; él es la razón de la angustia. Junto con la experiencia de nuestra nihilidad, en la angustia se nos hace presente la inconsistencia del mundo, su irrelevancia e insuficiencia, cesando así la preocupación por las cosas.

La existencia es para Heidegger temporalidad: no se da en el tiempo, sino que es tiempo. La existencia está entretejida y compuesta de temporalidad. En la existencia inauténtica se vive un tiempo empírico, que constituye un constante estar fuera de sí. El hombre, en esa condición, se encuentra permanentemente instado por lo presente, bajo el peso del pasado y la preocupación del futuro. Pero el tiempo originario de la existencia no es sucesión de momentos, sino integración, en el presente (situación), de pasado (ser arrojado) y futuro (ser-para-la-muerte). La existencia se hace auténtica en la comprensión de sí misma como imposibilidad —como imposibilidad de toda posibilidad que no sea la muerte— y en la consiguiente decisión por lo que ya es de hecho. En el presente, en cada situación, el pasado es asumido y el futuro anticipado. No existe ya preocupación por el futuro, pues, ante mí, no hay ahora posibilidades sino sólo repetición y muerte. La muerte pone de manifiesto la finitud de mi temporalidad y, por tanto, de mí mismo, y la asunción que la anticipa, la inconsistencia de todo presente.

Nada y ser. El último Heidegger

La analítica de la existencia, que pretendía encontrar el ser en el ente ontológico, acaba topándose sólo con la nada. En la experiencia de la nada de mi existencia se revela la nada del ser o el ser como nada, ya que yo soy por el ser: la razón de mi ser es el ser, y, por tanto, la nada del ser es la razón de mi nada. Encontramos en Heidegger el principio hegeliano de que el puro ser es la pura nada. Pero esta nada no es la misma negación del ser, el no-ser, sino la negación de toda determinación entitativa, de toda entidad: es nada de ente. El ser no es un ente sino la negación de todo ente. La nada es la condición del ser, y, por ello, la experiencia de la nada nos encamina hacia la comprensión del ser. Pero la nada no es el mismo ser, es el velo del ser. Nos encontramos, pues, a las puertas del ser, pero sin haberlo desvelado aún.

En la última etapa de su pensamiento, Heidegger parece renunciar al camino seguido anteriormente. La analítica del ser-ahí no ha encontrado el ser sino la nada. El ser, aunque no se da sin el ente, no es el ser del ente, y, por tanto, no se desvela en el análisis de un ente, ni siquiera en el análisis del ente-hombre. El ser no puede ser desvelado sino sólo desvelarse. La verdad, como "aletheia", desvelamiento del ser, únicamente puede darse por iniciativa del ser. Al hombre sólo le cabe quedarse a la expectativa del acontecimiento de la verdad, permanecer abierto al ser, libre y disponible para tal desvelamiento. El ser se nos revela a través de los entes en la apertura al ser, que consiste en dejar ser al ser. La existencia es ahora esencialmente extática, ser fuera de sí: estar radicado y fundado en el ser, permaneciendo a la luz del ser.

La apertura al ser se realiza fundamentalmente en el lenguaje. El lenguaje —sobre todo, el lenguaje poético— es la manifestación más plena y auténtica del ser. Es el mismo ser el que nos habla —se desvela— en el lenguaje. La articulación y estructura íntima del lenguaje viene del mismo ser, y nos lo manifiesta. Por ello, Heidegger se esfuerza en la búsqueda de etimologías y en la exégesis de las palabras. Bajo el influjo de Hölderlin, Heidegger sustituye la filosofía de la existencia por una hermenéutica del lenguaje y una mística del ser.

Heidegger rechazó reiteradamente la acusación de ateísmo. Según él, su doctrina no es teísta ni atea: la cuestión acerca del ser es previa a toda afirmación respecto de la divinidad, aunque reconoce que el ser no es Dios. En este caso, Dios sólo podría ser un ente, que, por ser distinto del ser, no sería él mismo el fundamento de su ser, y quedaría por debajo y dependiente del ser. Se trataría de una especie de divinidad secundaria, al modo de las emanaciones neoplatónicas, pero no del mismo Ser subsistente, razón y fundamento de todo ser.

El pensamiento de Heidegger es de indudable originalidad y riqueza, y ha sabido recuperar el problema nuclear de la filosofía: el ser. Ha combatido el olvido del ser, haciendo de la pregunta acerca del ser el centro de la reflexión filosófica. Sin embargo, no ha acabado de dar respuesta, no ha conseguido decir qué es el ser. La pregunta ha quedado abierta, y su filosofía se ha circunscrito al hombre.

4. MARCEL

Vida y obras

Gabriel Marcel nació en París el 7 de diciembre de 1889. Su padre, alto funcionario francés, hombre culto y descreído, le proporcionó una amplia formación cultural, pero ajena por completo a la fe. A los cuatro años, quedó huérfano de madre, y fue educado por su tía —judía conversa al protestantismo— que le inculcó un severo sentido moral. Hizo sus primeros estudios en el Liceo Carnot. Pronto dio muestras de una gran sensibilidad artística y de una fecunda imaginación.

Cursó filosofía en la Sorbona, y asistió a las lecciones de Bergson en el Colegio de Francia. Su afición por la música y la literatura fue notoria desde su infancia. Durante esta época, se interesó fundamentalmente por el pensamiento de Schelling y de los neoidealistas. Finalizados sus estudios, enseña en varios Liceos, trabaja como crítico literario y musical, y publica sus primeras obras de teatro y de filosofía. Durante la Primera Guerra Mundial, se dedica, en la Cruz Roja, a proporcionar información a las familias de los combatientes y a la búsqueda de los desaparecidos. Esta dramática experiencia le convence de la insuficiencia de la abstracta filosofía idealista para comprender la concreta y auténtica existencia humana. Su amistad con eminentes pensadores católicos y sus propias reflexiones filosóficas le acercan progresivamente a la fe. En 1929, se convierte plenamente y es bautizado, viviendo en adelante como ferviente católico. El mismo año en que aparece *Ser y Tiempo* (1927), Marcel publica su *Diario metafísico* en el que describe su itinerario intelectual desde 1913 hasta 1923. *Ser y tener* (1935) continúa el diario y recoge algunos ensayos diversos. Son también colección de ensayos *Homo viator* (1944) y *Los hombres contra lo humano* (1952). Su obra más sistemática y orgánica, *El misterio del ser*, aparece en 1951. Se multiplican sus viajes y conferencias. Es reconocido con numerosos premios y nombramientos honoríficos, y su obra alcanza gran fama y difusión. Muere en París el 8 de octubre de 1973.

Ontología existencial. "Problema" y "misterio"

Al igual que Heidegger, Marcel también rechazó para sí el calificativo de existencialista. A lo sumo, aceptó el adjetivo de neosocrático. Su pensamiento entronca con la tradición francesa no racionalista que discurre entre Pascal y Bergson. Pero, estrictamente, no puede ser adscrito a ninguna escuela. Su filosofía recuerda a la de Kierkegaard por su fuerte carácter personal y biográfico: su obra se vierte en forma de diario. Más que construir un conjunto bien trabado de nociones y razonamientos, Marcel aporta en sus escritos sus propias experiencias íntimas y profundamente iluminadoras. Su obra adquiere así el carácter de una dilatada confidencia. No constituye un sistema —nunca lo pretendió, por el contrario, rechazó todo sistematismo—; presenta únicamente una serie de cuestiones y reflexiones que, si bien no son estrictamente orgánicas, sí responden a una misma orientación, a un mismo espíritu, que es su principio unificador. Pero este carácter personal no encierra el contenido de su obra en el ánimo del propio autor, no lo hace incomunicable. Lo que Marcel pretende es comunicarnos esa verdad que se le ilumina en su experiencia íntima. No intenta convencernos, sino hacernos partícipes de ella, haciéndonos participar de su experiencia; pues no siendo esa verdad una meta lógica sino una verdad vital, su transmisión no puede realizarse al margen de su vivencia, ahorrándonos el proceso de su hallazgo, como si de una conclusión se tratase: no es demostrable sino participable.

La filosofía de Marcel se presenta, así, como una especie de ontología existencial: el conocimiento del ser se constituye como experiencia inmediata del ser, una experiencia que es participación existencial. Marcel representa un caso más de crítica al conocimiento objetivo. Este conocimiento es incapaz de aprehender lo real en su realidad, el ser en cuanto ser. El conocimiento objetivo es disociador, su contenido es siempre algo distante y separado de nosotros, es un "problema". El problema es aquello que se nos presenta ante nosotros, que podemos limitar y definir, y que admite una respuesta objetiva e impersonal, ajena por completo a nuestro ser y a nuestro vivir. El problema pertenece siempre a la esfera del tener, que circunda la esfera del ser, pero no lo penetra ni lo determina. A diferencia del problema, el "misterio" no está ante mí, sino yo en él: el misterio se cierne sobre el sujeto, lo envuelve, el sujeto se encuentra implicado y comprometido en él. El misterio no puede ser conocido objetivamente, no es objetivable, pero eso no significa que sea incognoscible. Puedo captarlo en la esfera del ser, no en la del tener, es decir, puedo captarlo existencialmente. La pregunta radical de todo filosofar, la pregunta por el ser, no se dirige hacia algo referente a mi tener, sino hacia algo referente a mi ser, pues yo soy. La pregunta por el ser cuestiona implícitamente mi propio ser. El ser no es pues un problema sino un misterio: no es algo que está ante mi ser, sino que yo soy en y por el ser. Si lo pienso objetivamente, lo traslado al plano del tener, y sólo lo capto como idea o concepto (que es algo que tengo), pero no como ser. El ser no es objeto de contemplación sino de acción, de ejercicio; no puedo aprehenderlo pensándolo, sino siéndolo, viviéndolo. La filosofía se sitúa en el plano del ser, de la vivencia, no del pensamiento objetivo, pues es en la vivencia donde se ilumina el misterio del ser.

El modo fundamental de conocimiento es el sentimiento, el "sentir fundamental", que constituye la experiencia inmediata, originaria e incuestionable de la realidad en su unidad radical. Se trata de un conocimiento que podríamos denominar *por inmersión* o *por simpatía*. Es una compenetración emotiva, un sentir lo real desde dentro, un participar inmediatamente de ello. Sólo así es posible captar la realidad en su ser y el ser de toda realidad.

Pero este sentido no es pura sensibilidad, opaca e instintiva, sino un contacto vital iluminado por una "reflexión segunda". La "reflexión primera" aprehende la experiencia vital disociando sujeto y objeto, es decir, separando lo experimentado de la experiencia misma, objetivándolo. La "reflexión segunda" vuelve a la experiencia en su actividad y unidad originarias, y la hace lúcida, desde dentro, la esclarece en su realidad vivida. Entramos, así, en contacto vivo con el ser, captamos el ser en la esfera del ser: vivencialmente, existencialmente.

Caminos de la metafísica: el amor y la fe

Desde estas categorías epistemológicas, el "sum" y no el "cogito" aparece como el dato fundamental y primario. Más concretamente: la experiencia primera, el dato más inmediato, es la vivencia de mi propio ser como ser encarnado. Esta revelación no puede ser alcanzada en el pensamiento objetivo. Si pienso mi cuerpo, lo distancio de mí, lo convierto en un cuerpo ante mí y, de este modo, en un problema. Ese cuerpo objetivado nunca es mi cuerpo. Yo no soy un cuerpo, ni el cuerpo es algo que tengo. Yo soy encarnado, encarnación, y, como tal, sólo me capto en la experiencia interna de mi ser, sintiéndome en la unidad viviente de mi yo.

El pensamiento objetivo intenta comprender el ser del hombre y el ser por el que el hombre es, conceptualizándolos, reduciéndolos a inteligibilidad. Pero esto no es posible. Lo racional, lo abstracto, deshumaniza al hombre, lo despersonaliza, lo transforma en universalidad anónima. La razón objetiva ha llevado al hombre a la situación actual, en la que éste se encuentra "fragmentado", dentro de un mundo "funcionalizado", en el que sólo hay lugar para problemas. El ser no es inteligible, no puede ser captado pensándolo, sino sólo participando de él. Mi ser, mi existencia, es participación en el ser —yo soy en y por el ser—, por ello, mi existencia es el camino hacia el ser. Puedo alcanzar el ser existiendo —existiéndome—, viviendo mi ser como participación en el ser. En definitiva, conocer el ser y mi ser significa ejercitar, actualizar, realizar mi existencia humana.

La existencia humana se hace plenamente humana a través de las relaciones con los demás, a través del amor. En el amor, el otro aparece, no como un objeto, sino como un tú, personal, insustituible, inmanejable. En el amor, el yo no tiene algo, sino que es con alguien: no tengo, somos. Y, junto con el amor, aparece la esperanza y la fe. La vida es esperanza, la desesperación es la muerte. La esperanza pertenece a la misma estructura ontológica de la existencia humana. Vivir, esperar, implica confiar en una instancia trascendente, en un Alguien que es el Tú absoluto. La existencia es tal en cuanto apertura a la trascendencia. En la fe, abrazo decididamente esa Trascendencia, ese Tú que es Dios; comprometo radicalmente mi ser y actualizo plenamente mi existencia como participación en el ser. La fe no es tener sino ser, no tengo lo que creo sino que soy creyente. Marcel ha desdibujado un poco el carácter objetivo de la fe, para subrayar el fundamento fiducial de ésta. Para él, creer, más que creer algo, es creer en Alguien.

Su actitud crítica frente al conocimiento objetivo le ha llevado a menospreciar toda teología natural, todo acercamiento racional a Dios. El Dios pensado no es Dios. Dios sólo se revela en la existencia religiosa. El razonamiento lógico no nos dirige hacia Dios, pues no se trata de una conclusión, no es demostrable. Dios sólo puede ser alcanzado en la esfera del ser, en la experiencia viva, en el amor; no en la ciencia, que discurre en la esfera del tener, y hace, por tanto, de Dios algo mío.

La fe, la esperanza y el amor, en cuanto contenidos de la existencia, constituyen la fuente verdadera del conocimiento del ser. Conocer el ser es ser plenamente, existir en plenitud, participar existencialmente de él. Lo que plenifica nuestra existencia es lo que nos hace participar de él y, por tanto, conocerlo verdaderamente. La auténtica filosofía es actualización del hombre, y los caminos del saber filosófico son, por ende, las vías de acceso a una vida plenamente humana. Marcel ha concedido valor metafísico al encaminamiento moral y religioso del hombre, y ha hecho de la verdad de la vida la forma de toda verdad.

5. SARTRE

Vida y obras

Jean-Paul Sartre nace en París el 21 de junio de 1905. Al año de nacer, quedó huérfano de padre. Esto motivó que en su educación, además de su madre —católica— tomara parte activa su abuelo materno —calvinista—, crítico e irónico frente al catolicismo. Este ambiente pronto le condujo hacia el agnosticismo y, posteriormente, hasta un radical ateísmo. El segundo matrimonio de su madre perturbó de nuevo su difícil infancia, sintiéndose desplazado por el padrastro en el cariño de su madre. En 1924, comienza sus estudios de filosofía en la Escuela Normal de París. En 1929, conoce a Simone de Beauvoir, a la que se uniría de por vida. En los años siguientes, profesa en los Liceos de El Havre y de Laon, y conoce a Kafka. Obtiene una beca para ampliar estudios en Alemania, donde reside entre 1933 y 1935. Entra en contacto con la escuela fenomenológica, y asiste en Friburgo a las clases de Heidegger. Estas dos filosofías representarán la impronta fundamental de su pensamiento. Entre 1936 y 1939, publica sus primeros artículos y ensayos, centrados en el análisis fenomenológico de la conciencia y de la imaginación, y que serían refundidos más tarde en su obra *Lo Imaginario: psicología fenomenológica de la imaginación* (1940). Su primera obra literaria, *La Náusea*, aparece en 1938. Al estallar la guerra, es llamado a filas. En 1940, cae prisionero y es confinado en un campo de concentración. Liberado al poco tiempo por razones de salud, regresa a París, y es nombrado profesor del Liceo Condorcet. La dolorosa experiencia despierta en su interior el espíritu de rebeldía, y colabora activamente en la Resistencia. En 1939, publica *El muro*, obra declaradamente atea. A ésta seguirá una vastísima producción literaria, cuyos títulos no mencionaremos aquí por brevedad. Incluye tanto novelas como obras de teatro, ensayos y estudios de crítica literaria. Su gran inteligencia, su poderosa imaginación y sus dotes de escritor, han hecho a Sartre brillar tanto en la filosofía cuanto en la literatura. Pero es aquélla la que alimenta e inspira a ésta. Los personajes de sus creaciones artísticas encarnan, hipostatizan, las ideas de su doctrina filosófica. Se trata siempre de seres degradados y envilecidos, arrastrados por una vida atormentada, e inmersos en situaciones desesperadas y extremas. Sus vidas se mueven entre el feroz resentimiento y la repulsa de todo vestigio de moralidad, para caer finalmente en el absurdo. La obra de Sartre discurre entre lo inmoral, lo obsceno y lo sórdido, tanto en sus ambientes como en su lenguaje. La falta casi total de sentimientos de bondad y de rasgos de verdadera humanidad hace de los cuadros que pinta situaciones más bien irreales. En 1943, publica su principal obra filosófica: *El Ser y la Nada: ensayo de una ontología fenomenológica*, que revela su posición ya plenamente existencialista. Su fama se acrecienta, y su figura se convierte en portaestandarte del existencialismo radical y ateo. En 1945, abandona la enseñanza y funda, con Merleau-Ponty, la revista "Los tiempos modernos". Su conferencia *El existencialismo es un humanismo* aparece publicada en 1946. Su espíritu revolucionario, inconformista y contestatario le había empujado a rechazar el marxismo por su doctrinarismo dogmático y por la eliminación de la libertad que significaba el materialismo dialéctico. Sin embargo, a partir de esta época, experimenta un progresivo acercamiento a esta ideología. Entre 1952 y 1954 publica los ensayos incluidos en *Los comunistas y la paz*, en los que su adhesión al marxismo es declarada. Emprende ahora la tarea de conciliar su filosofía existencialista con la nueva ideología asumida. Fruto de tal esfuerzo es el primer volumen de la *Crítica de la razón dialéctica* (1960). En 1964, rechazó el Premio Nobel de Literatura, que le había sido concedido. En sus ultimos años, su régimen de vida fue haciéndose cada vez más apartado y solitario hasta su muerte, acaecida en 1980.

Bases de su pensamiento

En Sartre, el existencialismo adopta su forma radical, como una filosofía centrada en la existencia humana, que es una existencia cerrada en sí misma, y para la que no cabe trascendencia alguna. El mismo Sartre ha definido el existencialismo como la consecuencia del desarrollo de un ateísmo coherente. El existencialismo es un ateísmo y un nihilismo: la disolución de todo fundamento de sentido del mundo y del hombre. La postura sartriana aparece como precipitado de la acción conjunta de la fenomenología, la dialéctica hegeliana —introducción de la negatividad en la realidad—, el dualismo cartesiano —conciencia y cosa, para-sí y en-sí— y de las nociones existenciales tomadas de Heidegger —ser-en-el-mundo, facticidad, etc.—. Este último rechazó las tesis sartrianas, aunque su pensamiento contribuyó decisivamente a configurarlas.

Siguiendo a Husserl, toma como dato originario la intencionalidad de la conciencia. Pero, ahora, este carácter no deja a la conciencia encerrada en la esfera de sus propios contenidos, sino que la hace trascender más allá de sí misma. La conciencia es siempre conciencia de algo, pero de algo distinto de ella y que no se reduce a ella. Conciencia significa ser-en-el-mundo, y no sólo presencia en un ámbito inmanente de contenidos de significación. La conciencia es primariamente conciencia prerreflexiva, o sea, conciencia del ser trascendente, y sólo derivadamente, conciencia refleja, es decir, surgimiento del yo o autoconciencia. Ciertamente, lo que se presenta a la conciencia es el fenómeno; pero, para Sartre, el fenómeno no es una pura apariencia, enmascaradora del verdadero ser. El fenómeno es el ser mismo, es el ser apareciéndosenos. En su manifestación, el ser no nos da algo distinto de sí mismo: se da él mismo. Tras el fenómeno, no queda ninguna "cosa en sí" kantiana; el ser no se esconde detrás del fenómeno: se manifiesta en él. Pero esto no significa que, en cada manifestación, el ser se nos ofrezca del todo. La esencia del ser sólo queda agotada en el cojunto de todas sus posibles manifestaciones.

"En-sí" y "para-sí"

Sartre distingue entre "ser-en-sí" y "ser-para-sí". El ser-en-sí es el ser que se nos presenta, que está ahí fuera, es el ser de las cosas externas. Es macizo e idéntico a sí mismo: es lo que es, pura facticidad y nada más. Inerte, opaco y ciego a sí mismo: no es ante-sí, sino sólo en-sí. Es pura positividad, es lo que es, y no puede ser nada más, por lo que carece de toda temporalidad y de todo devenir. Carece de toda razón de ser, pues no puede ser derivado ni deducido de algo distinto, no puede ser explicado en función de otra cosa. Es, pues, gratuito, puro hecho sin razón, absurdo y contingente: es "de sobra". No sólo incluye las cosas externas, sino también —respecto del hombre— el cuerpo humano, el pasado —ya petrificado e inmutable—, la situación y, sobre todo, la muerte, en la que el hombre queda reducido a ser-en-sí, fijado y definido, es decir, esenciado. El ser-en-sí, es puro hecho, puro estar ahí; podemos decir que simplemente es. Todo significado o sentido le es sobreañadido por la conciencia, que lo destaca del plano de lo que simplemente es. Las cosas, en sí, son neutras; sólo adquieren sentido en función de nuestras decisiones y proyectos, ya sea este sentido el de útiles o el de obstáculos.

El ser-para-sí es la conciencia. La conciencia es conciencia de algo distinto de ella, de algo que no es ella. Ese algo es el en-sí; luego el para-sí se define como lo que no es el en-sí, como negación del ser-en-sí. La conciencia es el manifestarse de un objeto (en-sí) a un sujeto (para-sí). Por tanto, en este manifestarse, el objeto sólo puede presentarse como lo que no es la conciencia y, al mismo tiempo, como lo que no es otro posible objeto. La conciencia, pues, surge como negación o aniquilación del ser-en-sí, y como el ser-en-sí es lo que es, la conciencia o para-sí "no es lo que es, y es lo que no es": es el ser vacío y contradictorio. La conciencia introduce la negación y la nada en la realidad, pues su constitución, es decir, el surgimiento del objeto para un sujeto, implica el distanciarse del sujeto respecto del objeto, una separación entre sujeto y objeto, y esta separación no puede ser obrada por algo sino sólo por la nada. Por ende, la conciencia no puede alcanzarse a sí misma, pues, al intentar tomarse a sí misma, se distancia de sí, se hace objeto y se convierte en en-sí. La conciencia no puede ser su objeto porque es nada: "el ser por el que la nada entra en el mundo ha de ser su propia nada". El ser-para-sí o conciencia no es un ser que actúa nihilizando, sino que es pura actividad, nihilización del ser-en-sí, constante secreción de la nada, puro y vacío intencionar cuyo único contenido es el objeto.

El en-sí es idéntico a sí mismo, lleno y macizo. La conciencia o para-sí es aniquilación del en-sí, negación de toda determinación de ser, de toda necesidad y facticidad. El hombre, que es conciencia o para-sí, es, por ende, libertad absoluta. Carece de toda determinación, de todo ser previo: es su libertad. La nada habita en él, es hueco y vacío, no idéntico a sí mismo. El en-sí es, el para-sí no es sino que existe. En virtud de esa nada, el hombre no es, no es en-sí, sino que se hace: es libertad, existencia. Contra toda metafísica esencialista, Sartre afirma rotundamente que la existencia precede a la esencia. El existencialismo afirma y defiende la libertad como autoconstituirse del hombre, y es, por ello, un humanismo. El hombre es lo que llega a ser, y esto depende sólo de él. Se tiene a sí mismo en sus manos: es su propio autor. El hombre es lo que elige ser, y esta elección no viene condicionada por ningún modo de ser previo que pueda servir de norma. La libertad no está condicionada pues carece de fundamento: ella es originaria y fundamento del ser del hombre. El hombre es, pues, radical contingencia, ausencia absoluta de todo ser fundante.

La existencia como libertad absoluta

Existir es negar todo en-sí, toda facticidad y, por tanto, todo pasado, y trascender hacia el futuro. La existencia es una perpetua huída hacia adelante, pues el auténtico ser del hombre está siempre allende su pasado, que es en-sí, petrificado y esenciado. "Ser, para el para-sí, es aniquilar el en-sí, lo que es". La existencia es superación de toda situación dada, es proyecto, posibilidad, y en su ser posibilidad revela su carencia de ser, de ser-en-sí. Cada existente es su proyecto, que es un proyecto original y fundamental, en el que se integran todos los proyectos parciales y todas las acciones particulares. Todo proyecto implica la elección de un cuerpo de valores; pero estos valores no se me imponen, no me vienen dados, son valores porque yo los escojo, y, en cuanto los elijo, los constituyo absolutamente como valores para mí. La única razón de los valores es mi decisión por ellos, que es absolutamente libre y carece por tanto de toda justificación. No hay ninguna razón ni ningún valor anteriores a los que deba responder mi elección. Los valores son tales sólo porque yo los elijo. Aun en el caso de que Dios existiera y me dictara leyes, éstas sólo lo serían para mí por el hecho de decidirme yo por ellas. Pero Dios no existe y, por ello, todo depende de mi sola libertad. El hombre parte de nada y se topa con nada, no está condicionado por ninguna entidad previa ni limitado por ninguna idealidad. Es merced a su elección y en función de su proyecto como toma sentido todo: sus acciones e inclinaciones (buenas y malas, ordenadas y desordenadas), el mundo, los demás e, incluso, el propio pasado. Todo factor de censura o aprobación procede de mi elección libre.

El hombre se encuentra así sin apoyo posible, sin guía ni orientación alguna. Pesa sobre él la absoluta responsabilidad y la carga colosal de su propia y entera constitución y, con ésta, la de los otros y la del mundo. Todo depende de su elección, y él elige sobre la nada. Al mismo tiempo, experimenta la radical inconsistencia de su ser. El hombre es su proyecto, lo que elige, pero en todo momento puede elegir lo contrario, modificar su proyecto, cambiarse y contradecirse. Por todo esto, surge en el hombre el sentimiento de abandono y nihilidad: la angustia. El que huye de la angustia es el hombre que cae en la "mala fe" y se deja llevar por el "espíritu de seriedad". Busca seguridad en normas y valores objetivos, en instancias externas e independientes. Huye así de su propia libertad, se engaña a sí mismo, y delega su responsabilidad en lo ajeno.

La existencia como fracaso

Todo proyecto humano se reduce en definitiva a un único proyecto que es la esencia o forma de todo proyecto: deseo de ser Dios. Todo deseo del hombre —que es conciencia, ser-para-sí— consiste en eliminar su propia nada, llenar su vacío, y llegar a ser en-sí. Es pues deseo de ser en-sí-para-sí, plena conciencia autofundante, es decir, Dios. Pero tal concepto es contradictorio, pues ser-para-sí es negación de ser-en-sí: en-sí y para-sí se excluyen mutuamente sin posibilidad alguna de síntesis. En este sentido, todo proyecto humano está condenado al fracaso. Pero también pesa esta condena sobre el proyecto en cuanto trascendencia de lo fáctico. Proyectarse, elegir, es trascender lo que es dado; sin embargo, la elección no consigue nunca superar definitivamente lo fáctico, pues, en cuanto elijo, vuelvo a caer en ello: en cuanto elijo, soy, de hecho, lo que elijo. Al final, con la muerte, acaba triunfando inapelablemente la facticidad: el para-sí queda reducido a puro en-sí. La existencia humana es un fracaso y un absurdo: "el hombre es una pasión inútil". Sólo cabe aceptar el igual sinsentido de todo proyecto, de toda elección. No hay parámetros que puedan fundar ninguna valoración. La libertad humana está frustrada de antemano, pero el hombre no puede dejar de elegir, de decidirse y hacerse: el hombre está condenado a ser libre.

Solipsismo radical. "Ser-para-otro"

Como hemos visto, la conciencia no puede ser objeto para sí misma, y tampoco puede serlo otra conciencia en cuanto tal. Al captar otra conciencia, ésta queda necesariamente objetivada, negada como para-sí. Sin embargo, existe una experiencia en la que el otro se me hace presente en cuanto sujeto —para-sí— de manera incuestionable: la vergüenza. En la vergüenza, me encuentro necesariamente ante otro que me mira, y yo siento vergüenza de mí ante él. Frente a la mirada ajena, yo me sé objeto para el otro, que aparece así necesariamente como sujeto. Al mirarme, el otro me objetiva, me convierte en objeto para él, me reduce a una cosa, y, de este modo, paso a pertenecer a su mundo y pierdo el mío. Ya no soy dador de sentido sino receptor dependiente del otro. En esta experiencia, me descubro como "ser-para-otro". La relación entre conciencias se establece, pues, únicamente como conflicto. La subjetividad de uno implica la objetivación —negación de subjetividad— del otro. La presencia del otro como sujeto, es decir, su afirmación como libertad, conlleva mi objetivación, negarme como libertad; si le devuelvo la mirada, si me afirmo como sujeto, como libertad, convierto al otro en objeto de mi libertad y de mi mundo: lo fijo como ser-en-sí. La presencia de una conciencia niega cualquier otra en cuanto conciencia. No es posible, por tanto, una auténtica intersubjetividad, una verdadera comunicación y comunión de sujetos; su relación es siempre lucha, negación mutua: "el infierno son los otros".

Existencialismo y marxismo

En la última etapa de su pensamiento, Sartre se adhiere progresivamente al marxismo. Aunque anteriormente lo había rechazado, su filosofía, al concebir al hombre como su propia acción, al exaltar la praxis como instancia hegemónica y totalizadora, mantenía ya cierta comunicación con la ideología marxista. Sartre defiende ahora decididamente al marxismo, y lo considera la auténtica y única filosofía de nuestro tiempo. Cada momento histórico posee una filosofía apropiada, que es la única realmente viva en ese momento. Esta filosofía es aquella que patentiza la génesis de la situación y permite, así, trascenderla. Este trascender es obra de la clase social pujante en dicho momento. En la actualidad, tal clase es el proletariado. El marxismo es la filosofía que representa el espíritu de esta clase y da impulso a sus aspiraciones. Trascendida la situación —sociedad de clases— el marxismo habrá cumplido su misión, y dará paso a otra filosofía.

Pero el marxismo, que en su esencia es un humanismo, se ha corrompido y esclerotizado, se ha hecho naturalista, y ha convertido lo humano en un mero producto de la dialéctica de la Naturaleza. La misión del existencialismo es —mediante su inyección— rejuvenecer el marxismo, devolverle su genuino sentido humanista, su vitalidad. Pero para ello, Sartre se ve obligado a conciliar la absoluta libertad existencialista y el determinismo de la dialéctica marxista. El hombre sigue siendo su libertad, su proyecto, en cuanto trasciende la situación dada; pero esta situación condiciona el proyecto, delimita las posibilidades que se presentan al hombre como metas de su proyectarse. La nueva situación a la que trasciende el hombre aparece ahora como producto de la síntesis entre libertad y condiciones, y constituye la condición del nuevo proyecto.

EL EXISTENCIALISMO

Para que la historia siga siendo dialéctica y, sin embargo, el hombre no sea una simple marioneta de la dialéctica de la historia, la praxis humana necesita ser ella misma dialéctica. Es decir, el trascender la situación, el proyecto humano, ha de ser necesariamente negación de la situación. El hombre es así —como afirma Sartre— el que hace la historia y la hace dialéctica. Pero con esto, la libertad queda muy menguada: condicionada por su punto de partida y condenada, en su *fieri,* a ejercerse dialécticamente. El problema sigue subsistiendo. La libertad queda atenazada en la concepción de la historia como un decurso que posee una razón intrínseca, una ley interna que rige su proceder y nos permite definirlo.

Si el marxismo, habiendo sido superada la situación histórica, ha de dar paso a otra filosofía, se nos impone el preguntarnos si, una vez sustituido aquél, la historia seguirá siendo dialéctica. Por otra parte, la consideración de la filosofía marxista como la única filosofía viva y propia del presente, supone, en Sartre, haber interpretado la situación presente en términos marxistas, es decir, haber asumido de antemano la teoría marxista de las clases sociales, que concibe la lucha de clases como motor de la historia.

Considerando sólo su doctrina existencialista, el pensamiento de Sartre acaba siendo una filosofía del absurdo y de la nada. Una nada que no es ya la antesala del ser sino una nada radical y absoluta, lo único que es y lo único de lo que dispone el hombre: una existencia sin esencia y un mundo sin sentido. Afirmar que las cosas cobran sentido por nosotros y que el hombre es lo que se hace, puede sostenerse si con ello se hace mención de un cierto ser secundario —instrumental en el primer caso, moral en el segundo— que no niega sino que se apoya, como condición indispensable, en el ser fundamental, esencial y substancial. Desde esta óptica, decir que el hombre es lo que llega a ser, puede entenderse en el sentido de que lo que llega a ser, lo que se hace, es aquello que corresponde a cada hombre en particular más propiamente, lo más diferenciador, lo más suyo en cuanto que es su obra. Pero afirmar con carácter universal y absoluto —metafísico— que la existencia o libertad antecede a la esencia, supone privar al hombre de toda entidad, nihilizarlo, e incluso, hacer imposible el referirnos al hombre o a los hombres, pues el término "hombre" quedaría vacío de contenido, y cada hombre sería esencialmente distinto de los demás.

Capítulo VIII

ULTIMAS REFERENCIAS

1. Evolución posterior del positivismo.
   El estructuralismo

Las posteriores corrientes que parten del positivismo clásico tienen en común el haber tomado una orientación lógico-lingüística. Aunque alberguen innegables diferencias, no constituyen —a excepción quizá del estructuralismo— movimientos aislados e independientes. A pesar de estas diferencias y del caso particular que representa el estructuralismo, encuadramos en este capítulo las doctrinas que se estudiarán seguidamente, porque todas ellas responden al significado que el positivismo encierra para la historia de la filosofía: limitación de la actividad filosófica al campo de los saberes particulares —ciencias positivas, lógico-matemáticas o lingüísticas—, que convierte la filosofía en una dimensión superior de estas mismas ciencias, en un esclarecimiento último de sus conocimientos. Se niega a la filosofía un objeto propio, específico y distinto, reduciéndola a una analítica de la ciencia o del lenguaje. Junto con el rechazo de toda función especulativa de la razón, se niega la existencia de cualquier objeto de conocimiento que no responda a las condiciones del objeto del conocimiento científico-positivo. Se erige este conocimiento en paradigma de toda forma de saber; y tomando un método particular, se pretende para él la condición de estatuto científico absoluto.

Neorrealismo, neoempirismo y filosofía analítica

El neorrealismo se desarrolla fundamentalmente en el mundo anglosajón. Encarna, una vez más, la actitud anti-idealista y el afán de un conocimiento objetivo y riguroso. Se caracteriza por su tendencia empirista y por su interés hacia cuestiones científicas. Estas características lo convierten en notable promotor del posterior positivismo lógico, a cuyo advenimiento colabora sobre todo a través de la obra de B. Russell. Influirá igualmente en el desarrollo de la filosofía analítica.

El gran iniciador de este movimiento, G.E. Moore (1873-1958), publica en 1903 su obra *Refutación del idealismo*, dirigida especialmente al idealismo inglés, vigente entonces en Oxford y Cambridge. Junto a Moore, puede citarse a B. Russell, S. Alexander y A.N. Whitehead. La obra de Moore significa la alternativa realista frente al neoidealismo, que constituía entonces el clima dominante de la enseñanza filosófica. Su filosofía trata de ser una defensa del sentido común. Precisamente, en 1925, aparece el ensayo titulado así: *Defensa del sentido común*, en el que Moore mantiene que los grandes interrogantes que han espoleado la filosofía han sido planteados por el sentido común y por el lenguaje, y que estas dos fuentes han servido, al mismo tiempo, de guías para verificar las pretensiones teoréticas de la especulación filosófica. En este punto, Moore se sitúa como claro antecedente de la moderna filosofía analítica. Su crítica al idealismo equivale a una exigencia de conceptos claros y verificables en la experiencia. El conocimiento constituye una relación con el objeto, que no lo modifica ni lo configura de manera distinta a como era antes de establecerse dicha relación. El conocimiento es, pues, una relación exterior, que no afecta al ser propio del objeto. La lógica, entendida como el estudio de este tipo de relaciones, constituye el punto de encuentro entre Moore y Russell.

Bertrand Russell (1872-1970) puede ser considerado, más que como neorrealista, como neoempirista. Junto con Frege y Wittgenstein, es el gran inspirador de la filosofía analítica actual [1].

---

1. GOTTLOB FREGE (1848-1925) trabajó fundamentalmente en el campo de las matemáticas. Se ocupó de la semántica con vistas a fundamentar una teoría de la aritmética. Su más importante aportación fue su crítica al psicologismo, que influyó decisivamente —como ya hemos visto— en Husserl. Entre sus tesis

Su doctrina, denominada "atomismo lógico", combina un claro empirismo con la lógica matemática. Esta lógica —que representa su más valiosa aportación—, en principio, sólo tiene valor metodológico y de utilidad, pero su empleo será determinante para la filosofía de Russell. Para éste, el mundo está compuesto de multitud de hechos, empíricos y atómicos, que percibimos sensiblemente. Cada uno de estos hechos es expresable en una proposición atómica. El análisis filosófico tiene como objeto alcanzar estas proposiciones a partir de formulaciones de contenido más complejo. Existen también proposiciones primitivas, consistentes en atribuciones de predicados a sujetos, o en el establecimiento de relaciones entre sujetos. La lógica matemática proporcionaría un lenguaje ideal, válido para toda significación posible. Toda proposición primitiva quedaría traducida en un lenguaje simbólico. Un enunciado que no fuera expresable en ese lenguaje sería tenido por ininteligible. En los *Principia Mathematica*, Russell formula, con Whitehead, la sintaxis de este lenguaje.

Esta lógica tiene dos características: su identificación con la matemática y su realismo. El ser de las cosas es condición para que puedan ser pensadas. Sin embargo, este realismo queda menguado en el desarrollo de su pensamiento. El formalismo de su doctrina sustituye la verdad por la coherencia lógica o la exactitud, calificando las nociones metafísicas como postulados no verificables. Bajo esta lógica, que se toma como método científico, subyacen postulados filosóficos tan sustanciales como la negación de la causalidad, de la necesidad y de las esencias en el mundo real. El mundo queda concebido así como una agrupación de hechos aislados, sin nexos propios ni razón común. Russell elaboró su teoría del análisis lógico del lenguaje con anterioridad al Círculo de Viena, e influyó decisivamente, junto con Wittgenstein, en los planteamientos del positivismo lógico.

La principal figura del neoempirismo es sin duda Ludwig Wittgenstein (1889-1951). Mantuvo contacto con el Círculo de Viena pero nunca llegó a integrarse en él. En 1921, publica su primera obra, el *Tractatus logico-philosophicus*, siendo su principal fuente de inspiración Russell. Algunos intérpretes no la consideran una obra empirista, y la entienden, más bien, como una

---

semánticas destaca la distinción entre sentido y referencia. Las frases expresan un sentido y designan una referencia. La referencia pertenece al mundo real. A diferencia de Russell. Frege mantiene una postura cercana al realismo clásico.

especie de lingüismo trascendental, una radicalización lingüística de la filosofía trascendental. Para su autor, el lenguaje configura el mundo: éste es el conjunto de los hechos expresados en el lenguaje por proposiciones atómicas. Los límites del lenguaje son los límites del mundo, y la estructura del mundo corresponde a la del lenguaje. Ambos tienen en común la forma lógica de la figuración, que, a su vez, no puede ser figurada —es decir, no puede hablarse de ella— porque no es un hecho sino la condición de posibilidad de que éstos sean figurados. Sobre ella, así como sobre la metafísica, la ética, la teología, nada puede decirse. Frente a lo que no es un puro hecho, sólo cabe callar.

En 1939, Wittgenstein se traslada a Cambridge y ocupa la cátedra de Moore. En esta etapa inglesa, se produce un notable cambio de planteamientos —segundo Wittgenstein— que viene expresado en sus *Investigaciones filosóficas* (1945-1949). Frente a lo afirmado en el *Tractatus*, considera ahora que no hay una frontera neta entre lo que puede decirse con sentido y sin él. La misión de la filosofía es analizar el lenguaje, sobre todo el lenguaje ordinario, mostrando cómo muchos problemas filosóficos no son más que pseudoproblemas, que surgen por no atender al funcionamiento propio del lenguaje. Las reflexiones de Wittgenstein acerca de la filosofía de la mente parecen acercarse a la psicología racional aristotélica. El desarrollo bifásico de su pensamiento hizo que Wittgenstein se encuentre presente tanto en la filosofía neopositivista del Círculo de Viena, cuanto en la analítica anglosajona —sobre todo, en la Escuela de Cambridge— que configura el clima característico de la filosofía inglesa de los últimos decenios.

La filosofía analítica está representada, en su primer momento, por A.J. Ayer —ligado a los planteamientos del Círculo de Viena—, G. Ryle, J.L. Austin y P.F. Strawson, entre otros. El surgimiento de esta corriente está estrechamente ligado al creciente descontento producido por el atomismo lógico. Se siente la necesidad de analizar el lenguaje en todas sus manifestaciones, en vez de reducirlo a un lenguaje ideal, *a priori*, dispuesto para la ciencia positivo-experimental de los fenómenos. La filosofía analítica manifiesta más interés por el lenguaje cotidiano y las formas de expresión del sentido común que por el estricto lenguaje científico. Bajo este modo de concebir el quehacer filosófico, subyace la tesis de Wittgenstein acerca de la relatividad y multiplicidad de los lenguajes, que se caracterizan por el uso que de ellos se hace en el habla común. Para la filosofía analítica, el instrumento para librarnos de los equívocos del lenguaje no es ya la lógica, sino una consideración del uso efectivo de las expresiones lingüísticas y de los objetivos a que ellas se dirigen.

En un principio, la filosofía analítica quedaba reducida a una disciplina enteramente intralingüística. Pero algunos analíticos, considerando el lenguaje ordinario como la fuente de todo error filosófico, atribuyen a la filosofía la tarea de llevar a cabo la necesaria terapéutica. Se trata de extraer la "forma lógica" —no sólo la forma gramatical— que se esconde en el lenguaje, y que es lo que refleja la realidad. Esta postura representa un cierto salto desde el lenguaje a la realidad trascendente, y, de algún modo, un acercamiento a la metafísica realista. En la determinación de esa "forma lógica" como expresiva de la realidad, actúa implícitamente un concepto de verdad como adecuación. Tal dirección no es seguida por todos. Los analíticos de orientación más positivista, que aceptan la crítica kantiana del conocimiento metafísico, reducen al análisis del lenguaje toda posible filosofía. Pero, a pesar de todo, es obvio que el solo examen del uso de las palabras no basta para determinar la verdad o falsedad, la propiedad o impropiedad de las expresiones; tal determinación exige siempre una confrontación con la realidad.

El posterior desarrollo de la filosofía analítica ha sido muy disperso y variado. Algunos han seguido ligados a planteamientos positivistas, aunque introduciendo ciertas correcciones, como, por ejemplo, Quine. Otros han propuesto ciertas tesis esencialistas (Kripke), o han intentado armonizar la lógica matemática con la lógica y la ontología aristotélicas (P. Strawson, Angelelli). K.O. Apel y J. Habermas han ensayado una síntesis de la filosofía del lenguaje con los planteamientos de la Escuela de Frankfurt. Desde posiciones no contrarias a la metafísica, algunos autores han aceptado el análisis del lenguaje como un método de investigación filosófica de gran valor y fecundidad (M. Dummet, G.E.M. Anscombe, P. Geach, F. Inciarte).

Neopositivismo o positivismo lógico. El Círculo de Viena

El movimiento neopositivista constituye una verdadera escuela. Surge hacia 1929, fundado por Moritz Schlick (1882-1936), en la Universidad de Viena. El grupo original estuvo compuesto por algunos estudiosos reunidos en torno a éste, entre los que destacan Rudolf Carnap, que sucedería a Schlick en la dirección del grupo, Otto Neurath y Hans Reichenbach. La mayoría de éstos emigraron a otros países —Inglaterra y U.S.A. fundamentalmente— durante la época de dominación nazi. El *Tractatus* de Wittgenstein y las obras de Russell y Carnap formaron la base de las reflexiones del Círculo. No obstante, el primero sólo mantuvo contactos ocasionales con los neopositivistas; y, mientras éstos centraban su atención en el análisis lógico del lenguaje científico, Wittgenstein comenzaba los trabajos de su segunda época, centrados en el estudio del lenguaje común.

En la base de las tesis neopositivistas se encuentran presentes diversas corrientes e influencias: a) El antiguo empirismo inglés, especialmente Hume y J. Stuart-Mill. El primero diferenció "verdades de razón" y "verdades de hecho": las "verdades de razón" pertenecen a la geometría y gozan de evidencia intuitiva o demostrativa, mientras que las segundas sólo pueden ser refrendadas por la experiencia. b) El positivismo comtiano, con su rechazo *a priori* de toda metafísica. c) La metodología empírica de las ciencias de la materia, desarrollada a mediados del XIX por críticos de la ciencia como P. Duhem y H. Poincaré, junto con el empiriocriticismo de R. Avenarius y E. Mach. Avenarius (1843-1896), profesor de filosofía en Zurich, pretendió la construcción de una filosofía que fuera una ciencia rigurosa, al modo de las ciencias positivas de la naturaleza, excluyendo por tanto toda metafísica y limitándose al conocimiento y elaboración de la experiencia pura. E. Mach (1838-1916), profesor de física y filosofía en Viena, aceptó los postulados del anterior, en orden al establecimiento de una filosofía de la experiencia pura. d) La lógica simbólica, empleada metodológicamente por filósofos y matemáticos del siglo XX, como Frege, Peano, Hilbert, Whitehead y Russell; y, especialmente, el atomismo lógico de este último.

Los componentes del Círculo de Viena centran sus intereses en trabajos de lógica y metodología científica. Se caracterizan por el rechazo de toda función especulativa de la razón, y por limitar su actuación a una analítica del lenguaje —sobre todo del científico— reduciendo así la filosofía a un mero esclarecimiento del mismo conocimiento científico. La principal pretensión del neopositivismo es la aplicación constante y universal del único método válido y adecuado, el del análisis lógico del lenguaje. El lenguaje se convierte así en norma de la investigación científica: función que, en el empirismo humeano, correspondía a la experiencia. Se constituye de este modo un "empirismo lógico-lingüístico", como aplicación sistemática de la lógica formal a la experiencia; un análisis "significativo" de los enunciados científicos, con el fin de eliminar los falsamente significativos y señalar las formas legítimas de significación y sus justos límites y condiciones. La misión del filósofo no sería otra que el analizar todos los enunciados empíricos, lógicos, matemáticos, metafísicos y filosóficos en general, para determinar su grado de validez significativa. En virtud de la herencia empirista —reducción del conocimiento al ámbito de lo sensible—, para el neopositivismo, la clarificación del lenguaje produce —*eo ipso*— la eliminación de los problemas y planteamientos metafísicos, pues tales cuestiones son sólo fruto del uso no reglamentado del lenguaje. La metafísica es inútil y contradictoria, desprovista por completo de significado: sus enunciados son proposiciones gramaticalmente sin sentido, y sus problemas pseudoproblemas. Sus enunciados se consideran sin sentido porque son inverificables. Son inverificables, obviamente, a tenor del principio de verificación que el neopositivismo adopta de modo absoluto; pero el establecimiento de tal principio —por constituir, de hecho, una tesis metafísica— es, a su vez, inverificable. En definitiva, el neopositivismo asume las principales características del moderno cientifismo: empirismo, rechazo radical de la metafísica, matematización de las ciencias, y aplicación de la lógica formal al ámbito de la experiencia.

Los últimos seguidores de esta escuela han llevado a cabo notables correcciones del cientifismo, ávido de rigor y exactitud, presente en la postura neopositivista. Especial importancia revisten las críticas de Karl Popper, que se puesto de manifiesto la necesidad de llevar a cabo una revisión del principio de verificabilidad. Según Popper, ninguna proposición general es realmente verificable, pues la experiencia empírica nunca puede verificarla suficientemente —la inducción nunca es completa—; lo único que puede hacer es falsearla, es decir, presentar un hecho que la contradiga. Por tanto, el criterio de validez científica no es la verificabilidad sino la falsabilidad: la posibilidad de ser desmentida por un hecho. En este sentido, la ciencia está compuesta por proposiciones meramente hipotéticas y susceptibles de falsación empírica. El conocimiento científico alcanza, a lo sumo, un alto grado de probabilidad. Establece teorías, hipótesis de trabajo, esquemas anticipatorios y de alto valor operativo, pero sin llegar nunca a explicaciones exhaustivas y definitivas. Por tanto, nada puede decidirse de forma rotunda y dogmática acerca de la validez o invalidez de las afirmaciones metafísicas, aunque, no obstante, éstas siguen quedando fuera del ámbito de la ciencia por no ser proposiciones falseables.

El estructuralismo

El estructuralismo constituye una importante corriente de pensamiento que ha conseguido una gran difusión, pero que se extiende en numerosas ramificaciones y variedades. Surge inicialmente en el campo de la lingüística, merced a la obra de Ferdinand de Saussure (1857-1913). El propósito de éste fue estudiar el lenguaje como una entidad en sí, prescindiendo de su génesis y de su vinculación con la mente humana. La lengua viene concebida como un sistema de relaciones internas entre los signos. Su entidad es pura relación: constituye un todo relacional. En este campo, siguen sus orientaciones N. Chomsky, Jakobson, etc. Para Saussure, la lengua representa un campo especial de la Semiología o ciencia general de los signos; ciencia que no llegó a desarrollar, pero que sentó las bases de las investigaciones posteriores de autores como Lévi-Strauss y Jacques Lacan, quienes consideraron que los modelos lingüísticos proporcionaban la clave para analizar todos los aspectos de la cultura humana.

En su *Antropología estructural*, Lévi-Strauss define el término "estructura" como un sistema cuyos elementos son de tal índole que la modificación de uno de ellos conlleva la modificación de todos los demás. Este concepto de estructura es lo que diferencia al estructuralismo de otras corrientes filosóficas, psicológicas o antropológicas de nuestra época. En términos generales, el estructuralismo se presenta contrario al empirismo y al positivismo, es decir, a cualquier postura que dé supremacía a los hechos. Rechaza igualmente toda doctrina que establezca la consideración genética como explicación última de la naturaleza de las cosas: evolucionismo, historicismo. El estructuralismo se centra en el estudio sincrónico y ahistórico de su objeto. Se distancia cautelosamente de la filosofía griega y medieval, y mantiene serias reservas tanto frente al idealismo, como frente a sus detractores: vitalismo, fenomenología, existencialismo. Sin embargo, con frecuencia, son asumidos planteamientos claramente modernos: Chomsky vuelve al innatismo cartesiano, y en Lévi-Strauss se advierten rasgos marcadamente kantianos.

Lévi-Strauss pretende explicar todo fenómeno humano —cultura, religión, mito, etc.— apelando a una estructura inconsciente —con un sistema categorial de resonancias kantianas— que condiciona esas manifestaciones de la vida consciente, sin que el sujeto pueda apercibirse de ello. Esta infraestructura inconsciente y profunda es conocida mediante el análisis de mitos y símbolos, que están en su superficie. De este modo, la Semiología se erige en ciencia del inconsciente.

Jacques Lacan aplica el método estructuralista a la psiquiatría y al psicoanálisis. Su punto de partida es el mismo que el de Lévi-Strauss: el inconsciente está estructurado del mismo modo que el lenguaje. Pero en Lacan, el influjo de Freud es más claro y poderoso que en el anterior.

Michel Foucault no se encuadra a sí mismo dentro del estructuralismo, pero, sin embargo, es considerado como uno de sus más claros representantes. En su obra capital, *Los nombres y las cosas* (1966), lleva a cabo un ensayo de historia de las ciencias sin intervención alguna por parte del sujeto cognoscente. Foucault disuelve en la estructura toda subjetividad humana. Todo conocimiento, toda verdad humana, toda naturaleza y toda herencia biológica pertenecen a lo estructural. El hombre no existe como sujeto. Fue inventado en el siglo XVIII y ahora ha muerto. Foucault aparece, pues, como la expresión última del común intento estructuralista de sustituir el sujeto consciente y personal por anónimas correlaciones estructurales.

En definitiva, el estructuralismo, en cuanto corriente filosófica, representa un nuevo caso de extrapolación metodológica. Tomando un método válido para determinadas parcelas de la realidad —para aquellos fenómenos que responden a una naturaleza estructural o relacional— se extrapolan sus competencias, se le concede gratuitamente valor absoluto, y se transforma dicho método particular en doctrina metafísica: se define la naturaleza de la realidad en función del método, en vez de definir el campo de aplicación del método en función de la naturaleza de las cosas. El estructuralismo reduce toda realidad humana a aquello que es objeto de su método. La realidad es una especie de estructura lingüística, un lenguaje dentro del cual cada cultura es un habla particular.

2. El realismo metafísico

A lo largo de la época contemporánea, surgen diversos movimientos de aproximación al realismo clásico. Algunos ya quedaron mencionados entre los antecedentes de la fenomenología. Otro caso de aproximación lo tenemos en la llamada "metafísica inductiva", que comprende diversos pensadores alemanes que, partiendo de las ciencias positivas, conducen su especulación hacia una filosofía realista con ciertos rasgos metafísicos. Contra el apriorismo constructivista del idealismo, sostienen la necesidad de la experiencia como fundamento de la reflexión filosófica. Pero se mantienen excesivamente ligados al método empírico-inductivo, y llegan así a una metafísica cuyas formulaciones tienen un valor más bien hipotético, careciendo de la certeza y del carácter deductivo de la metafísica clásica. No se trata, pues, de un conocimiento formalmente superior, cuyo objeto sea formalmente diferente del sensible. Entre estos pensadores, destacan Lotze (1817-1881) y G. Wundt (1832-1920). Continuadores de esta corriente, O. Külpe (1862-1915) y A. Wenzl (1887-1967) postulan la insuficiencia de la justificación cuantitativo-mecanicista de la realidad. La filosofía de este último se acerca especialmente a la metafísica, reconociendo en la realidad cierto principio formal —"entelequia"— unificador y vivificador del ser real, que posee también carácter teleológico. En general, estas posturas realistas entrañan una fuerte inclinación naturalista.

El realismo estrictamente metafísico (escolástica) discurrió durante estos siglos con una vida más bien lánguida, reducido a una repetición rutinaria de fórmulas acuñadas, y ajeno a los grandes planteamientos y debates culturales. Santo Tomás fue desconocido generalmente por los filósofos contemporáneos, que tampoco conocieron en profundidad a Aristóteles, aunque sí consiguieron recuperaciones parciales de su pensamiento (intencionalidad, finalidad...). A comienzos del XIX, se inicia un tímido resurgimiento, a través, generalmente, de posturas eclécticas, que intentan una conciliación con el pensamiento moderno, del que incorporan diversas nociones. Dentro de la línea platónico-agustiniana, destaca en este sentido el ontologismo de Rosmini (1797-1855). Desde una intuición primera e inmediata del ser en general, se pretende alcanzar el Ser Trascendente y, en éste, los seres particulares. Tal postura entrañaba cierto riesgo de panteísmo. En general, la síntesis no se mostró fácil de conseguir, y el fracaso hacía dudar de la misma posibilidad de tal empresa.

La ya incoada recuperación recibió un impulso decisivo con la "Aeterni Patris" de Leon XIII, publicada en 1879, que postulaba una vuelta a la filosofía del Aquinate en su integridad. Se revitalizan los estudios sobre la doctrina tomista y se impulsa la publicación y comentarios de sus obras. A través de nuevas investigaciones históricas, se persigue una comprensión más profunda y clara del pensamiento medieval y, desde éste, de la filosofía clásica. Se acomete la empresa de replantear los problemas suscitados por la reflexión moderna, viéndolos a la luz de los principios tomistas. El Instituto Superior de Filosofía de Lovaina, fundado por León XIII, y bajo la dirección del Card. Mercier (1851-1926), se convierte en el principal foco del neotomismo. Mercier se propone el desarrollo y revitalización de la filosofía tomista en constante diálogo con la ciencia y la filosofía modernas. Su "realismo crítico" afirma una metafísica realista a la que se llega, como conclusión, desde la misma duda cartesiana. Las cosas reales se nos imponen como una exigencia del análisis crítico de la conciencia. Esta corriente culminará en la llamada "neoescolástica trascendental", que propugna una síntesis entre Santo Tomás y Kant, y cuyo máximo exponente es Joseph Maréchal (1878-1944). Se busca una justificación *a priori* del realismo metafísico, extrayendo su razón y necesidad de las estructuras trascendentales del pensamiento. El mismo dinamismo intrínseco de la inteligencia reclamaría el objeto real como su meta necesaria e imprescindible. Se suceden nuevos intentos de síntesis con Hegel, Husserl o Heidegger (K. Rahner), pero tal posibilidad sigue sin quedar suficientemente probada; y los intentos de lograrla han conducido no pocas veces a oscurecimientos interpretativos del tomismo y —en el campo teológico— a serios problemas doctrinales.

La primera mitad del siglo XX representa la época de mayor pujanza y florecimiento de la renovación escolástica. Surgen numerosos centros de estudio, institutos y Facultades, así como eminentes personalidades. En el campo de las investigaciones históricas, destacan, entre otros, Grabmann, M. de Wulf y Gilson, que intentan recuperar en su pureza el cuerpo doctrinal tomista. En los estudios temáticos, Sertillanges, Gardeil, Manser, Raeymaecker y Fabro, que profundizan en el esclarecimiento de los principios y puntos fundamentales de la metafísica tomista, y llevan a cabo, desde éstos, una crítica del pensamiento moderno. En la teodicea, sobresale la obra de Garrigou-Lagrange, y en el campo de la lógica y epistemología, la de J.M. Bochenski. Especial proyección adquiere esta filosofía mediante la vasta producción de J. Maritain (1882-1973), alcanzando reconocida presencia en amplios ambientes intelectuales. Mientras otros autores —por ejemplo, Gilson— estudian la filosofía aquinatense en su vinculación originaria a la teología, Maritain se aplica al reconocimiento del valor intrínseco y autónomo de esta filosofía, razón de su validez para afrontar las cuestiones cruciales del espíritu contemporáneo. Esta aplicación suscita mayor interés que la elaboración de una síntesis completa y disciplinar. En este empeño por dar respuesta a los interrogantes actuales, sobresale también la obra de J. Pieper.

El movimiento neotomista no ha pretendido ser una mera recuperación de una herencia desatendida, sino una auténtica renovación. Se ha esforzado por revitalizar el legado medieval, extrayendo de él todas sus posibilidades implícitas y enriqueciéndolo con desarrollos ulteriores. Atento a todas las dimensiones de la existencia humana resaltadas por la especulación moderna, ha intentado asumirlas y dar razón de ellas, manifestando así la solidez y riqueza de la filosofía tomista y la vitalidad de sus principios metafísicos (realismo; abstracción; distinción real esencia-*esse*, potencia-acto, materia-forma; finalidad; analogía del ser; participación; etc.).

El tema central de la más reciente renovación metafísica del tomismo lo constituye, sin duda, la cuestión del *acto de ser*. Frente a la acusación heideggeriana, que endosa a toda la tradición metafísica el "olvido del ser", los mejores tomistas contemporáneos han argüido que, en el genuino pensamiento de Santo Tomás, la doctrina *actus essendi* no cae bajo tal crítica. Tomás de Aquino no ha pasado por alto la "diferencia ontológica" entre ente y ser; al contrario: ha descubierto la *distinción real* entre la potencia de ser y el acto de ser, cuyo carácter metafísico supera en radicalidad la diferencia heideggeriana entre *lo presente* y *la presencia*, que —a la postre— no trasciende el ámbito fenomenológico.

Es Etienne Gilson el autor que —desde una perspectiva inicialmente histórica— ha reivindicado la originalidad de la concepción tomista de la existencia como acto. En sus obras de síntesis, Gilson muestra brillantemente cómo la mayor parte de los sistemas metafísicos han derivado, de un modo u otro, al esencialismo: estiman que la forma o manera de ser constituye la definitiva estructura metafísica de lo real, mientras que la existencia misma pasa a ser considerada algo accidental, añadido a la esencia como un modo de ella, o bien una dimensión radicada en el sujeto cognoscente. En cambio, el tomismo auténtico mantiene que el principio último y fundamental de la realidad es el acto existencial, cuya índole es supraformal. El acto de ser no es conceptualizable: según Gilson, sólo puede ser captado en los juicios existenciales. Todo ello proporciona al tomismo un carácter dinámico y abierto, que le permite entrar en diálogo con los planteamientos contemporáneos sin mimetizarse con ellos, es decir profundizando en sus propios principios y tratando de mostrar que son más radicales y comprensivos que otros enfoques de signo idealista o positivista.

La actual metafísica tomista supera, por estas vías, el planteamiento meramente histórico y los vanos empeños de mediación o concordismo con los sistemas modernos. En tal búsqueda de un *tomismo esencial*, destaca la importante obra de Cornelio Fabro. De una manera aún más neta que Gilson, y con mayores pretensiones filosóficas, Fabro centra la atención de la metafísica en la noción de *actus essendi*. Por lo pronto, insiste acertadamente en que no procede equiparar sin más el *acto de ser* con la *existencia*. Mientras que el acto de ser es un *principio* interno, fundante de lo real, la existencia constituye más bien el *resultado* de la posesión del ser por el ente, es decir, su efectividad o facticidad. Además, Fabro distingue entre dos órdenes estructurales de la realidad: el plano formal o predicamental y el plano trascendental o estrictamente real. Mientras que el acto del nivel categorial es la forma, el acto del plano trascendental —el definitivamente fundante— es el ser. El ser como acto es el ser como fundamento. Por otra parte, Fabro entiende que la síntesis tomista armoniza las decisivas aportaciones metafísicas del platonismo y del aristotelismo, ya que la relación entre potencia y acto tiene precisamente la índole de una *participación*: la potencia participa en el acto. También en este punto es inprescindible distinguir entre la participación meramente formal, que acontece en el orden categorial, y la participación trascendental, que es la participación en el ser. El desarrollo de esta teoría en el ámbito de la teología filosófica conduce a considerar la cuarta vía como acceso metafísico por excelencia al *Ipsum esse subsistens*. Además de polemizar con los planteamientos inmanentistas, Fabro realiza aplicaciones de la teoría del *actus essendi* al campo antropológico, en el que —desde tal perspectiva— comparece una noción de libertad más radical que la propia de las filosofías de la inmanencia.

En el contexto del diálogo del tomismo actual con el pensamiento contemporáneo, están surgiendo interesantes discusiones y acercamientos. Cabe, por ejemplo, destacar la revitalización de clásicas nociones metafísicas, lógicas y éticas desde la perspectiva de la actual filosofía analítica. Dentro de esta corriente, Elizabeth Anscombe y Peter Geach adoptan posiciones de clara raigambre aristotélica y tomista. Muy fecundo está siendo también el actual movimiento de *rehabilitación de la filosofía práctica*, ocurrido sobre todo —aunque no exclusivamente— en Alemania. Desde posturas propias del realismo metafísico, Robert Spaemann y Fernando Inciarte, entre otros, formulan propuestas que remuevan la ética y la filosofía política de inscripción clásica, aplicándolas a los problemas actuales de la cultura y de la sociedad.

El tomismo es hoy, por consiguiente, una filosofía viva y diversificada, que ocupa un lugar considerable en las actuales discusiones intelectuales. Su atenimiento a los grandes principios del realismo metafísico no excluye —todo lo contrario— los intentos de prolongar el pensamiento de Tomás de Aquino más allá de donde él lo dejó, recogiendo la larga experiencia histórica que la filosofía ha acumulado desde entonces. Entre tales empeños, cabe destacar el acometido por Leonardo Polo, cuyas propuestas ontológicas, gnoseológicas y antropológicas se encaminan a pensar con mayor radicalidad los principios clásicos, en confrontación con los planteamientos de los filósofos modernos (especialmente, Hegel y Heidegger). Polo concede máxima importancia a la *distinción real* y entiende que —desde ella— es preciso replantear la ontología y la teoría del conocimiento, de suerte que se detecte el límite del conocimiento objetivo y con ello se abandone ese límite para proceder a un *acceso al ser*, sólo posible desde una concepción *habitual* de los primeros principios. En la base de su pensamiento se encuentra una concepción trascendental de la libertad, cuya apertura a la trascendencia supera los convencionales enfoques antropocéntricos.

3. El pensamiento sociológico del XX

En las últimas décadas de este siglo, el estudio de la realidad social del hombre ha adquirido especial relieve. Las diversas corrientes sociológicas han tomado inspiración de bases filosóficas distintas, y, con frecuencia, han compuesto su fundamento mediante elementos extraídos de diferentes doctrinas. Estas posturas, más bien sincretistas o mixtureras, vienen a sumarse a las ya tradicionales: comtiana-positivista y marxista-dialéctica. Dentro de esta última, la orientación crítica y revisionista —que empezó su andadura casi en los mismos inicios del marxismo— ha sido más influyente y activa que la escuela ortodoxa marxista. El revisionismo marxista se dirigió hacia la recuperación de las raíces hegelianas del pensamiento de Marx, considerando, así, de capital importancia los escritos de juventud de éste, más dependientes del espíritu de Hegel que de Engels.

La llamada "Escuela de Frankfurt" ha sido uno de los movimientos más relevantes dentro de la reflexión sociológica de este siglo. Puede situarse su comienzo en el año 1931, cuando el Instituto de Investigación Social —fundado en Frankfurt en 1923— pasa a ser dirigido por Max Horkheimer. Junto con su iniciador, destacan entre sus componentes: Theodor W. Adorno, Herbert Marcuse —que intenta sintetizar la Fenomenología y el marxismo—, el psicoanalista Erich Fromm —que se separaría del grupo en la década siguiente— y Jurgen Habermas, su director desde finales de los sesenta. En 1933, con la llegada al poder de los nazis, se ven obligados a emigrar, estableciéndose principalmente en Nueva York. Después de la guerra, regresan casi todos a Frankfurt.

La Escuela de Frankfurt quiere llevar a cabo una "teoría crítica" de la sociedad. Su obra es más bien una censura, radical y desintegradora, de la realidad social con que se encuentran. Su pensamiento se nutre fundamentalmente —aunque siempre con reservas y rechazos parciales— de la filosofía de Hegel, del marxismo y del psicoanálisis de Freud. Toman de Marx el materialismo histórico y la postura crítica frente a la sociedad capitalista; pero, sin embargo, abandonan la visión del proletariado como fuerza revolucionaria, la concepción de la lucha de clases como motor de la historia, y la atribución, a las relaciones económicas y de producción, del carácter de causa fundante de todo fenómeno social. Mediante el recurso al psicoanálisis, pretenden revitalizar la teoría marxista, cristalizada en los rígidos moldes de la ortodoxia soviética. El intento de armonizar las doctrinas de Marx y Freud tiene el sentido de psicologizar el marxismo, de proporcionarle una base psicológica, esclareciendo y definiendo los procesos psíquicos que llevan a efecto la actuación determinante de las condiciones materiales de producción sobre la conciencia de los hombres. El psicoanálisis es tomado, pues, a título instrumental, para dar mayor apoyatura y mejor acabado al materialismo histórico.

Pero a la vez que se psicologiza el marxismo, se sociologiza el psicoanálisis. La dialéctica freudiana entre instinto y represión, entre inconsciente y conciencia, adquiere ahora un sentido más social que individual. La libido es reprimida por la sociedad, que actúa siempre en orden a la utilidad del conjunto. El individuo se encuentra así alienado en una sociedad dominante y tecnológica. Lo social aparece como la instancia fundamental y determinante de todo fenómeno humano. La sociedad juega el papel de elemento constitutivo y decisivo del interior personal del hombre. El juego entre inconsciente y conciencia en el individuo, es sólo un fenómeno de ese mismo juego a nivel social. El último y radical sujeto psicológico es, en definitiva, la sociedad, no el individuo; y la realidad humana es primariamente social o colectiva. La tendencia sociologista vence sobre la psicologista.

La "teoría crítica" hereda la vocación "desenmascaradora" que abrigaban igualmente Marx y Freud. Tanto el concepto de "superestructura" como el de "sublimación", indicaban el falso revestimiento que lo ideológico y normativo representaba frente a lo auténticamente real: la producción material o la libido. La "teoría crítica" pretende desenmascarar las *verdaderas* bases de la sociedad actual. Según sus análisis, estas bases están constituidas fundamentalmente por relaciones de dominio: dominio sobre la Naturaleza y dominio sobre el hombre. Esto es así porque el dominio es el único fruto realizable y deseable por el modelo de racionalidad —instrumental y de medios— propio de la sociedad tecnológica: una razón que toma los objetos sólo en cuanto objetos de dominio, que se reconoce sabedora sólo cuando domina y es capaz de reproducir el objeto. Se reclama, por tanto, un nuevo modelo de racionalidad, post-tecnológica, que, aprovechando las posibilidades de la actual tecnología, permita la instauración de una sociedad ayuna de toda relación de dominio. Pero, en realidad, el contenido de tales alternativas no queda verdaderamente definido.

Gran parte de las más recientes escuelas sociológicas pueden ser catalogadas genéricamente como *"sociología conflictivista"*. Esta sociología, que centra su atención más en los fenómenos de cambio que en los de orden y estabilidad, concibe la sociedad como un campo de fuerzas, que representa el entrelazamiento e interacción constante de intereses encontrados. La vida social es conflicto de intereses, que lleva a la constitución de grupos y estamentos en pugna por la hegemonía. Las instancias normativas y reguladoras no son más que expresión de esa contienda, modos de coacción y represión de un sector social sobre otro. No existe, pues, verdadera concordia, auténtica comunión de bienes, valores e ideales; sino sólo, a la sumo, equilibrio de fuerzas: un equilibrio siempre inestable y, por tanto, propicio constantemente al cambio. La sociedad constituye un entramado dinámico y esencialmente conflictivo, en el que permanentemente aparecen nuevos factores distorsionantes, que contribuyen a configurar una nueva situación, entendida siempre como un nuevo orden de dominio. Las reminiscencias marxistas y las semajanzas con la Escuela de Frankfurt son patentes.

ULTIMAS REFERENCIAS

Otra corriente destacable es la llamada "sociología de la vida cotidiana" o "microsociología", más interesada en el estudio de los ámbitos particulares y más cercanos de la vida social, que en el análisis de la sociedad en su dimensión total. Esta sociología sigue la orientación de Alfred Schutz, que a partir de la fenomenología aborda el estudio de los hechos sociales. Los elementos para esclarecer y comprender la vida social, tomada en su realidad inmediata y cotidiana, se encuentran en la inmediatez del mundo del sentido común, en sus contenidos y formas significativas.

Pero aunque la configuración y comprensión de la sociedad parezca llevarse a cabo desde la conciencia inmediata del hombre, la orientación sociologista sigue presente, pues se admite que es la sociedad quien, a su vez, configura la conciencia humana. El hombre sigue siendo, en este sentido, un producto social. El conocimiento, la conciencia de la realidad, es un fenómeno esencialmente social; razón por la cual la sociología del pensamiento se convierte en el tratamiento más radical y último de la actividad cognoscente. Desde el planteamiento sociologista, la sociología se constituye en ciencia del hombre en cuanto hombre, en conciencia progresiva de la propia realidad sociológica del ser humano.

BIBLIOGRAFIA

OBRAS DE CARÁCTER GENERAL

ABBAGNANO, Nicolás: *Historia de la Filosofía*. Montaner y Simón, Barcelona 1973, vol. III. Aunque se trata de una obra con innegable valor informativo, la actitud personal del autor, fuertemente crítica respecto de la fe, se revela en claros desenfoques en el tratamiento de las relaciones entre filosofía y cristianismo, más patentes en el estudio de épocas, como la Edad Media, en las que tales relaciones se hacen más estrechas.

BRÉHIER, Emile: *Historia de la Filosofía*. Sudamericana, Buenos Aires 1944, vol. II.

BOCHENSKI, J.M.: *La Filosofía actual*. F.C.E., México 1951.

COLLINS, J.: *A History of Modern European Philosophy*. Bruce Publishing Co., Milwaukee 1954.

COPLESTON, Frederick: *Historia de la Filosofía*. Ariel, Barcelona 1975, vols. VII, VIII y IX.

CHEVALIER, Jacques: *Historia del pensamiento*. Aguilar, Madrid 1960, vol. IV.

GILSON, Etienne; LANGAN, Thomas y MAURER, Armand A.: *Filosofía Contemporánea*. Emecé Editores, Buenos Aires 1967.

GONZÁLEZ ALVAREZ, Angel: *Manual de Historia de la Filosofía*. Gredos, Madrid 1983.

HIRSCHBERGER, Johannes: *Historia de la Filosofía*. Herder, Barcelona 1971, vol. II.

SCIACCA, Michele Federico: *La Filosofía hoy*. Luis Miracle, Barcelona 1961
SCIACCA, M.F. y otros: *Las grandes corrientes del pensamiento contemporáneo*. Guadarrama. Madrid 1959.
URDÁNOZ, Teófilo: *Historia de la Filosofía*. Editorial Católica (B.A.C.), Madrid 1975, vols. IV, V y VI.
VERNEAUX, Roger: *Historia de la Filosofía Contemporánea*. Herder, Barcelona 1980.

ESTUDIOS SOBRE CORRIENTES Y AUTORES

ANSCOMBE, G.E.M.: *An Introduction to Wittgenstein's Tractatus*. Hutchinson University Library, Londres 1959.
ARON, R.: *Las etapas del pensamiento sociológico*. Siglo Veinte, Buenos Aires 1970.
BACHELARD, S.: *La Logique de Husserl*. P.U.F., Paris 1957.
BAUSOLA, A.: *Lo svolgimiento del pensiero di Schelling*. Editrice Vita e Pensiero, Milán 1969.
BOUDON, R.: *Corrientes de investigación de las Ciencias sociales*. Tecnos, Madrid 1981.
BRÉHIER, E.: *Schelling*. Alcam, Paris 1912.
COPLESTON, F.: *Friedrich Nietzsche: Philosopher of Culture*. Burns & Oates, Londres 1942.
— — : *Arthur Schopenhauer, Philosopher of Pessimism*. Burns & Oates, Londres 1946.
CHEVALIER, J.: *Bergson*. Plon, Paris 1926.
CHOZA, J.: *Conciencia y Afectividad (Aristóteles, Nietzsche, Freud)*, 2.ª ed. EUNSA, Pamplona 1991.
DÍAZ DE CERIO, F.: *Introducción a la Filosofía de W. Dilthey*. J. Flors, Barcelona 1963.
— — : *W. Dilthey y el problema del mundo histórico*. J. Flors, Barcelona 1959.
DUPUY, M.: *La Philosophie de Max Scheler*. P.U.F., Paris 1959.
ELDERS, L.: *Jean Paul Sartre: el ser y la nada*. EMESA, Madrid 1976.
FABRO, C.: *Introduzione all esistenzialismo*. Vita e Pensiero, Milán.
— — : *Percepción y pensamiento*. EUNSA, Pamplona 1978.
— — : *Feuerbach-Marx-Engels: Materialismo dialecttico e materialismo storico*, 3.ª ed. La Scuola, Brescia 1967.

FINK, L.: *La Filosofía de Nietzsche*. Alianza Editorial, Madrid 1966.
FISCHER, K.: *Schelling Leben, Werke und Lehre*. Winter, Heildelberg 1902-1904.
FIZZOTTI, E.: *De Freud a Frankl*. EUNSA, Pamplona 1977.
GARCÍA DE HARO, R.: *Karl Marx: el Capital*. EMESA, Madrid 1976.
GILSON, E.: *El ser y los filósofos*, 2.ª ed. EUNSA, Pamplona 1985.
GUEROULT, M.: *L'évolution et la structure de la Doctrine de la Science chez Fichte*. Les Belles Lettres, París 1930.
GUITTON, J.: *La vocation de Bergson*. Gallimard, París 1960.
HAECKER, T.: *Sören Kierkegaard*. Oxford Univ. Press, Londres 1937.
HOEFFNER, J.: *Vom Leben zur Wahreit*. Herder, Freiburgo (Br.) 1936.
HOOK, S.: *From Hegel to Marx*. John Day, Nueva York 1950.
IBÁÑEZ LANGLOIS, J.M.: *El marxismo: visión crítica*. Rialp, Madrid 1973.
INNERARITY, D.: *Praxis e Intersubjetividad*. EUNSA, Pamplona 1985.
JOLIVET, R.: *Introducción a Kierkegaard*. Gredos, Madrid 1950.
— — : *Essai sur le bergsonisme*, 2.ª ed. Vitte, Lyon & París 1931.
— — : *Las doctrinas existencialistas de Kierkegaard a Sartre*. Gredos, Madrid 1970.
KAUFMANN, W.A.: *Nietzsche: Philosopher, Psychologist, Antichrist*. Princeton Univ. Press, New Jersey 1950.
LAUTH, R.: *La significación de la filosofía fichteana para nuestro tiempo*. Dianoia, México 1963.
LLANO, A.: *Metafísica y Lenguaje*. EUNSA, Pamplona 1984.
MARITAIN, J.: *Humanisme Integral*. Aubier, París 1936.
MILLÁN PUELLES, A.: *El problema del ente ideal. (Un examen a través de Husserl y Hartmann)*. CSIC, Madrid 1949.
NEGRO PAVÓN, D.: *Liberalismo y socialismo. La encrucijada intelectual de Stuart Mill*. Instituto de Estudios Políticos, Madrid 1975.
PEREIRA DE FREITAS, J.S.: *E. Husserl: La filosofía como ciencia rigurosa*. EMESA, Madrid 1980.
PIETTRE, A.: *Marx et Marxisme*. P.U.F., París 1957.

POLAINO-LORENTE, A.: *La metapsicología freudiana*. Dossat, Madrid 1981.
POLO, L.: *Hegel y el Post-Hegelianismo*. Univ. de Piura, Piura 1985.
RÖD, W.: *La Filosofía dialéctica moderna*. EUNSA, Pamplona 1977.
SANGUINETI, J.J.: *Augusto Comte: Curso de Filosofía Positiva*. EMESA, Madrid 1976.
SPIEGELBERG, H.: *The Phenomenological Movement*, 2.ª ed. Martinus Nijhoff, La Haya 1965.
TORRE, Joseph M. DE: *William James: Pragmatismo*. EMESA, Madrid 1982.
TROISFONTAINES, R.: *De l'existence á l'être*. Nauwelaerts, Lovaina 1968.
WAELHENS, A. DE: *La Filosofía de Martin Heidegger*. CSIC, Madrid 1952.
WILD, J.D.: *The Radical Empiricism of William James*. Doubleday, Garden City 1969.

INICIACIÓN FILOSÓFICA

1. Tomás Alvira, Luis Clavell, Tomás Melendo: *Metafísica* (8.ª ed.).
2. Juan José Sanguineti: *Lógica* (6.ª ed.).
4. Alejandro Llano: *Gnoseología* (6.ª ed./1.ª reimpr.).
5. Iñaki Yarza: *Historia de la Filosofía Antigua* (5.ª ed.).
6. Mariano Artigas: *Filosofía de la Naturaleza* (6.ª ed.).
7. Tomás Melendo: *Introducción a la Filosofía* (2.ª ed.).
9. Ángel Luis González: *Teología Natural* (5.ª ed.).
10. Alfredo Cruz Prados: *Historia de la Filosofía Contemporánea* (2.ª ed. / 2.ª reimpr.).
11. Ángel Rodríguez Luño: *Ética general* (5.ª ed.).
13. Juan Cruz Cruz: *Filosofía de la historia* (2.ª ed.).
15. Gabriel Chalmeta: *Ética social. Familia, profesión y ciudadanía* (3.ª ed.).
16. José Pérez Adán: *Sociología. Concepto y usos.*
17. Rafael Corazón González: *Agnosticismo. Raíces, actitudes y consecuencias.*
18. Mariano Artigas: *Filosofía de la ciencia* (1.ª reimpr.).
19. Josep-Ignasi Saranyana: *Breve historia de la Filosofía Medieval.*
20. José Ángel García Cuadrado: *Antropología filosófica. Una introducción a la Filosofía del Hombre* (3.ª ed.).
21. Rafael Corazón González: *Filosofía del Conocimiento.*
22. Mariano Artigas: *Ciencia, razón y fe* (1.ª reimpr.).
23. J. Luis Fernández y M.ª Jesús Soto: *Historia de la Filosofía Moderna* (2.ª ed.).
24. Mariano Artigas: *Las fronteras del evolucionismo.*
25. Ignacio Yarza: *Introducción a la estética.*
26. Gloria María Tomás: *Cuestiones actuales de Bioética.*
27. Antonio Malo Pé: *Introducción a la psicología.*